iCourse·教材

《教师教育课程标准（试行）》教材大系
教师教育国家级精品资源共享课配套教材

特殊儿童发展与学习

（第2版）

主　编　雷江华
副主编　孙玉梅　朱　楠

中国教育出版传媒集团
高等教育出版社·北京

内容提要

本书依据《教师教育课程标准（试行）》编写，是教师教育国家级精品资源共享课"特殊儿童发展与学习"配套教材的第 2 版。

本书根据我国融合教育的基本精神和特殊教育循证实践的要求，遵循特殊儿童身心发展一般性与特殊性的规律，重点阐述特殊儿童的认知发展与人格发展等，并具体探讨不同障碍类别特殊儿童的概念、发展与学习等。根据这一思路，第一章和第二章力求帮助读者建立特殊教育的基本理论框架和方法体系，第三章和第四章旨在帮助读者建立特殊儿童发展的内容框架与基本策略，第五章到第八章侧重于介绍各类特殊儿童的概念、身心发展特点以及学习特征、学习目标、学习内容、学习策略和学习环境等。

本书设置了相关主题的讨论、拓展阅读以及技能实训等栏目，并辅以图片和二维码链接资源；学习者还可登录"爱课程"网站，通过"资源共享课"页面登录"特殊儿童发展与学习"课程，获取本课程全部教学视频、教学课件等数字资源。

本书适用于高等院校特殊教育专业本、专科学生，也适用于教育类相关专业，同时还适合各级各类教师培训。

图书在版编目（ＣＩＰ）数据

特殊儿童发展与学习 / 雷江华主编. -- 2版. -- 北京：高等教育出版社，2024.7（2025.1重印）
ISBN 978-7-04-061357-5

Ⅰ．①特… Ⅱ．①雷… Ⅲ．①儿童教育-特殊教育-高等学校-教材 Ⅳ．①G76

中国国家版本馆CIP数据核字(2023)第213595号

特殊儿童发展与学习（第 2 版）
Teshu Ertong Fazhan yu Xuexi

| 策划编辑 | 王雅君 | 责任编辑 | 王雅君 | 封面设计 | 李小璐 | 版式设计 | 徐艳妮 |
| 责任绘图 | 裴一丹 | 责任校对 | 马鑫蕊 | 责任印制 | 耿 轩 | | |

出版发行	高等教育出版社	网　　址	http://www.hep.edu.cn
社　　址	北京市西城区德外大街 4 号		http://www.hep.com.cn
邮政编码	100120	网上订购	http://www.hepmall.com.cn
印　　刷	河北信瑞彩印刷有限公司		http://www.hepmall.com
开　　本	787mm×1092mm　1/16		http://www.hepmall.cn
印　　张	16.5	版　　次	2015 年 8 月第 1 版
字　　数	360 千字		2024 年 7 月第 2 版
购书热线	010-58581118	印　　次	2025 年 1 月第 2 次印刷
咨询电话	400-810-0598	定　　价	38.00 元

本书如有缺页、倒页、脱页等质量问题，请到所购图书销售部门联系调换
版权所有　侵权必究
物 料 号　61357-00

　　党的十八大以来，国家将办好特殊教育、努力让每个残疾孩子共享公平而有质量的教育作为新时代中国特色社会主义教育的内容之一。习近平总书记强调：残疾人是人类大家庭的平等成员，在全球范围内推进可持续发展，实现"一个都不能少"的目标，对残疾人要格外关心、格外关注；对儿童特别是孤儿和残疾儿童，全社会都要有仁爱之心、关爱之情，共同努力使他们能够健康成长，感受到社会主义大家庭的温暖。办好特殊教育是我们党坚持社会主义办学方向的必然要求，也是坚持以人民为中心理念的重要体现。

　　特殊教育是教育事业的重要组成部分，是建设高质量教育体系的重要内容，是衡量社会文明程度的重要标志。党的二十大报告指出，要办好人民满意的教育，坚持以人民为中心发展教育，加快建设高质量教育体系，强化特殊教育普惠发展。近年来颁布的《残疾人教育条例》、第一期和第二期"特殊教育提升计划"明确将推行融合教育作为我国特殊教育改革和发展的新理念。2022年教育部联合多部门出台的《"十四五"特殊教育发展提升行动计划》是巩固前两期特殊教育提升计划成果、贯彻特殊教育的新发展理念、构建融合教育的新发展格局的重大举措，是进一步促进特殊教育高质量发展的必然要求。《"十四五"特殊教育发展提升行动计划》以"适宜融合"为目标，坚持尊重差异，多元融合，确保适龄残疾儿童"应随尽随"、就近就便优先入学，帮助特殊儿童获得公平的教育机会。

　　特殊儿童与大多数普通儿童一样，有学习动机、情感表达需求和追求美好生活的愿望；同时，他们也有自身的特殊性和各种特殊需要。为了让教师、家长等专业人员更好地了解特殊儿童的发展与学习特点，在融合教育的环境中更好地支持和发展特殊儿童，我们从2013年起就利用建设教师教育国家级精品资源共享课"特殊儿童发展与学习"的机会，将教学成果逐步转化为教材资源，于2015年出版发行了第1版《特殊儿童发展与学习》。承蒙读者的关心与支持，教材受到师生的广泛认可，高等教育出版社2023年提议让编者对书稿进行修订完善，以回应社会发展、专业变化。在课程建设与课堂教学过程中，我们每学年都要求学生对教材进行检核和完善，他们不但提出了一些中肯的建议，而且帮助我们积累了一些新的素材。根据大家的反馈，本次修订有以下变化：第一，结合近几年特殊教育相关政策迅猛发展的实际，融入了党的二十大精神等；第二，在第1版主要针对学前融合教育的基础上，将内容层次扩大到义务教育领域，涵盖范围更广；第三，更新了相关数据和案例，为学习者提供更前沿的专业发展动态；第四，为每章补充了思维导图，方便学习者快速获取本章知识重点，更好地掌握全章内容；第五，查漏补缺，对第1版存在的问题进行了系统修改和调整。

第2版仍然沿用第1版教材的框架和体系，前四章侧重于从理论、方法和规律的角度帮助读者认识特殊儿童，第五章到第八章从不同类型的特殊儿童出发，详细为学习者阐述他们的生理发展特点和心理发展特点，以及学习概况等。作为教师教育国家级精品资源共享课"特殊儿童发展与学习"的配套教材，本书还附有大量的学习资源，在此次修订过程中，编者也对相关学习资源进行了更新和调整，确保资源的时效性。学习者可以登录"爱课程"网，在"资源共享课"页面查找同名本课程，学习与本书对应的全部课程视频、教学课件以及大量的学习素材；学习者也可以通过扫描二维码，查看本章相关数字资源；学习者还可以自行上网查找推荐阅读的文献。

第2版书稿的修订完善工作主要由雷江华、孙三梅、朱楠、徐添喜、彭兴蓬、苏慧、袁维、宫慧娜、周小玲、磨利园、兰汝茜、程靖姗、孙潇潇、王蓓、蒋彩艳、彭秦等完成。本书第1版由雷江华设计编写思路与写作提纲。第1版各章编写人员具体分工如下：第一章，张晶和雷江华；第二章，朱楠和孙玉梅；第三章，柯琲和雷江华；第四章，朱楠和黄钟河；第五章，彭兴蓬、杜林、赵梅菊、宫慧娜、乔蓉、王晓甜和彭霓；第六章，魏雪寒和刘文丽；第七章，朋文媛、崔婷和冯会；第八章，孙玉梅、朱楠、熊文娟和孙雯；最后由雷江华和孙玉梅整理统稿。

尽管编者对书稿进行了全面的梳理，但仍可能"挂一漏万"。希望读者一如既往地支持我们，及时反馈相关建议，以便我们不断完善。反馈信息或索取教材配套资源可联系赵老师（zhaohui@hep.com.cn）。衷心感谢大家！

雷江华

2024 年 5 月

本教材的同名课程，可在"爱课程"网免费学习。

第一章　特殊儿童与特殊教育需要

学习目标：学习前，全面认识本单元的学习任务。

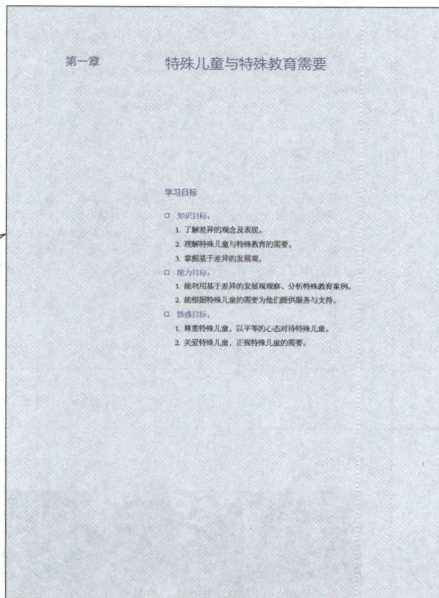

思维导图：以简洁的图文形式，概括本章的逻辑结构。

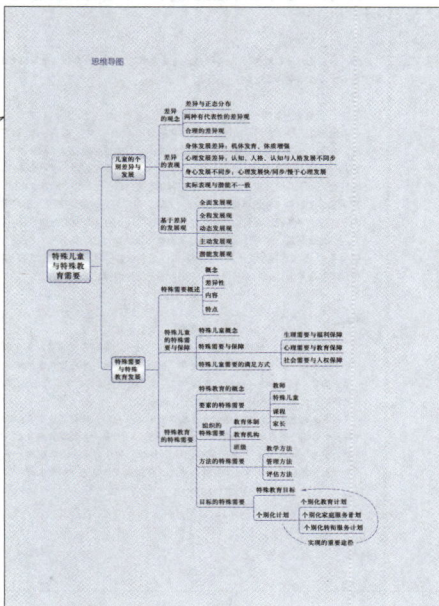

第一节　特殊儿童的认知发展　　57

特殊儿童认知是指特殊儿童通过认识获取知识的过程。特殊儿童认知发展是指特殊儿童在心理上表征世界、思考世界的方式的发展。本章主要讨论特殊儿童的认知发展的特点以及在此基础之上的学习策略与教育策略。

故事专栏

海伦·凯勒的故事

海伦·凯勒，2岁时因猩红热致盲、致聋。在黑暗而又无声的世界里，导师安妮·莎莉文走进了她的生活。在安妮的帮助下，海伦用顽强的毅力克服生理缺陷所造成的精神痛苦，学会了读书和说话，最终以优异的成绩毕业于哈佛大学拉德克利夫女子学院，成为一位学识渊博，掌握英语、法语、德语、拉丁语、希腊语五种语言的著名作家和教育家。她走遍世界各地，为盲人募集资金，把自己的一生献给了慈善和教育事业。她获得了世界各国人民的赞扬，并得到许多国家政府的嘉奖。

思考：海伦·凯勒是如何获得成功的？她是如何进行学习的？

第一节　特殊儿童的认知发展

随着人们对特殊儿童认知发展的关注，有关特殊儿童认知研究的文献逐渐深入，特殊儿童认知发展研究也取得了新的进展：研究对象从传统狭义的特殊儿童转向现代广义的特殊儿童，即从残疾儿童转向特殊教育需要儿童；从感官障碍儿童转向广泛性发育障碍儿童，例如从听觉障碍儿童转向孤独症儿童；从单一障碍儿童转向多重障碍的儿童。研究方向从基础研究走向综合研究。[1]虽然研究角度发生了变化，但特殊儿童认知发展规律与矛盾始终是研究者广泛关注的核心主题。

一、特殊儿童认知发展的概念

特殊儿童认知是指特殊儿童通过认识获取知识的过程。其中，知识包括陈述性知识、程序性知识及策略性知识三大体系。特殊儿童认知发展是指特殊儿童在心理上表征世界、思考世界的方式的发展。认知领域的表征方式包括：动作表征，即通过身体动作再现知识经验和作用于被表征物的方式；表象表征，即大脑对事物感知特点的表征；符号表征，即心理表征的符号实现。特殊儿童在心理上

[1] 方俊明、雷江华. 特殊儿童心理学 [M]. 2版. 北京：北京大学出版社，2015：205-213.

阅读材料：在每节二维码资源汇总处，查阅相关材料。

故事专栏：围绕案例和思考题，开启本章学习之旅。

推荐书籍：上网查阅相关书籍，亦可在本节二维码资源汇总处查阅简介。

每节开篇处，汇总了本节二维码资源。

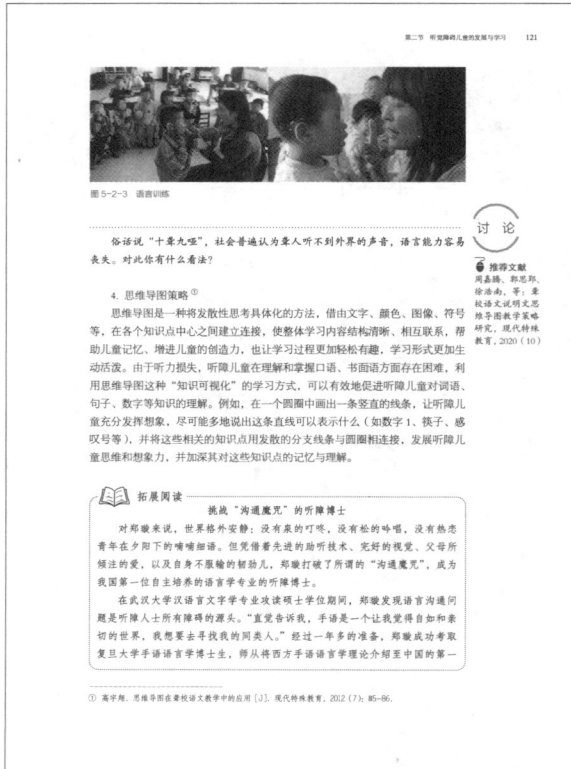

第二节　听觉障碍儿童的发展与学习　　121

图 5-2-3　语音训练

俗话说"十聋九哑"，社会普遍认为聋人听不到外界的声音，语言能力容易丧失。对此你有什么看法？

4. 思维导图策略[1]

思维导图是一种将发散性思考具体化的方法，借由文字、颜色、图像、符号等，在各个知识点中心之间建立连接，使整体学习内容结构清晰、相互联系，帮助儿童记忆、增进儿童的创造力，也让学习过程更加轻松有趣、学习形式更加生动活泼。由于听力损失，听障儿童在理解和掌握口语、书面语方面存在困难，利用思维导图这种"知识可视化"的学习方式，可以有效地促进听障儿童对词语、句子、数字等知识的理解。例如，在一个圆圈中画出一条竖直的线条，让听障儿童充分发挥想象，尽可能多地说出这条直线可以表示什么（如数字1、筷子、感叹号等），并将这些相关的知识用放射的分支线条与圆圈相连接，发展听障儿童思维和想象力，并加深其对这些知识点的记忆与理解。

拓展阅读

挑战"沟通魔咒"的听障博士

对郑璇来说，世界格外安静：没有鸟的叽叽，没有松的呐喊，没有热恋青年在夕阳下的喃喃细语。但凭借着先进的助听技术、完好的视觉、父母所倾注的爱，以及自身不服输的韧劲儿，郑璇打破了所谓的"沟通魔咒"，成为我国第一位自主培养的语言学专业的听障博士。

在武汉大学汉语言文字学专业攻读硕士学位期间，郑璇发现语言沟通问题是听障人士所面临的障碍之源。"直觉告诉我，语言是一个让我变得自如和亲切的世界，我想要去寻找我的同类。"经过一年多的准备，郑璇成功考取复旦大学手语语言学博士生，师从将西方手语语言学理论介绍至中国的第一

[1] 高字翔. 思维导图在高校语文教学中的应用 [J]. 现代特殊教育，2012（7）：85-86.

讨论：引导教学活动以讨论的方式进行，深化学生对内容的理解。

推荐文献：上网检索并阅读有关文献，以了解学术前沿。

拓展阅读：结合正文内容适当拓展延伸，有助于开阔学习视野。

技能实训：架起理论与实践的桥梁，使学生在实践中掌握技能。

对待视障儿童，在帮助他们的同时，又不伤害他们的自尊心？

技 能 实 训

项目一 视障儿童感知觉简单训练

一、实训目标

1. 了解视障儿童的感觉代偿特点。

2. 提高设计视障儿童感觉训练活动的能力。

二、内容与要求

1. 制造生活中常遇到的各种声音，设计训练视障儿童的听觉活动。

2. 思考并讨论如何将视障儿童的视觉训练与语言训练有效结合。

三、范例：用手认识洗澡用品

1. 活动目标

（1）能够完整触摸洗澡用品，感知用品的物理特点。

（2）能够说出触摸物品的名称。

（3）能够说出触摸物品的基本功能。

2. 活动准备

准备洗澡用品：洗发水、澡巾、沐浴露、浴花、浴巾。

3. 活动设计

（1）情境导入。

教师用语言导入，告知儿童要学习认识洗澡用品。

（2）触摸物品，学习名称，了解用途。

按照洗澡顺序，让儿童一一触摸洗澡用品：洗发水、澡巾、沐浴露、浴花、浴巾。教师用语言指导。

教师：洗澡时，我们会先洗头发，是不是？

儿童：是。

教师：洗头要用什么才能洗干净呢？

儿童：洗发水。

教师：对，我们先摸一摸洗发水的瓶子。

（儿童摸洗发水瓶子，并用语言形容摸到的瓶子。）

教师：瓶子是用来装东西的，可以装洗发水，还可以装其他东西，那洗发水有什么特点呢？我们来打开闻一闻。

（教师指导儿童打开洗发水瓶盖并用鼻子闻，儿童能够用"香"等词语来形容。）

项目八 设计生活自理能力的活动

一、实训目标

（1）能根据身体病弱儿童的身心特点设计自我护理活动。

（2）能针对身体病弱儿童的身心特点设计简单的康复训练活动。

二、内容与要求

根据身体病弱儿童的身心特点，参照范例设计一个简单的训练生活自理能力的活动。

三、范例：我是乖娃娃——吃饭了

1. 活动目标

（1）儿童养成良好的用餐习惯，锻炼儿童的生活自理能力。

（2）儿童养成良好的生活习惯和卫生习惯。

2. 活动准备

（1）准备洗手用具、餐具。

（2）准备音乐，洗手歌、吃饭歌。

3. 活动过程

（1）组织儿童洗手。

教师先组织儿童到洗手台洗手，同时播放音乐，再组织儿童在餐桌旁就座。

（2）播放音乐，准备就餐。

在吃饭前，教师结合吃饭歌的内容先讲解吃饭时候的注意事项，如不要浪费，不要喧哗，爱护卫生等。

（3）饭后摆放好餐具并洗手。

就餐结束，教师指导儿童把餐具摆放在指定位置，并洗手。

● 思考与练习

1. 视障儿童的感知觉有哪些特点？

2. 听障儿童的学习内容与普通儿童的学习内容有什么不同？

3. 肢体障碍儿童的心理发展有什么特点？

4. 如何做好身体病弱儿童的学习支持工作？

5. 视障儿童对学习环境有哪些要求？请完成一份教室环境设计方案。

6. 请根据听障儿童的身心特点，设计一个听障儿童语言训练的游戏活动。

7. 请根据肢体障碍儿童的身心特点，设计一个适宜肢体障碍儿童和其他儿童共同参与的活动。

8. 身体病弱儿童在日常生活适应方面有哪些困难？请根据身体病弱儿童的特点，设计一个保健活动。

思考与练习：学习结束时，回顾本章所学。

- 目 录 -

特殊儿童与特殊教育需要

学习目标

□ 知识目标：

1. 了解差异的观念及表现。

2. 理解特殊儿童与特殊教育的需要。

3. 掌握基于差异的发展观。

□ 能力目标：

1. 能利用基于差异的发展观观察、分析特殊教育案例。

2. 能根据特殊儿童的需要为他们提供服务与支持。

□ 情感目标：

1. 尊重特殊儿童，以平等的心态对待特殊儿童。

2. 关爱特殊儿童，正视特殊儿童的需要。

特殊儿童与特殊教育需要

儿童的个别差异与发展
- 差异的观念
  - 差异与正态分布
  - 两种有代表性的差异观
  - 合理的差异观
- 差异的表现
  - 身体发展差异：机体发育、体质增强
  - 心理发展差异：认知、人格、认知与人格发展不同步
  - 身心发展不同步：心理发展快/慢于心理发展
  - 实际表现与潜能不一致
- 基于差异的发展观
  - 全面发展观
  - 全程发展观
  - 动态发展观
  - 主动发展观
  - 潜能发展观

特殊需要与特殊教育发展
- 特殊需要概述
  - 概念
  - 差异性
  - 内容
  - 特点
- 特殊儿童的特殊需要与保障
  - 特殊儿童的概念
  - 特殊需要与保障
    - 生理需要与福利保障
    - 心理需要与教育保障
    - 社会需要与人权保障
  - 特殊儿童需要的满足方式
- 特殊教育的特殊需要
  - 特殊教育的概念
  - 要素的特殊需要
    - 教师
    - 特殊儿童
    - 课程
    - 家长
  - 组织的特殊需要
    - 教育体制
    - 教育机构
    - 班级
  - 方法的特殊需要
    - 教学方法
    - 管理方法
    - 评估方法
  - 目标的特殊需要
    - 特殊教育目标
    - 个别化计划
      - 个别化教育计划
      - 个别化家庭服务计划
      - 个别化转衔服务计划
      - 实现的重要途径

差异是客观存在的，正是这些差异构成了多姿多彩的人类社会。特殊儿童与普通儿童相比，身心发展都具有独特性。只有在树立正确的差异观与发展观的基础上，了解特殊儿童的特殊需要，才能促使特殊儿童健康成长；只有了解特殊教育的特殊需要，才能促使特殊教育的长远发展。

故事专栏

你很特别 [①]

胖哥走上通往山顶的小路，然后走进那间大大的工作室。这里的东西都好大，让他不禁瞪大了他的眼睛。连凳子都跟他一样高，他得踮起脚尖才看得见工作台的台面。而铁锤跟他的手臂一样长，胖哥惊讶地咽了咽口水。

"我不要待在这里。"他转身想走。

这时他听到有人叫他。

"胖哥？"这个声音低沉又有力。

胖哥停住脚步。

"胖哥！真高兴看到你，过来让我瞧瞧。"

胖哥慢慢转过身，看着那位高大、满脸胡子的木匠。

他问木匠："你知道我的名字？"

"当然喽。你是我造的啊。"

木匠弯下腰，把胖哥抱到工作台上。这位创造者看到他身上的灰点，若有所思地说："看来，别人给了你一些不好的标签。"

"我不是故意的，我真的很努力了。"

"喔，孩子，你不用在我面前为自己辩解，我不在乎别人怎么想。"

"你不在乎？"

"我不在乎，你也不应该在乎。给你星星或是点点的是谁？别人怎么想并不重要，胖哥，重要的是我觉得你很特别。"

胖哥笑了："我？很特别？为什么？我走不快，跳不高，我的漆也开始剥落。你为什么在乎我？"

木匠看着胖哥，把手放在胖哥的小木头脑袋上，缓缓地说："因为你是我的，所以我在乎你。"

胖哥从来没有被人这样盯着看，更不要说是他的创造者。他不知道该说什么才好。

"我天天都在盼望你来。"木匠说。

"我来，是因为碰到一个没有被贴标签的人。"胖哥说。

"我知道，她提起过你。"

---

① 陆可铎. 你很特别 [M]. 郭恩惠，译. 北京：中央广播电视大学出版社，2010：1-29.

"为什么标签在她的身上都粘不住呢？"

木匠温柔地说："因为她决定把自己的想法看得比别人的想法更重要。只有当你允许标签粘到你身上的时候，标签才会粘得住。"

"什么？"

"当你在乎标签的时候，标签才会粘得住。你越相信我的爱，就越不会在乎别人的标签了。"

"我不太懂。"

木匠微笑地说："你会懂的，不过得花点时间，因为你有很多标签。现在开始，你只要每天来见我，让我来提醒你我有多爱你。"

木匠把胖哥从工作台上捧起来，放到地上。当胖哥走出门时，木匠对他说："记住，你很特别，因为我创造了你，我是从不失误的。"

胖哥并没有停下脚步，但他在心里想：我认为他说的是真的。

就在他这么想的时候，一个灰点掉下来了。

思考："灰点""标签"代表什么？你认为胖哥可能具有什么样的特点？

阅读这个故事后，你觉得胖哥可能经历过怎样的事情，未来又会遇到什么事？尝试写出故事的背景，并续写故事。

特殊儿童与普通儿童有什么差异？特殊儿童会被贴上标签吗？

第一节　儿童的个别差异与发展

扫描二维码
查看本节文本
资源

　　意大利教育家蒙台梭利认为，儿童是一个具有生命力的、能动的、发展着的、活生生的人，教育者应该仔细观察儿童、研究儿童、了解儿童的内心世界，发现"童年的秘密"，要热爱儿童，尊重儿童的个性，在儿童自由和自发的活动中帮助他们获得智力的、精神的、身体的、个性的自然发展。每位儿童都有自己的独特之处，不论是身体上的还是心理上的，特殊儿童都以自己的方式展现出不同的一面。作为教育者，我们应当尊重每位儿童的个性，促使儿童的全面发展。

一、差异的观念

　　三百多年前，多才多艺的德国数学家、哲学家莱布尼茨曾经说过这样的话："世界上没有两片完全相同的树叶。"这句话从哲学的角度说明事物的特殊性。世界上的万事万物都是有差异的，差异就是体现在特殊性上的个体独特的特点。人与人之间的差异，就构成了每个个体区别于其他个体的特色。

（一）差异与正态分布

柯克和葛拉格认为个别差异具有双重含义，个别差异包括个体间差异和个体内差异。个体间差异是指不同个体之间智力、能力、个性、兴趣等心理特性方面的差异。个体内差异是指同一个体内部能力发展的不平衡。就个体间而言，虽然有许多共性，但差异的存在非常明显，每个个体的发展优势、速度、高度往往是千差万别的。特殊儿童作为一个特殊的群体，与普通儿童相比，在智力、感官、肢体、情绪、行为或语言等方面存在的显著差异，使其具有独特性。

正态分布是一种连续型随机变量的概率分布。正态分布曲线呈钟形，两头低，中间高，左右对称（图1-1-1）。在教育研究中许多现象的统计数据都呈正态分布，如儿童的品德、学业成绩、能力等。正常与异常是相对而言的，其程度可以根据与全体的平均差异来确定。正常就是与全体平均值基本吻合，而异常就是相对平均值的过度偏离。人的智力在全人口中的表现也是呈正态分布的，智力高度发展叫智力超常（或天才），智力发展低于一般人的水平叫智力障碍（或智力低下、智力落后），中间分成不同的层次。特殊儿童的智力情况同样遵循正态分布的规律，即他们中的大部分智力处于正态分布的中间状态，应与普通儿童一样享有平等地接受教育的权利，即使是处于正态分布边缘的智力障碍儿童，他们的受教育权也不应被剥夺，只要根据他们的特点，作出相应的调整，他们也能健康成长，适应社会，将来也可以独立自主地参与社会生活。

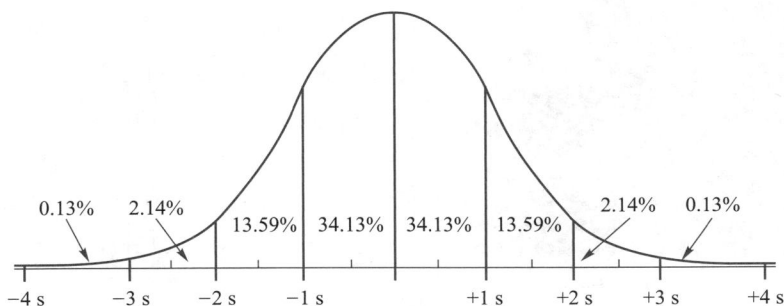

图1-1-1 正态分布曲线下单位标准差面积比例

（二）两种有代表性的差异观

（1）没有共性只有差异性的差异观。这种差异观只承认差异性的存在，否认差异中也存在共性。在这种差异观的指导下，通常人们只看到特殊儿童与普通儿童的差异性，而看不到其共性。如在对待视障儿童时，在这种差异观的指导下，人们往往看到视障儿童在视觉方面相较于其他儿童的差异，只专注于寻找补偿视觉缺陷的方法，而注意不到视障儿童与其他儿童共同的身心发展规律，忽视视障儿童身心发展的关键期。

（2）既有共性又有差异性的差异观。这种差异观是一种既看到特殊儿童与普

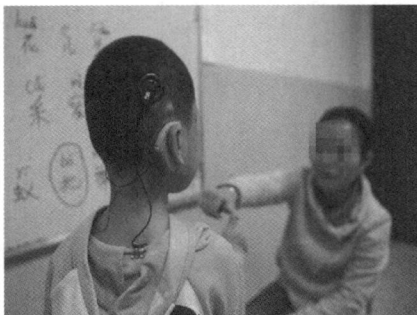

图1-1-2　补偿听觉缺陷，开发认知潜能

通儿童之间的差异，也看到他们之间的共同点的差异观。如在对待听障儿童时，在这种差异观的指导下，人们能既看到听障儿童与其他儿童相比在听觉方面的差异，以及由听觉障碍引发的问题，同时也能看到听障儿童的身心发展规律与其他儿童的共性。因此，在教育康复训练过程中，不仅要补偿其由于听觉缺陷带来的问题，而且也要遵循其身心发展的规律，帮助其开发潜能，促使其全面发展（图1-1-2）。

（三）合理的差异观

合理的差异观是建立在共性和差异性的基础上的，具体来说，表现为以下几点：

（1）发展进程相同但速度不同，如智力障碍儿童与普通儿童相比，发展进程是相同的，都遵循同样的发展规律，但是智力障碍儿童的感知、记忆、思维速度都较普通儿童慢，因而发展速度有所不同。

（2）发展内容相同但重点不同，如智力障碍儿童群体需要培养生活自理能力、社会适应能力、劳动能力等，但是侧重点各有不同，有的需要重点强化自理能力，有的需要重点强化交往能力，有的需要重点强化认知能力等（图1-1-3）。

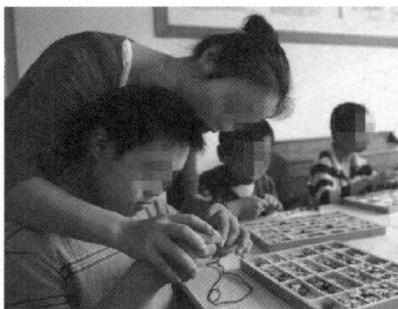

图1-1-3　以精细动作发展为重点

（3）发展目标相同但程度不同，如智力超常儿童与普通儿童一样，他们的发展目标都是全面发展，但是程度有所不同，智力超常儿童的发展程度较普通儿童更加深入。

二、差异的表现

个体发展的差异是普遍存在的，主要表现在身体发展的差异、心理发展的差异、身心发展的不同步、实际表现与潜能的不一致等。

（一）身体发展的差异

人的身体发展，包括机体发育与体质增强两个方面。机体发育，如骨骼、肌肉的生长，神经系统、呼吸系统、生殖系统的发育等，都是身体发展的基础；体质增强，如运动能力、抗病能力及适应环境能力的提高，又为机体发育提供保障，使个体健康成长。

身体发展的差异主要表现在机体发育的差异和体质增强的差异两个方面。特殊儿童与普通儿童身体发展的总规律是一致的，但是差异的存在也是不可否认的。对于肢体障碍儿童而言（图 1-1-4），由于四肢残缺或四肢、躯干麻痹、畸形①，他们的体质普遍不如普通儿童，机体发育明显异于普通儿童；对于智力障碍儿童而言，随着智力缺陷程度的加重，他们的身体发育会越来越差，生理和健康问题也会越来越多；对于听觉障碍儿童而言，如果听觉损伤未及时干预，也会影响其语言能力的发展（图 1-1-5）。特殊儿童群体内部身体发展的个体间差异也很大，即每个个体都有不同的身体发展特点。

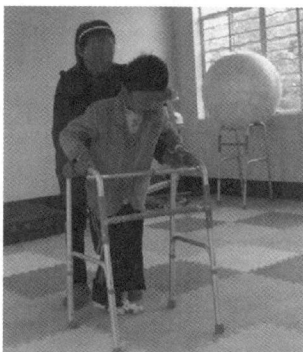

图 1-1-4　肢体障碍儿童　　　图 1-1-5　听觉障碍儿童

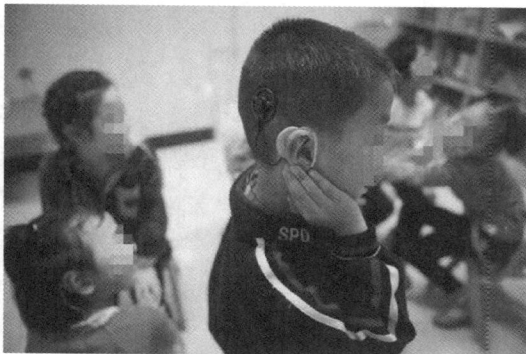

（二）心理发展的差异

人的心理发展，是指个体从出生、成熟、衰老直至死亡的整个生命进程中所发生的一系列心理变化，包括认知发展及人格发展。特殊儿童心理发展的差异，主要有三个方面的表现。

1. 认知发展差异

认知发展差异是普遍存在的，不同的个体在感知觉、注意、记忆、思维、语言等方面的发展表现出不同的特点。② 不同类型的特殊儿童的认知发展表现出不同的特点。例如，在记忆方面，视障儿童的记忆不完整，缺少视觉表象，形象记忆比普通儿童差，但是听力记忆、短时记忆都比较好。听障儿童以形象记忆和手语记忆为主，词语记忆、动觉记忆比较差。孤独症儿童的机械记忆发展较好，但是对信息的编码记忆、再认、提取困难。智力超常儿童的记忆速度快，效果好，保持时间长；而智力障碍儿童的记忆速度慢，不全面，保持时间短。即使是同一类型的特殊儿童，个体之间的认知发展也存在着不同的特点。例如，有些听障儿童读看话（唇读）的能力很强，有些却很差。

2. 人格发展差异

人格是个体在行为上的内部倾向，它表现为个体适应环境时在能力、情绪、

---

① 方俊明. 特殊教育学［M］. 北京：人民教育出版社，2005：265.
② 方俊明. 特殊教育学［M］. 北京：人民教育出版社，2005：265.

需要、动机、兴趣、体态、价值观、气质、性格等方面的整合。[①] 不同个体表现出不同的人格发展特点，例如有的人内向，有的人外向。特殊儿童的人格发展的差异也是不容忽视的，如有的智力超常儿童的人格发展速度较普通儿童快、水平高，他们的社会适应能力强，情绪稳定，意志坚强；有的智力障碍儿童较普通儿童而言，积极性、主动性不高，兴趣狭窄，稳定性差，缺乏自信。在兴趣方面，有的孤独症儿童对移动的物体感兴趣，有的对颜色鲜亮的物体感兴趣。在人际关系方面，有的听障儿童很善于处理人际关系，而有些却不擅长。

3. 认知发展与人格发展的不同步

一般认为，人的发展的最理想状态是认知发展与人格发展同步，但实际上二者常常表现为不同步。有些儿童人格发展滞后于认知发展，如有的儿童的知觉、记忆、推理等都快速发展，却不善于交际，自我封闭，甚至孤僻，这就需要人们多关注他们的人格发展，尽量使其人格发展与认知发展相协调，帮助他们健康成长；有些儿童人格发展先于认知发展，如有的儿童的感知、记忆、思维等能力都比较差，但是他们心地善良，乐于交往，这就需要在认知发展方面多做努力，同时不放松其人格培养，尽量使两者实现协调发展。

（三）身心发展不同步

一般而言，个体的身体与心理发展的关系可以用图 1-1-6 来表示：① 心理的发展快于身体的发展；② 心理的发展与身体的发展同步；③ 心理的发展慢于身体的发展。人们通常会认为身心发展同步是发展的理想状态，但是儿童的身心发展常常表现为不同步，发展不同步并不代表一定不好或者一定会出问题。出现问题时应尽量保持积极的心态，做出积极的调整，从而努力达到身体与心理的发展适度平衡，最终实现儿童的全面发展。[②] 对特殊儿童而言，同样存在着身心发展不同步的现象，如智力超常儿童的发展主要属于第一类，他们的智力水平至少要超过整体平均水平两个标准差，思维力、想象力、感知力、求知欲等通常远远超过同龄普通儿童，这使得他们的身体发展，如身高、体重等与智力发展不同步，心理发展明显快于身体的发展，表现出身心发展的不同步；而智力障碍儿童的发展属于第三类，他们的智商、感知力、洞察力、记忆力等远远低于同龄普通儿童，而身高、体重与同龄儿童相近，心理发展远远慢于身体的发展。

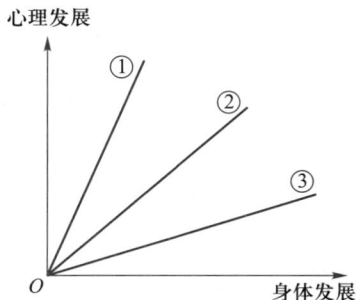

图 1-1-6　个体身体发展与心理发展关系图

① 黄希庭. 人格心理学 [M]. 杭州：浙江教育出版社，2002：41.
② 雷江华，邓猛. 天才儿童教育 [M]. 武汉：华中师范大学出版社，2011：104-105.

（四）实际表现与潜能不一致 [①]

潜能即潜在的能量，人的潜能隐藏在人的潜意识中，尚未显现出来，但是具有可开发性。[②] 每个人生而具有若干潜能，其多少、大小因人而异。潜能透过环境的作用和学习的结果表现出来。由于任何人都无法完全发挥潜能，所以潜能和实际表现之间，总存在一定的差距（图 1-1-7）。此种差距，在学习条件和环境正常的情况下，这种差距是合理的；但如果学习条件和环境不良，则潜能和实际表现之间的差距便会加大，这种差距是不合理的。此种现象，不仅智能不足儿童存在，天资优异者（如高智商、低成就）、普通儿童亦然。这种不合理的差距，不是普通课程所能改善的，而是需要特殊的课程设计、特殊的教育方式才能解决的。因此，特殊儿童在普通班级接受融合教育的过程中是否接受了特殊课程设计、特殊教育方式等特殊的支持服务体系，对于保证融合教育过程的质量尤为重要。图 1-1-8 示意了不同儿童的不同潜能与实际表现的差距，同时也说明了提供的特殊教育支持服务的差异性，特说明如下：

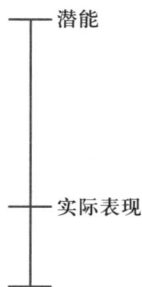

图 1-1-7 潜能与实际表现的差距

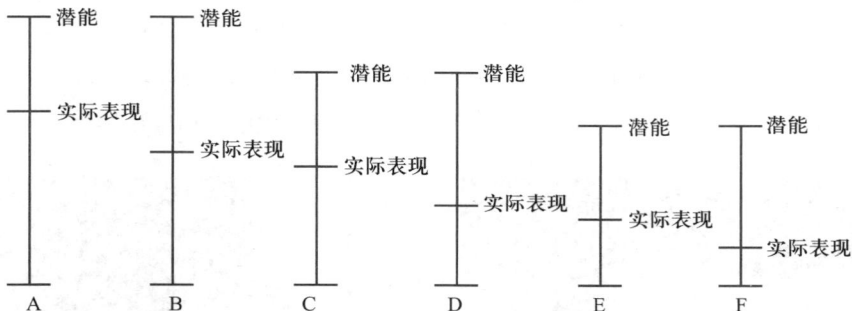

图 1-1-8 儿童的特殊需要示意图

（1）A、B 代表资优儿童，A 有正常的表现；B 因某种原因，虽然表现优于 C（普通的儿童），但仍无法有与其天赋匹配的表现，需要特殊协助，以发挥其潜能。

（2）C、D 为普通儿童，C 表现正常；D 的表现虽然优于 E（智能不足儿童），但距潜能甚大，需要特殊协助，以发挥其潜能。

（3）E、F 为智能不足儿童，E 的表现虽然不如 D，但就差距现象来看，已有适宜的表现。特殊教育不一定对他有帮助。F 则不然，其表现与潜能的较大差距说明正常的教育措施无法发挥其最大潜能，因此需要特殊教育的协助。

---

① 雷江华. 教育公平视野下的融合教育质量解析 [J]. 香港特殊教育论坛，2009，11（1）：88-97.
② 王振喜，高彦华，刘阿男. 教育与人潜能的开发 [J]. 社会研究，2012（4）：107-108.

归纳而言，一个儿童在心智上、生理上或者人格上与他人存在差异并不等于他一定有特殊需要，也不代表着他一定是特殊儿童。特殊儿童的认定和特殊教育更关注儿童潜能和实际表现上的差异程度、需要特殊协助的程度和方式，以及特殊协助的有效程度等方面。人各有潜能，在融合教育过程中进行特殊教育训练的目的在于补充普通教育之不足，发挥特殊教育优势。

▶ 推荐视频
电影《心中的小星星》

三、基于差异的发展观

当前许多教师及家长一味地追求儿童一时成绩的提升，而忽视了儿童成长的其他方面及人生的全程发展，这对儿童的发展极为不利，对特殊儿童而言更为不利。因而，在了解儿童个别差异的基础上，建立合理的发展观，关注儿童的全面发展、全程发展、动态发展、主动发展以及潜能发展，对于儿童成长、成人、成才至关重要。

（一）全面发展观

全面发展观强调人的发展具有多维性、多层性、多面性。人的全面发展包括身体、心理、智能等的多维度，动作、形象、抽象等的多层次，智力因素及非智力因素等的多方面发展。根据全面发展观的要求，特殊儿童的发展不能顾此失彼，特别是对特殊儿童进行有针对性的训练时，不能采取单一的干预内容和策略，而应该整合相关的干预项目，处理好多面与单面的关系，兼顾特殊儿童身体、认知、人格、情感等方面，实现整体、协调、统一发展（图 1-1-9 至图 1-1-12）。

📖 推荐文献
詹镇超：挖掘潜能，促进学生全面发展，现代特殊教育,2013（5）

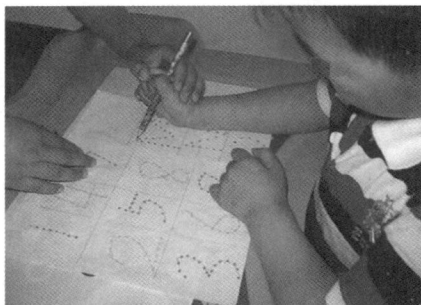

图 1-1-9   发展认知

图 1-1-10   发展身体

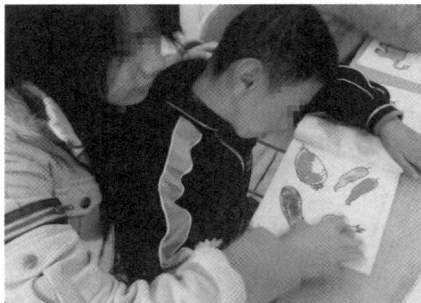

图 1-1-11   发展艺术

图 1-1-12   发展生活技能

（二）全程发展观

全程发展观提出，人的发展是整个生命里程持续不断的变化过程，这个过程是由多个发展阶段所组成的，特别重视人生的开始阶段对身心发展的基础性作用。全程发展观要求特殊教育人员不能忽视特殊儿童的早期发展，因为语言、智力等发展的关键期大多在这一阶段，如果错过了关键期，以后进行补救的效果可能不佳，要么事倍功半，要么徒劳无功。因此，特殊儿童教育要重视在儿童发展的关键期进行有针对性的训练，做到训练得法，使儿童健康成长。[①] 此外，在儿童发展过程中，要避免儿童走上片面的短程发展的道路，如有的儿童只玩不学或者只学不玩，有的儿童在上学期间学习，到假期就不学了，这几种做法都不利于儿童的持续、全面发展。因此，强调全程发展观，需要处理好短程与长程的关系。

例如，中国的"海伦·凯勒"周婷婷，从小双耳失聪，但是父母不忍心其活在冰冷寂寞的无声世界中，一边为女儿四处求医治病，一边抓住语言发展的关键期，对女儿进行语言训练，经过几百个日日夜夜的艰辛与努力，终于创造了奇迹，女儿不但开口说话了，而且与普通儿童一样走进了普通学校。同时她的父母也没有忽视周婷婷的长远发展，开发其智力潜能。周婷婷在 6 岁时已认识 2 000 个汉字；8 岁能背出圆周率小数点后 1 000 位数字，创造了吉尼斯世界纪录；10 岁时与爸爸共同完成 12 万字的《从哑女到神童》；16 岁成为中国第一位听障少年大学生；24 岁同时被哥伦比亚大学和波士顿大学录取为博士生。周婷婷的故事充分说明了抓住特殊儿童发展关键期、处理好短程发展与长程发展关系的重要性。

阅读材料
周婷婷和她的"赏识老爸"

（三）动态发展观

动态发展观提出人的发展是一个主体与客体不断相互作用的过程，是一个从量变到质变的过程，在发展的过程中可能会出现很多波动和不平衡。[②] 洛文格的发展模式图（图 1-1-13）显示了这种不平衡性的四种发展模式。[③]

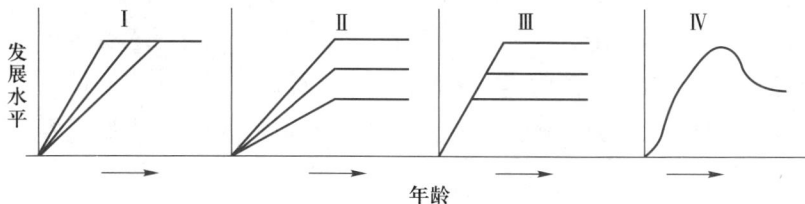

图 1-1-13 发展模式图

模式 I：同起点、不同发展速度，最后在不同时期达到同一水平。如骨骼系统的发展，有些人 15 岁就长足了，有些人 20 岁才停止长高，他们的发展速度、

---

① 雷江华，方俊明. 特殊教育学 [M]. 2 版. 北京：北京大学出版社，2016：23.
② 雷江华，方俊明. 特殊教育学 [M]. 2 版. 北京：北京大学出版社，2016：23.
③ 张大均. 教育心理学 [M]. 北京：人民教育出版社，2005：33-34.

到达顶点的时期可以不同，但最终可能身高相同。

模式Ⅱ：同起点、不同发展速度，最后在同一时期达到不同水平。智力发展可作为此种模式的代表，不同个体智力发展速度不同而停止发展的年龄却基本相同（16 岁左右），因而最后达到的水平也有高低。

模式Ⅲ：同起点、同一发展速度，但最后的水平有所不同。如儿童早期的语言发展以及知识学习，儿童早期的语言发展可能受言语器官成熟的稳定性制约，而儿童早期的知识学习往往受外部环境（包括社会教育环境、家庭教育环境以及学校学习环境）的影响，一般来说儿童早期的知识学习速度基本相同，但其受教育的最高限度可以不等，因此最后的发展水平有所不同。

模式Ⅳ：随着年龄增长而表现不同的速率，一般是先快后慢，到一定年龄阶段停止发展，然后开始下降。这就要求在发展过程中，处理好稳定与波动之间的关系。

根据动态发展观的要求，特殊儿童的发展可能出现很多不可预期的情况，包括进步后的倒退、长期停滞不前等，这就要求幼儿园教师要有耐心、恒心和信心。教师应当根据特殊儿童发展的情况，抓住重点与突破点，争取从某点突破来带动其他方面的发展。[①]

（四）主动发展观

主动发展观强调人的发展受到遗传、环境、教育、个体主观能动性等多种因素的影响，在这些因素中，遗传是不可控的内因，环境是不可控的外因；教育是可控的外因，个体能动性是可控的内因。人要获得全面的发展，必须抓住可控的内因来促进自身的发展[②]，处理好主动与被动之间的关系。

（五）潜能发展观

潜能发展观强调人的发展是不断发掘自身内在的未开发出来的综合能量的过程。世界上不存在没有潜能的人，只有潜能没有充分发展和发挥的人。[③]加德纳的多元智能理论认为，每个人都具有逻辑－数理智能、语言智能、音乐智能、空间智能、身体运动智能、人际关系智能、内省智能、自然探索智能与存在智能等九种智能。每个人的智能由其中多种智能组合而成，但每个人的优势智能不尽相同，因此需要利用自身的优势智能，因势利导，扬长避短，发展成各具个性和特长的人。[④]

根据潜能发展观的基本思想，特殊儿童与普通儿童一样，都是具有潜能的人，只是潜能没有被发掘、展现出来，特殊教育的作用在于通过有效的训练措施与手段，发掘他们的潜能，处理好他们的优能与劣能之间的关系（图 1-1-14）。

① 雷江华，方俊明. 特殊教育学［M］. 2 版. 北京：北京大学出版社，2016：23.
② 雷江华，方俊明. 特殊教育学［M］. 2 版. 北京：北京大学出版社，2016：23.
③ 雷江华，方俊明. 特殊教育学［M］. 2 版. 北京：北京大学出版社，2016：23.
④ 雷江华，方俊明. 特殊教育学［M］. 2 版. 北京：北京大学出版社，2016：20.

图 1-1-14　艺术潜能开发

　　根据"拓展阅读"讨论：有人说，特殊儿童的发展重点在于补偿缺陷，潜能开发对他们来说不重要。对此，你怎么看？

拓展阅读

一个读写困难孩子的心里话[①]

　　我叫文文，我喜欢讲故事，在幼儿园还拿过故事大王奖呢。

　　我喜欢唱歌，唱得可好听了，妈妈和老师都特别喜欢听我唱歌。

　　我喜欢画画，我的邻居李爷爷就是画画的，他说我的画很有灵气。

　　我还有很多喜欢做的事：和爸爸、妈妈去公园玩，和小朋友一起玩游戏……

　　本来，我应该是一个无忧无虑的小女孩，和我的小伙伴一样，高高兴兴地上小学。可是，上学以后，我却有了一个很大的烦恼：我读书的时候经常会丢字、落字，比如"上天对每个人都是公平的"这句话，别的小朋友都能读对，我却读成"上天，又，每个人，都是，平的"。读课文也总是结结巴巴的。

　　我每天都很认真地写字，比别的小朋友花的时间多很多，可是老师总是不满意我写的作业，说我写字缺偏旁，要不就是写反了、写倒了。

　　我的老师们对我的评价很不一样，美术老师、音乐老师都喜欢我，说我很有艺术天赋；而我的语文老师却经常对我摇头，说我总是写不好字。

　　我很想把字写好，把课文读流利，可是我真的很难做到……

技 能 实 训

项目一　观察特殊儿童与普通儿童行为表现的差异

　　特殊儿童与普通儿童之间存在较为明显的差异，这不仅表现为身体发展

① 郝薇. 一起呵护聪明的"笨"小孩 [J]. 父母必读，2014（1）：60-61.

的差异，也表现为心理发展的差异。了解特殊儿童的差异，是为特殊儿童提供有效服务与支持的基础。

一、实训目标

了解特殊儿童与普通儿童在行为表现、身心发展方面的差异。

二、内容与要求

1. 在幼儿园里选择一名特殊儿童与一名普通儿童作为重点观察对象。
2. 观察两名儿童在幼儿园生活中的行为表现。
3. 分析两名儿童的行为，比较异同，并整理成文字资料。

第二节　特殊需要与特殊教育发展

扫描二维码
查看本节文本
资源

需要是人的生命存在与发展的永恒主题，需要具有个体差异性，特殊需要则是生命基于个体的差异性，所表现出对其生存、发展的特殊条件的依赖。[①] 本节主要对特殊需要、特殊儿童的特殊需要、特殊教育的特殊需要进行简要的介绍。

一、特殊需要概述

需要是人脑对生理和社会要求的反映，具有个体差异性，特殊儿童的特殊需要与其个体生命特征有着一定的关联，并随着个体发展的改变而不断变化和发展。

（一）概念

需要反映了人内部的某种缺乏或不平衡状态，它表现为人在生存和发展中对客观条件的依赖性，是人进行活动的基本动力。人的各种活动都是在需要的推动下进行的。需要激发人去行动，是个体积极性的源泉，常以意向、愿望、动机、抱负、兴趣、信念、价值观等形式表现出来。特殊需要则是人基于个体生命差异的独特性对生命存在、延续和发展的特殊条件的一种欠缺状态及其反映。[②]

（二）差异性

个体之间身心发展的差异是客观存在的，这些差异构成了各具特色的需要。特殊儿童群体是一个异质性比较大的群体，由于其身心发展的不同特点，每一类特殊儿童表现出不同的需要，如听障儿童由于在听觉方面存在缺陷，在幼儿园教育阶段就要对其听觉损失及听觉损失所带来的问题进行补偿，抓住语言发展的关键期加强语言训练，还要重视潜能开发；智力障碍儿童由于智力方面的缺陷，生活适应、生存技能的习得较普通儿童而言需要更多的指导与训练；智力超常儿童

---

① 盛永进. 特殊需要视野中对特殊教育研究的思考 [J]. 中国特殊教育，2007（12）：19-32.
② 盛永进. 特殊需要视野中对特殊教育研究的思考 [J]. 中国特殊教育，2007（12）：19-32.

较普通儿童在求知欲、探索欲等方面表现得更加强烈，这就需要教师保护其求知欲，为其发展提供更多的便利。同一类型的特殊儿童由于障碍程度、能力、兴趣等方面的差异，也可能表现出不同的需要。即使是特殊儿童个体，在不同的发展阶段也会表现出不同的发展需要，这就要求教学设计具有差异性和层次性，特殊教育支持服务具有针对性，以满足儿童的差异化和个性化的发展需求。

（三）内容

人的需要是一个多维度、多层次、多方面的复杂结构，不同的心理学家对其进行了不同的划分。例如，马斯洛把人的需要分为生理需要、安全需要、归属与爱的需要、尊重需要和自我实现需要；奥尔德佛把需要分为生存需要、关系需要和成长需要；麦克利兰把需要分为成就需要、权利需要和合群需要。在这里，我们把特殊儿童的特殊需要分为生理需要、心理需要和社会需要：（1）生理需要是指维持人的基本生存和发展的需要，如对饮食、运动、休息、睡眠、觉醒、排泄、避痛等的需要。（2）心理需要是指个体在生活中感到某种欠缺而力求获得满足的一种内心状态，如对交友、自尊、自我实现等的需要。（3）社会需要是指与社会生活相联系的一些需要，如对劳动、交往、成就、奉献等的需要。社会需要是后天习得的，源于人类的社会生活，属于人类社会历史的范畴，并随着社会生活条件的不同而有所不同。

（四）特点

虽然特殊儿童的特殊需要各有不同，但也有许多共性。

首先，特殊需要与特殊儿童生存和发展具有相关性。无论是特殊儿童的生理需要，还是心理需要或社会需要，都与特殊儿童的生存和发展有着直接或间接的关系，如特殊儿童的教育需要，与其长远发展息息相关。

其次，特殊需要具有发展性。需要是动态发展的，随着基本需要的满足，人的高层次需要也不断发展。特殊儿童与普通儿童的需要一样，都是动态发展的，如特殊儿童的认知需要是从低到高发展的。

再次，特殊需要具有个体性。不同的个体有不同的需要，每个个体的需要都具有独特性。在特殊儿童的成长中，要关注特殊儿童的个体需要，以利于其健康成长。

最后，特殊需要具有社会制约性。人是生活在一定社会范围内的，其需要总是受到一定社会生产关系和生产力发展水平的制约，同时也受到社会文化传统等因素的制约。对于特殊儿童来说，其需要不是无限制自由增长的，而要保持在一定范围内——保持在社会认可的范围内，保持在法律允许和道德范畴内。

二、特殊儿童的特殊需要与保障

每一位特殊儿童都有其独特的个体特点、兴趣、能力和需要，特殊教育要充分考虑到这些特性和需要的广泛差异。

微课：特殊儿童的概念

（一）特殊儿童的概念

特殊儿童，广义的理解是指与普通儿童在各方面有显著差异的各类儿童。《美国特殊教育百科全书》将特殊儿童分为天才、智力落后、身体和感官有缺陷（如视觉障碍、听觉障碍）、肢体残疾及其他健康损害、言语障碍、行为异常、学习障碍等类型。在狭义上，特殊儿童专指残疾儿童，即身心发展上有缺陷的儿童，又称"缺陷儿童""障碍儿童"，包括智力障碍、听觉障碍、视觉障碍、肢体障碍、言语障碍、情绪和行为障碍、多重障碍等类型的儿童。成人在发现特殊儿童的障碍后就应该对其进行教育和训练，使特殊儿童达到最佳的康复水平、减少障碍的不良后果，从而得到全面发展，能够适应社会，成为社会平等的成员。[1] 本书中介绍的特殊儿童包括听障儿童、视障儿童、肢体障碍儿童、身体病弱儿童、智力障碍儿童、智力超常儿童、语言发展异常儿童、孤独症儿童、多动症儿童和学习障碍儿童等。

（二）特殊需要与保障

特殊教育始终是党和政府高度重视和关心的一项民生事业，国家也充分重视特殊儿童的特殊需要。党的十八大明确提出支持特殊教育，党的十九大提出办好特殊教育，十九届五中全会提出完善特殊教育保障机制，党的二十大进一步提出，强化特殊教育普惠发展。党的二十大深刻阐明了特殊教育属于基本公共服务的性质，强调特殊教育的普惠性特征和政府发展特殊教育的主体责任。特殊儿童的需要包括生理需要、心理需要和社会需要，政府要落实主体责任，做好福利保障、教育保障、人权保障。

1. 生理需要与福利保障

生理需要是人最基本、最原始的需要，是更高层次需要满足的基础。特殊儿童的生理需要的满足对于特殊儿童的发展来说尤为重要。我国随着综合国力的不断提升，对特殊儿童的基本生存、生活需要、基本身体康复的需要的关注越来越多，专门针对特殊儿童的福利保障也在不断地完善。例如，2008 年《中共中央　国务院关于促进残疾人事业发展的意见》明确提出"建立健全残疾人康复服务保障制度和措施"，并进一步指出优先开展残疾儿童抢救性治疗和康复，对贫困残疾儿童康复给予补助，研究建立残疾儿童康复救助制度。同时，为了落实该文件精神，2011年至 2015 年，中央财政安排专项补助资金，支持各地实施"残疾儿童康复救助项目"。2011 年出台《残疾儿童康复救助"七彩梦行动计划"实施方案》，该文件要求资助符合条件的城乡有康复需求的贫困残疾儿童，包括对听力语言残疾儿童、肢体残疾儿童、脑瘫儿童、孤独症儿童的资助等。此外，中国残联等相关部门2021 年印发的《"十四五"残疾人康复服务实施方案》指出：要进一步加强残疾人康复服务，提升康复服务质量，增强残疾人保障和发展能力，增进残疾人民生

阅读材料
《"十四五"残疾人康复服务实施方案》

---

[1] 朴永馨. 特殊教育辞典 [M]. 北京：华夏出版社，2006：1.

福祉。到 2025 年，有需求的持证残疾人和残疾儿童接受基本康复服务的比例达 85% 以上，残疾人普遍享有安全、有效的基本康复服务。

2. 心理需要与教育保障

心理需要是一种情感需要、精神需要。关注特殊儿童的需要，不应仅关注其生理需要的满足，更要特别关注他们的心理需要，心理需要的满足是他们获得更好生活的必要条件。其中，教育是满足特殊儿童心理需要的重要途径，即通过教育可以让特殊儿童学会自我保护，体验集体生活，学会如何交友，获得知识、技能，学会适应社会等（图 1-2-1）。

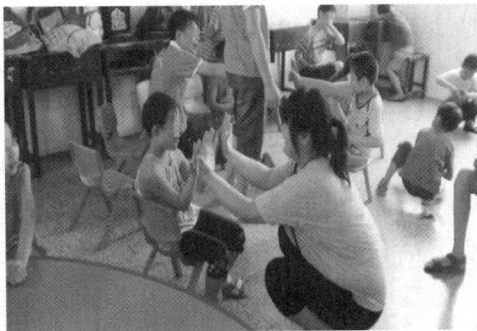

图 1-2-1　特殊儿童心理需要与教育保障

从宏观的角度来看，我国出台了一系列法规政策来保障和满足特殊儿童的教育需要，如 2009 年《关于进一步加快特殊教育事业发展的意见》提出，"全面提高残疾儿童少年义务教育普及水平，不断完善残疾人教育体系""因地制宜发展残疾儿童学前教育，有条件的城市和农村地区要基本满足残疾儿童接受学前教育的需求"。2014 年、2017 年先后出台两期特殊教育提升计划。2022 年《"十四五"特殊教育发展提升行动计划》提出，"积极发展学前特殊教育，鼓励普通幼儿园接收具有接受普通教育能力的残疾儿童就近入园随班就读，推动特殊教育学校和有条件的儿童福利机构、残疾儿童康复机构普遍增设学前部或附设幼儿园，鼓励设置专门招收残疾儿童的特殊教育幼儿园（班），尽早为残疾儿童提供适宜的保育、教育、康复、干预服务""持续提高义务教育普及水平。以县级为单位健全残疾儿童招生入学联动工作机制，依据有关标准对残疾儿童身体状况、接受教育和适应学校学习生活能力进行全面规范评估，适宜安置每一名残疾儿童。压实义务教育阶段普通学校接收残疾儿童随班就读工作责任，建立健全学校随班就读工作长效机制，确保适龄残疾儿童应随尽随、就近就便优先入学"。从微观的角度来看，幼儿园、学前教育部或者普通学校可以通过班级建设、师资培养、课程调整或改革等方法来为特殊儿童提供合适的教育，从而满足特殊儿童的心理需要。

党的二十大报告提出"要强化特殊教育普惠发展"，这就要求要加快各类特殊教育事业发展，努力以更高程度的普及教育惠及全体特殊儿童。只有保障弱势群体的教育权益，强化特殊教育的普惠发展，才能实现更加全面的教育公平。《"十四五"特殊教育发展提升行动计划》指出，"十四五"期间，要在巩固提高特殊儿童义务教育普及程度基础上，推进融合教育和适当发展特殊教育学校等方式，加快特殊教育向"两头延伸"的发展步伐，努力使特殊儿童在学前教育和职

阅读材料
《关于进一步加快特殊教育事业发展的意见》

阅读材料
《"十四五"特殊教育发展提升行动计划》

业教育为主的高中阶段的入学率显著提高；与此同时，积极发展高等特殊教育和成人继续教育，健全特殊教育体系，努力为每一个特殊儿童成长成才搭建教育"立交桥"，充分保障残疾儿童的受教育权。

3. 社会需要与人权保障

社会需要是特殊儿童应具有的基本的人权。作为社会成员，特殊儿童有平等参与社会生活的需要。保障特殊儿童平等的、有尊严的回归并参与社会生活，是满足特殊儿童社会需要、实现社会康复的基础（图1-2-2）。从法律法规的层面来看，联合国2006年通过的《残疾人权利公约》，是人类历史上首部为保护残疾人权利而专门制定的具有法律约束力的国际公约，是国际社会为保护和促进残疾人人权而做出的有效努力；我国2008年通过并实施的《中华人民共和国残疾人保障法》第三条规定"残疾人在政治、经济、文化、社会和家庭生活等方面享有同其他公民平等的权利"。从实践层面来看，我国通过建设无障碍设施，如盲道（图1-2-3）、音响提示设施来帮助特殊儿童参与社会生活，通过开发无障碍读物（如有声读物、盲文读物）来帮助特殊儿童参与社会文化生活，学校通过开展劳动技术教育为特殊儿童未来参与社会职业生活奠定基础。

📖 **阅读材料**
《残疾人权利公约》

📖 **阅读材料**
《中华人民共和国残疾人保障法》

图1-2-2   特殊儿童参与社区生活

图1-2-3   无障碍化建设——盲道

（三）特殊儿童需要的满足方式

特殊儿童的特殊需要是多种多样的，有的是无限的，有的是有限的；有的是合理的，有的是不合理的；有的是近期的，有的是长远的。因此，为了切实满足特殊儿童的特殊需要，教育人员需要在调研的基础上进行综合分析，决定是否给予满足，以保证特殊儿童的生活质量。

特殊儿童需要的满足方式可以分为直接满足和间接满足两种。对于可以直接满足的需要，可以通过提供直接服务予以满足，如特殊儿童对教具的需求；而对于只能间接满足的需要，则需要通过其他手段间接地予以满足，如特殊儿童交友的需要，只能通过组织活动、增加互动等方式，为其提供交友的机会，间接地满足其需求。

从合理性的角度来说，特殊儿童的需要可以分为合理需要和不合理需要。对于合理需要，如果是当前可以解决的，家长、教师则可以依靠组织、同学或者自己的努力加以满足；如果是一时无法解决的，则需要创造条件逐步解决，同时要向特殊儿童作出解释，让其理解需要暂时无法满足的原因。对于不合理需要，包括不正当的、不现实的需要，则需要酌情解释。

………………………………………………………………………………………………

讨　论

　　某特殊儿童总是要买玩具，一旦得不到满足就会哭闹甚至躺在地上打滚，而其家长以孩子的缺陷为借口一味地放纵孩子，看到孩子哭就会心软，满足孩子对玩具的需求。有人认为，因特殊儿童存在缺陷而无条件地满足其需求的做法是不恰当的。对于这个问题，你怎么看？

三、特殊教育的特殊需要

　　为了充分满足特殊儿童的教育需要，在教育实践的过程中，特殊教育要素、组织、方法、目标都要作出相应的变革以促进特殊儿童的发展。

（一）特殊教育的概念

　　特殊教育是指根据特殊儿童的身心特点和教育需要，采取一般或特殊的教学方法和手段，最大限度地发挥受教育者的潜能，使他们增长知识，获得技能，拥有良好品德，提高适应能力的一种教育。[1]

（二）要素的特殊需要

　　特殊教育要素包括从事特殊教育的专业人员、特殊教育的对象以及特殊教育课程等。特殊教育要素的特殊需要，是促使特殊教育发展的基石。

　　1. 教师的特殊需要[2]

　　教师是特殊儿童知识的传授者、技能的训练者、道德品质的塑造者、积极心态的树立者。教师在面对班级中的特殊儿童时，不但需要以积极的心态来接纳特殊儿童，而且需要了解特殊儿童的身心发展特点，利用各种资源，运用有效的方法促进特殊儿童的发展；不仅要掌握基本的教育教学技能，而且要掌握专业的特殊技能，包括沟通技能、交流技能、表达技能、评估技能等（图1-2-4、图1-2-5）。

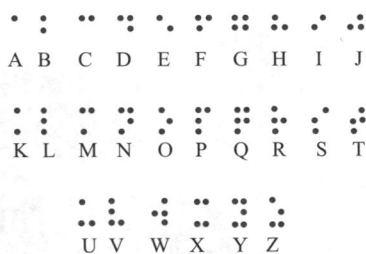

微课：特殊教育的概念

微课：需要的概念

阅读材料
长情的爱，呵护特别的你——"特教园丁"们的动人故事

图1-2-4　教师需要掌握的盲文技能

A B C D E F G H I J
K L M N O P Q R S T
U V W X Y Z

---

① 方俊明. 特殊教育学 [M]. 北京：人民教育出版社，2005：3.

② 雷江华，方俊明. 特殊教育学 [M]. 2版. 北京：北京大学出版社，2016：27.

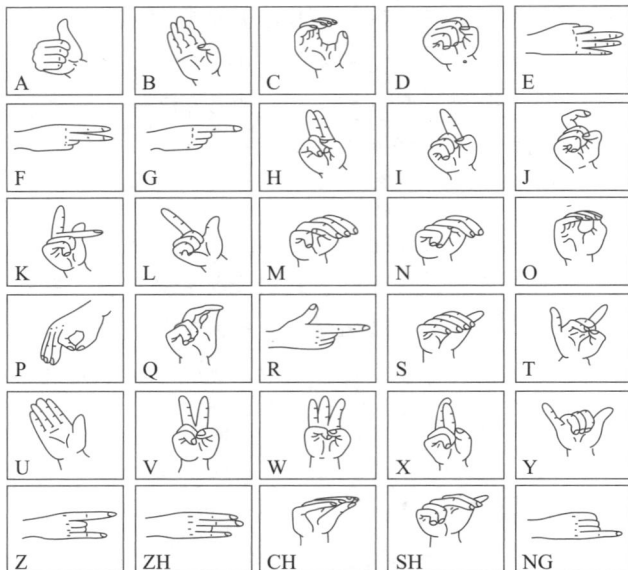

图 1-2-5　教师需要掌握的手语技能

2. 特殊儿童的特殊需要

特殊儿童在感官或身体、智力、语言或沟通、行为或情绪等方面与普通儿童有明显差异。他们可能低于常态发展，也可能高于常态发展。他们需要潜能开发，需要缺陷补偿，需要获得维持生存与发展的知识与技能，需要参与社会生活，需要获得全面康复，需要实现全面发展等（图 1-2-6、图 1-2-7），而这些需要的满足则需要借助特殊的支持服务。如对中重度智力障碍儿童而言，其基本的穿衣、如厕、吃饭等生活自理能力，需要幼儿园、学校设置专门的课程加以强化与训练才能获得并维持。

图 1-2-6　特殊儿童语言康复需要

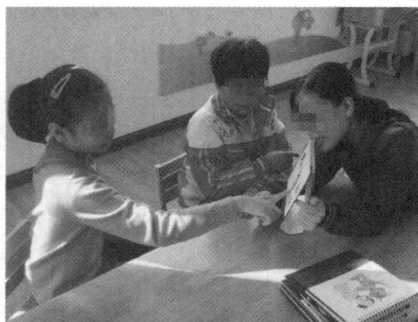

图 1-2-7　特殊儿童认知需要

3. 课程的特殊需要

课程是促进特殊儿童成长的关键因素，普通幼儿园或学校的课程设置、内容、实施和评价等不适用于特殊儿童，因此需要对幼儿园或学校课程进行调整以适应特殊儿童的需要。特殊课程的调整既要考虑缺陷补偿，也要注意潜能开发。如在满足智力障碍儿童的学习需要时，教师需要在课程调整时突出"生存"和"生活"两大主题，将教育与康复相结合，内容要适应、贴近儿童的生活；在课程实施的过程中，要注意智力障碍儿童的个别差异，实施差异化教学，因材施教，同时要注意转变教学要求，使他们能通过学习获得进步，激发他们的学习积极性，用课程来推动他们的发展。在满足听障儿童的学习需要时，幼儿园或学校需要设置言语康复训练课程，抓住听障儿童语言发展的关键期。

4. 家长的特殊需要[①]

对特殊儿童而言，家庭、家长的作用尤为重要。国内外大量的实践证明，特殊儿童家长在提供家庭支持促进特殊儿童身心健康发展，促进特殊教育条件改善，保障儿童的权利，促进社会对特殊儿童权利保障的立法等方面具有重要的作用。

总的来说，特殊儿童家长主要有四大需要：一是获得特殊儿童身心发展规律知识的需要；二是获得特殊儿童教育、训练方法的需要，如听障儿童语训法；三是心理健康教育的需要（特殊儿童父母的压力水平明显高于普通儿童父母的压力水平）；四是对社会支持的需要，包括家长联盟、教育资源共享、社会参与、就业保障等方面，同时，家长也有了解哪些学前特殊教育服务机构能够为其子女提供有效的支持和服务的需要。

（三）组织的特殊需要

特殊教育组织包括作为宏观组织的教育体制，作为中观组织的教育机构（如幼儿园、特殊学校的学前部、幼儿康复训练机构等），以及作为微观组织的班级。[②] 特殊教育组织的特殊需要，是促使特殊教育实践发展的载体。

1. 教育体制的特殊需要

特殊教育体制按投资的主体可以分为公立和私立两类。公立特殊教育机构由政府部门举办和管理，以公共财政加以维持，以特殊儿童为对象进行有目的、有计划的教育。这类机构办学经费有保障，收费较低，管理较为规范，师资队伍相对稳定，为特殊儿童的早期教育作出了一定的贡献，但是数量较少，较多地分布在经济较发达的地区，分布极不平衡，无法应对社会需求。私立特殊教育机构由私人或私立机构投资，有独立的法人对特殊儿童进行教育。这类机构办学较为灵活，充满活力，能根据市场需求灵活调整，但是存在收费高、教师流动性大、质量参差不齐等问题[③]，亟须进行调整和改革。

从办学体制上来看，目前我国特殊儿童的教育主要是在私立学前特殊教育机构进行，公立特殊教育机构还处于起步阶段，需要进一步发展。从管理体制上来

① 雷江华，方俊明. 特殊教育学 [M]. 2 版. 北京：北京大学出版社，2016：38-100.
② 雷江华，方俊明. 特殊教育学 [M]. 2 版. 北京：北京大学出版社，2016：111-169.
③ 雷江华. 学前特殊儿童教育 [M]. 2 版. 武汉：华中师范大学出版社，2019：48-52.

推荐文献
徐红迎：特殊儿童需要活动课程，现代特殊教育，2000（2）

阅读材料
"星儿"家长：发愁不如勇敢面对

看，我国特殊教育办学主体较为多元，同时也较为混杂。各办学主体需要理顺管理关系，明确管理职责，以确保学前特殊教育的顺利发展。总之，我国学前特殊教育仍然较为薄弱，还处于不断探索的阶段，学前特殊教育体制需要进一步加以完善。

阅读材料

当班里来了"特殊"孩子

2. 教育机构的特殊需要

教育机构是特殊儿童接受系统教育的主要场所，接收特殊儿童的机构主要是普通教育机构以及专门的特殊教育机构。

普通教育机构主要是普通幼儿园和普通学校，目前，我国有些普通幼儿园和普通学校接收部分特殊儿童随园就读（图1-2-8）、随班就读，增加了特殊儿童与普通儿童接触的机会，但是由于园内、校内缺乏特殊教育的设备，教师大多不具备特殊教育相关的知识与技能，且班级内的儿童数量较多，无暇顾及特殊儿童，使特殊儿童得不到有效的早期干预和教育。普通幼儿园和普通学校要接收特殊儿童，需要加强教师培训，扩充教师队伍，增加专任特殊教育专业教师的巡回指导，增加教育资源的投入，增加普通儿童对特殊儿童的了解及认可，改进教学方法与手段等来满足特殊儿童的早期发展需要。也有些普通幼儿园和普通学校设置特殊班级用于接纳特殊儿童，不但可以使特殊儿童在部分时间内与普通儿童进行接触，也可以使特殊儿童得到专门的早期康复和训练，但是这对教师提出了较高的要求，要求教师不仅要具有学前教育或小学教育的知识与技能，也要具有特殊教育方面的相关知识与技能。

图1-2-8　融合幼儿园

专门的特殊教育机构主要是特殊幼儿园（图1-2-9），也包括聋校、盲校、培智学校等特殊学校附设的学前部（图1-2-10），以及专门针对某类特殊儿童的早期康复训练机构，如自闭症康复中心（图1-2-11）、聋儿康复中心（图1-2-12）等。这类机构配有专门的资源教室及设备，并开设有针对性的课程，机构中的教师大多具有一定的特殊教育的相关理论基础，可以满足特殊儿童的早期干预与训练的需要，但是这类机构使特殊儿童处于隔离的状态，与同龄的普通儿童接触较少，对其早期的社会化发展不利，影响其未来的社会适应，需要加以思考和改进。

图 1-2-9　特殊幼儿园
　　　　　——厦门市心欣幼儿园

图 1-2-10　特殊教育学校附设学前班
　　　　　——三明市特殊教育学校幼儿班

图 1-2-11　自闭症康复中心
　　　　　——北京五彩鹿儿童行为矫正中心

图 1-2-12　聋儿康复中心
　　　　　——杭州聋儿康复中心

讨　论

有人认为，特殊儿童应该到特殊幼儿园、专门的康复训练中心等机构接受学前教育，普通教育机构对特殊儿童的成长不利。对此，你怎么看？

📖 拓展阅读

患心脏病，上不了幼儿园？

■ "我的要求不高"

幼儿园报名一般是每年的 6 月上旬，4 月初就有一位妈妈小凤（化名）找到我们，希望能为她的女儿月月找幼儿园。

小凤说，按照正常情况，女儿月月应该上幼儿园中班了，但因为月月患有先天性心脏病（医学上简称"先心病"），幼儿园不是以"名额满了"为由婉拒，便是说需要跟园长商量一下，之后就没有音讯了。

小凤说自己能理解那些拒绝月月的幼儿园，但月月已做过手术，手术也很成功，而且有医院出具的医学证明，证明月月可以上学。除了不能参加剧烈运动外，月月目前的健康状况很好。

"我的要求不高，只要有幼儿园接纳月月就够了。"小凤说。

■ "能不收，就尽量不收"

记者走访了某城市三家幼儿园（甲、乙、丙），甲园目前有一位特殊儿童，正读中班；乙园表示以前曾经接收过，但通常只上半天学，中午家长就接回家了，午饭和午睡均不在幼儿园；丙园至今没碰到过这类小孩。

三家幼儿园均表示，对于特殊儿童，幼儿园也很纠结，从感情上很想帮，但又不大敢收。

三家幼儿园先后给记者上了同一课：特殊群体的确需要特别呵护，需要专门的师资，而目前幼儿园师资力量难以顾及。一位园长向记者坦陈，如果不属于学区内的孩子，"能不收，就尽量不收"。

3. 班级的特殊需要

班级是特殊教育机构最基层的组织，是特殊儿童具体的生活环境，包括物理环境和心理环境，对特殊儿童的发展有直接影响。教室的设计布局需要注意保护儿童的安全，强调设备的实用性，以及便于操作性、环境的无障碍化，有条件的幼儿园和学校需要配有专门的功能教室、资源教室（图1-2-13、图1-2-14）等。班级教师要尊重儿童的个体差异，树立对儿童的合理期望，要与儿童保持良性沟通，营造良好的合作伙伴关系。班级规模需要保持在一定的范围内。教师需要对儿童的异常行为进行合理的处理，如焦虑、多动、胆怯、退缩、轻率、攻击、无故喊叫等，这要求教师掌握行为矫正技巧，并对异常行为加以矫正。

图1-2-13　资源教室

图1-2-14　某地特殊儿童班级

（四）方法的特殊需要

特殊教育在教学方法、管理方法、评估方法等方面有自身的特殊需要。特殊教育方法是促使特殊教育实践观变革的手段。

1. 教学方法的特殊需要

教学方法是为实现既定的教学目标，在教学过程中幼儿园教师与儿童共同活动时所采取的一系列办法和措施[①]，是完成教学任务的重要手段。特殊教育的教学过程是一个复杂的过程，每个特殊儿童的个性、类型、程度等都不一样，因此要求教师能够灵活采取教学方法，既能照顾全体特殊儿童，又能够兼顾个体差异，使每一个特殊儿童都有充分发展的机会。[②] 因而，针对特殊儿童的教学方法需要特殊处理，如针对特殊儿童的程度差异较大的问题，教师可以采用差异化的教学方法，使不同程度的特殊儿童达到不同的教学目标；针对部分特殊儿童接受能力比较弱的问题，教师可以采用"目标分解"的教学方法，即把教学目标分解为一个个儿童可以达到的小目标，让儿童逐步达到教学目标；针对特殊儿童的注意力不稳定、积极性难以调动的特点，教师可以采用游戏教学的方法，将游戏融入课堂教学中，发挥游戏的功能，调动儿童的学习兴趣等。

2. 管理方法的特殊需要

特殊教育机构的管理要关注儿童和教师两个方面：一方面，要特别考虑特殊儿童的特点及发展需要，为特殊儿童创设良好的成长氛围，即既要培植认同、尊重、友爱、平等、有利于融合的校园文化，关爱特殊儿童发展心理环境，又要因地制宜地设置物理环境，发挥环境育人的功效，园内的设施无障碍化，便于特殊儿童的活动；另一方面，要尊重教师，对教师进行民主管理，优化师资队伍，加强师德建设与教师培训，以提高教学的有效性。在班级管理中，教师要能够以特殊儿童为本，创设宽严有度的班级秩序，管理的目的在于帮助特殊儿童形成良好的习惯，在班级常规管理中，教师需要讲究方法，对特殊儿童要做到有耐心、有责任心。

3. 评估方法的特殊需要

特殊教育的评估是指通过综合分析有关医学诊断、心理测量、行为评估、家长和教师所提供的各种信息对儿童的发展水平、教育需要、教育实效作出一定的评价与判断的过程。教师需要了解简易的评估方法、评估手段，能掌握相关的权威评估机构信息，能针对特殊儿童进行功能性评估和生态性评估。功能性评估旨在获取每一个儿童的"可信而有效的信息"，既要包括他们存在的问题，又包括"儿童积极的应对策略、儿童的成绩和自我保护因素"，以及其他影响儿童发展的因素。[③] 功能性评估强调每一种行为都具有其所代表的意义和功能，通过对获取的信息进行分析，提高教育干预的有效性。生态性评估是对儿童在家庭、学校及社区等环境中自然表现出来的各种能力进行观察、评估、分析，以此来设计教学目标与教学内容的过程。

（五）目标的特殊需要

特殊教育的目标是最大限度地满足社会的要求和特殊儿童的教育需要，发

▲ 推荐文献
谢明：对智障儿童发展性评估与功能性评估的思考，现代特殊教育，2014（1）

---

① 郑金洲. 教学方法应用指导 [M]. 上海：华东师范大学出版社，2006：4-5.
② 雷江华. 学前特殊儿童教育 [M]. 2 版. 武汉：华中师范大学出版社，2019：63.
③ 谢明. 对智障儿童发展性评估与功能性评估的思考 [J]. 现代特殊教育，2014（1）：12-14.

推荐文献
肖非：关于个别化教育计划几个问题的思考，中国特殊教育，2005（2）

展特殊儿童的体力、智力和人格。[①] 特殊教育目标的设计必须考虑到特殊儿童的特点，注意缺陷补偿与潜能开发，进行早期诊断、教育、训练以及职业训练。个别化计划是特殊教育目标实现的重要途径，包括个别化教育计划、个别化家庭服务计划、个别化转衔服务计划。个别化教育计划是由施测人员对3～21岁的特殊个体在进行评估的基础上，考虑儿童发展的结果，制定的书面文件。它致力于保障儿童从特殊教育中获益，而且真正享有平等的教育机会，使他们做到生活独立、经济自主，并能充分参与社会生活。个别化家庭服务计划是为从出生到3岁的有特殊需要的儿童的家庭实施早期干预服务，它需要经常审核并更新。个别化转衔服务计划是一个面向未来的、以结果为导向的服务计划，它的目标设计强调以儿童的未来需要为基准，为特殊儿童从一个环境到另一个新环境的转折时期提供相应的衔接服务，使其能顺利适应新的环境。个别化计划的制订能够最大限度地实现特殊教育目标的特殊需要，为特殊儿童的健康成长奠定基础。

技 能 实 训

项目二   了解特殊儿童家长需要

家长是儿童的第一任老师，对儿童的发展起着至关重要的作用。但是特殊儿童家长往往缺乏对特殊儿童的科学认知，缺乏教育特殊儿童的恰当方法，自身缺乏心理疏导，并对特殊儿童建立不合理的期望，这对特殊儿童的健康成长极为不利。因此，了解特殊儿童家长的心理、知识、技能等方面的需要，并予以满足，将对特殊儿童的发展产生重要作用。

一、实训目标

1. 了解特殊儿童家长在教育特殊儿童过程中遇到的困难。
2. 了解特殊儿童家长的心路历程。
3. 了解特殊儿童家长的需要。

二、内容与要求

以下两种方式任选其一。

方式1：

1. 联系一名特殊儿童家长，与其建立相互信任的关系。
2. 设计访谈提纲，对特殊儿童家长进行访谈，了解其具体需要。
3. 整理访谈记录，分析归纳特殊儿童家长的需要，并整理成文字资料。

[①] 方俊明. 特殊教育学 [M]. 北京：人民教育出版社，2005：3.

方式 2：

1. 在网络上，搜索 3 则特殊儿童家长的心路历程案例。

2. 整理 3 则案例中家长的特殊需要，分析其共性和差异。

项目三　处理特殊儿童课堂突发行为

在班级管理中，需要对特殊儿童突发的行为进行处理，如特殊儿童的自伤行为，伤害他人的行为，突然离开座位的行为，情绪失控、扰乱课堂等，如果处理不当，将会产生不良的后果。处理这些行为可以运用行为分析方法，如强化法、惩罚法、消退法等。

一、实训目标

1. 能正确对待特殊儿童在课堂中的突发行为。

2. 学会用恰当的方法处理突发行为。

二、内容与要求

1. 观看一段有关课堂突发行为的小短片（活动组织者根据需要自行选择）。

2. 思考如果是你遇到了这种行为，你会怎么处理。

3. 分小组进行讨论，小组成员交流各自的处理方法，总结出最为适宜的处理方法。

4. 每个小组将讨论的结果整理成文章，并提交给教师。

思考与练习

1. 差异主要表现在哪些方面？合理的差异观有哪些表现？

2. 基于差异的发展观包括哪些？

3. 特殊儿童有哪些特殊需要？应如何保障这些特殊需要得到满足？

4. 你认为教师应该怎样对待班级里的特殊儿童？教师如何为特殊儿童提供服务？

5. 调查教师，了解他们面对特殊儿童时有哪些特殊需要。

6. 调查园长或校长，了解学前特殊教育机构有哪些特殊需要。

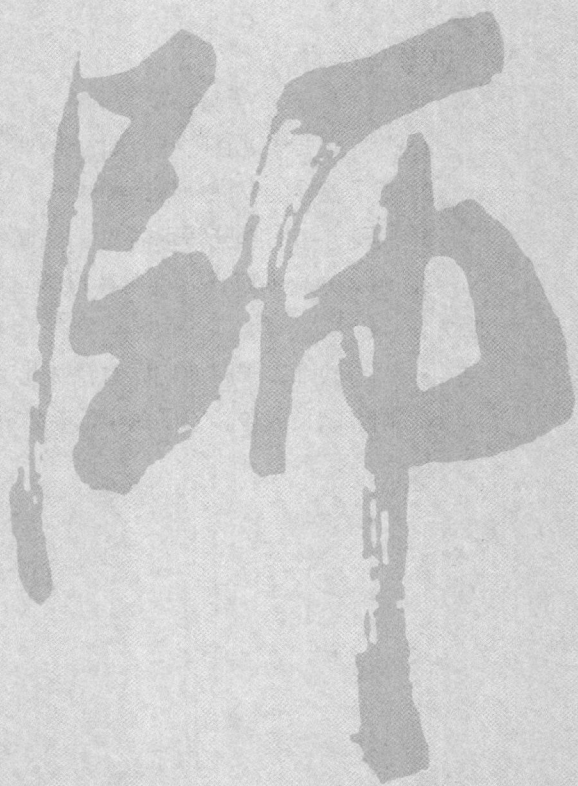

第二章　特殊儿童的教育评估与个案研究

学习目标

☐ 知识目标：

1. 了解特殊儿童教育评估的含义、过程。
2. 了解教师在特殊儿童教育评估中的角色。
3. 了解个案研究的目的。
4. 掌握个案研究的过程与方法。

☐ 能力目标：

1. 能使用观察法收集特殊儿童教育评估所需的基本资料。
2. 能转介存在发展问题的儿童到评估机构。
3. 能配合、参与特殊儿童的教育评估过程。
4. 在教育教学过程中会使用个案研究的方法。
5. 能撰写个案研究报告。

☐ 情感目标：

1. 尊重儿童的个体差异，客观地看待儿童的发展问题。
2. 理解并尊重特殊儿童家长的心理状态和需求。
3. 能遵守个案研究的伦理。
4. 能客观积极地分析个案研究的结果。

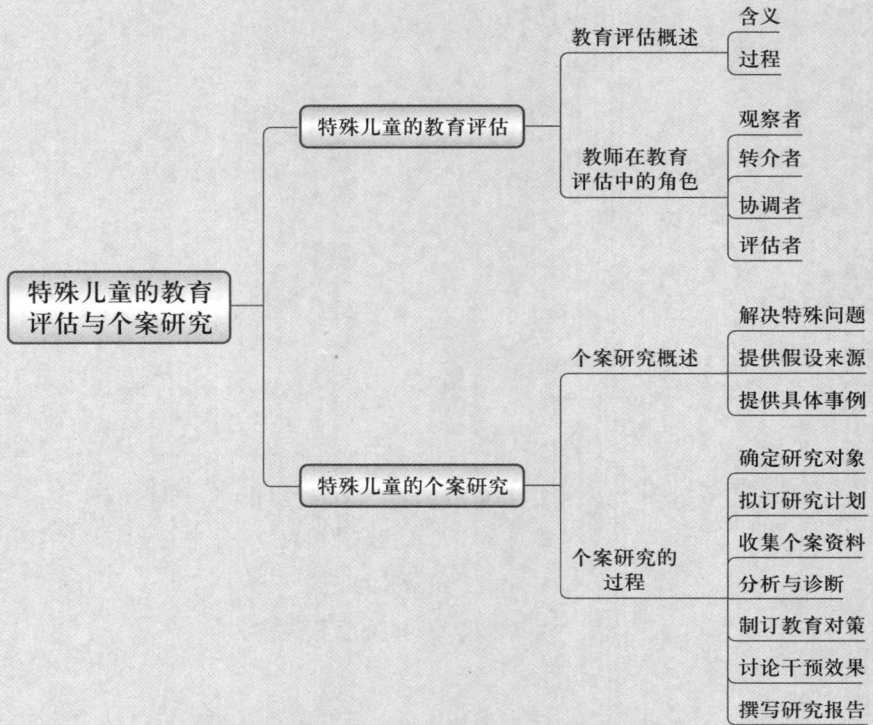

教育评估贯穿特殊教育的整个过程，既是特殊儿童的个别化教育教学的重要依据，也是课程设计和教育教学成果评估的关键工具。个案研究是特殊教育中重要的研究方法。因特殊儿童存在巨大的个体差异和群体差异，个案研究是对其进行全面的评估、分析和诊断，找出问题原因继而采取有效策略，进行针对性干预和教育训练，使问题得以解决最为有效的方法。了解和掌握教育评估和个案研究的方法与过程，有利于教育工作者客观、全面理解特殊儿童的需要，促进特殊儿童的发展。

故事专栏

建明的故事

建明是一位患有孤独症的儿童，存在严重的智力和社交沟通障碍。为了详细了解建明的状况，特殊教育教师在他进入幼儿园时，通过教育评估为他制订个别化教育计划。教育评估使教师了解了建明目前的成就表现水平，为后续选择最优的教育方案、发展目标提供依据。

思考：如果你是建明的老师，你如何做才能更深入地了解他？

第一节　特殊儿童的教育评估

扫描二维码
查看本节文本
资源

教育评估是特殊儿童安置和教育教学的首要环节。教师或家长需要通过教育评估了解儿童的心理发展水平，并依据此为特殊儿童设计有针对性的教育方案。

一、教育评估概述

（一）教育评估的含义

微课：特殊教育评估的概念

评估（assessment）是根据一项标准，对测量到的数值进行的价值判断。教育评估是指使用测验和其他测量手段了解儿童的成就和行为，以便做出教育性决定的过程。特殊儿童的教育评估则包含各式各样的评鉴、估计、评价以及判断特殊儿童需求的技术和程序。这种技术和程序，与一般教育环境中所使用的评估不同，特殊儿童的教育评估要考察特殊儿童的特殊需要，因而针对每个儿童的评估技术和程序都有所不同。

阅读材料
绘人测验

在特殊儿童的教育评估中，需要调整评估过程以满足个别儿童的特殊需求，而不是试着让儿童符合特别的评估程序。例如，对于视障儿童，使用韦克斯勒儿童量表测验智力时，可以删除图形等测验题；对于听障儿童，可以使用以视觉信息为主的测验工具，如瑞文推理测验（图2-1-1）、古氏-哈氏画人测验（图2-1-2）、

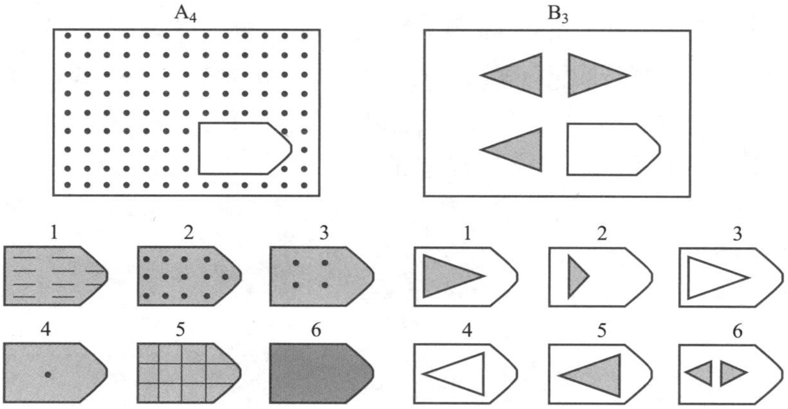

图 2-1-1   瑞文推理测验示例

主题：男人	主题：女人	主题：男人
原始分数：7	原始分数：31	原始分数：66
实足年龄：5岁8个月	实足年龄：8岁8个月	实足年龄：12岁11个月
标准分：73	标准分：103	标准分：134

图 2-1-2   古氏－哈氏画人测验测试结果图例

希内学习能力测验、托尼非语文智力测验等。

阅读材料
教育评估应用案
例——"多动"
的凯凯

　　特殊儿童的教育评估使特殊儿童的教育安置及课程设置更符合特殊儿童的发展需要。特殊儿童个体之间的巨大差异，要求教师必须遵循因材施教的原则，因此，对特殊儿童的教育评估与贯彻因材施教的教育思想是相一致的。此外，通过建立教育评估制度，幼儿园和学校可以获得大量有关特殊儿童及教学情况的资料，有助于教师不断反思，并改进教学方法与策略。

　　（二）教育评估的过程

　　由于教育评估在幼儿的教学与管理中起着非常重要的作用，因此教育评估过程必须真实有效。一般而言，特殊儿童的教育评估过程可以分为四个基本步骤或阶段，如图 2-1-3 所示。

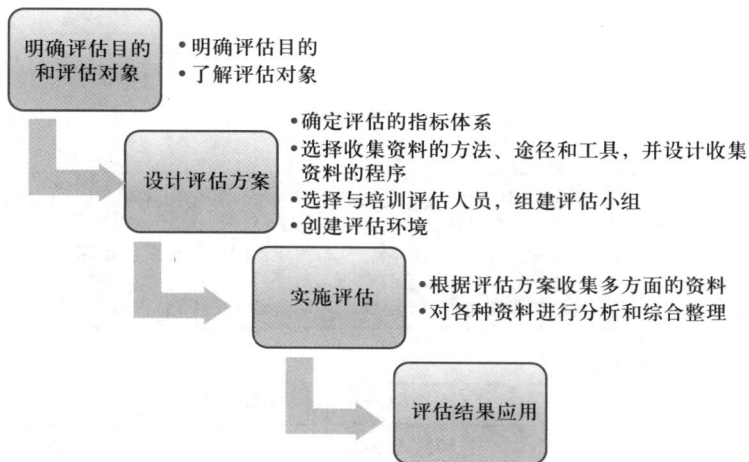

图 2-1-3　教育评估的过程

　　在教育评估之前，教师应先明确教育评估的目的，以便确定评估的内容和类型，选择恰当的评估工具与方法。评估使用什么样的工具和使用什么样的方法收集数据取决于教师所面临的问题。在教育评估过程中，应灵活运用各种评估方法广泛地收集各类资料，如观察法、作品分析法、实验法、评定量表法、测验法、医学检查法等，以提高特殊儿童教育评估的真实性、针对性和准确性。但是，教育评估只是手段而非最终目的，将评估与教育、康复紧密结合是促进教学质量提升、实现特殊儿童发展的基本要求。[①]

阅读材料
特殊儿童的教育评估类型

阅读材料
特殊儿童的教育评估实例

阅读材料
特殊儿童教育评估的层次与阶段；无歧视评估的过程

二、教师在教育评估中的角色

　　特殊儿童的教育评估有着广泛的应用和不同的目的（表 2-1-1）。教师在特殊儿童的教育评估中起着关键的作用，应在教育评估的各个阶段发挥作用。

表 2-1-1　特殊儿童教育评估的目的

	目的	教师的作用
转介	将可能存在异常的儿童转介至专门的评估机构	观察者、转介者
筛查	鉴别出需要进一步做评估的儿童	观察者、协调者、评估者
诊断	确定特殊儿童的障碍类型和程度，了解儿童的特殊教育需要	协调者、观察者
制订教育计划	获取资料，制订个别化教育计划	评估者、协调者
评估儿童发展情况	评估儿童的成就表现，监督方案实施	评估者

[①]　韦小满. 特殊儿童心理评估 [M]. 北京：华夏出版社，2006：30-34.

拓展阅读

教师参与特殊儿童教育评估的流程（图2-1-4）

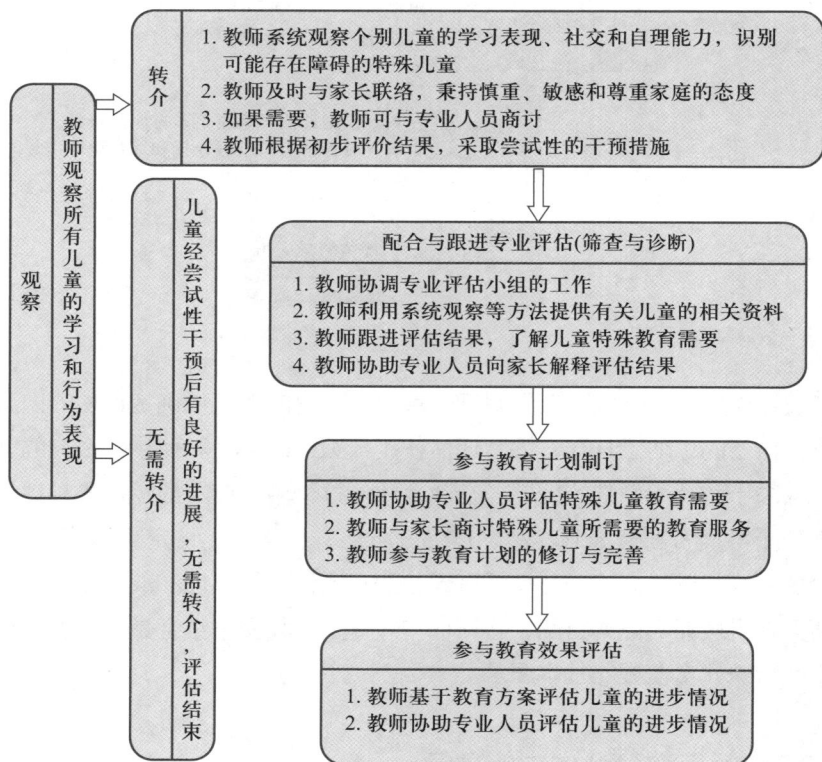

观察

教师观察所有儿童的学习和行为表现

转介

1. 教师系统观察个别儿童的学习表现、社交和自理能力，识别可能存在障碍的特殊儿童
2. 教师及时与家长联络，秉持慎重、敏感和尊重家庭的态度
3. 如果需要，教师可与专业人员商讨
4. 教师根据初步评价结果，采取尝试性的干预措施

儿童经尝试性干预后有良好的进展，无需转介，评估结束

无需转介

配合与跟进专业评估(筛查与诊断)

1. 教师协调专业评估小组的工作
2. 教师利用系统观察等方法提供有关儿童的相关资料
3. 教师跟进评估结果，了解儿童特殊教育需要
4. 教师协助专业人员向家长解释评估结果

参与教育计划制订

1. 教师协助专业人员评估特殊儿童教育需要
2. 教师与家长商讨特殊儿童所需要的教育服务
3. 教师参与教育计划的修订与完善

参与教育效果评估

1. 教师基于教育方案评估儿童的进步情况
2. 教师协助专业人员评估儿童的进步情况

图 2-1-4 特殊儿童教育评估的流程

图 2-1-5 教师在教室中观察记录儿童的绘画行为

（一）观察者

观察是教育评估的重要方法，教师可以协助专业评估人员收集有关儿童发展的相关资料，包括儿童的个人资料、家庭和成长背景、发展及行为分析、曾经接受的教育干预方法及成效、所需的专业服务等。教师可以在许多情境中观察儿童，通过观察记录收集相关资料，了解儿童的能力发展和特殊需要（图2-1-5）。教师具有在自然情境中对儿童进行观察的优势，在教室中，儿童可能感到更舒适自然。教师通过观察与特殊儿童兴趣一致的同龄儿童，也能在与常

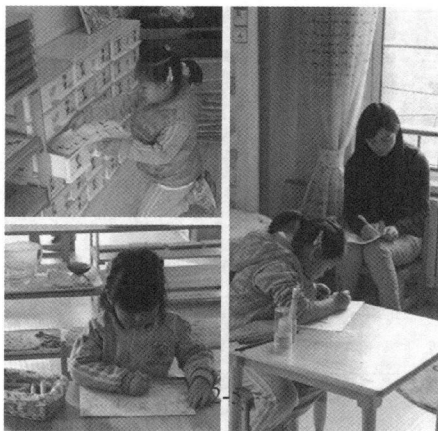

态发展的儿童的对比中判断特殊儿童的发展情况。教师往往是能看到儿童在不同的时间和情境中与同伴如何相处的成人。教师对儿童进行的正式和非正式观察将为评估者了解儿童的发展情况提供大量信息。

教师的观察必须是客观的，避免主观判断对观察记录的影响。系统、客观地记录观察结果是有效鉴别儿童发展问题的关键。观察可以采取多种形式和方法，教师在与儿童相处中可以使用的观察工具主要有检核表，主要记录方式包括观察记录卡、观察日志和日记等。

📖 **拓展阅读**

学前儿童语言发展检核表（表2-1-2）①

儿童姓名：

出生日期：

日　　期：

记录教师姓名：

表2-1-2　学前儿童语言发展检核表

语言	是	否	有时
1. 儿童能使用包含2个或3个词的短语发出请求吗？			
2. 儿童能用完整的句子叙述发生的事情吗？			
*3. 当描述某件事时，儿童能使用至少2句或更多的句子加以谈论吗？			
4. 儿童问问题吗？			
5. 儿童难以听从指令吗？			
6. 儿童能正确回答问题吗？			
7. 儿童说话声音太低或太高吗？			
8. 你能懂得该儿童所说的话吗？			

注：* 问题适用于4岁及以上儿童。

📖 **阅读材料**
学前儿童发展检核表

📖 **拓展阅读**

记　录　卡

记录卡是一种观察摘要记录法，教师使用手头各种大小的卡片进行记录。记录卡也可用于对儿童的各个发展领域的记录，从而发现儿童的发展状况以及评测教育的效果。

---

① 艾伦，施瓦兹. 特殊儿童的早期融合教育［M］. 周念丽，等译. 上海：华东师范大学出版社，2005：269.

```
记录卡：运动实例

    儿童：强强                观察者：张老师
    地点：游乐场              时  间：2013 年 12 月 1 日

                    运 动 发 展

    强强在攀爬架上爬了八级梯子。每爬一级，他都先迈左脚，同时用右手抓住栏杆，然后右
脚跟上来。
```

■ 阅读材料
频次计数法应用
实例：约翰的安
全问题

教师在观察时可采用计时和各种取样法来测量儿童的行为。

教师可以使用各类计时装置和程序来测量儿童目标行为的持续时间、反应延宕和反应间时间。持续时间的测量主要用于记录一个事件或某种行为持续了多长时间。教师可以通过简单地注意一个儿童活动的起止时间，对儿童的注意广度、问题行为持续时间或者何种情形下某种行为更可能持续等问题进行了解。反应延宕的测量主要用于记录从给予目标行为刺激到目标行为开始之间的时间。反应间时间用于记录从上一个行为结束到下一个行为开始之间的时间，通常以平均数、中位数表示。反应延宕和反应间时间的测量与持续时间的测量方法相似。例如，教师可以测量一名学习障碍小学生听从教导到开始写数学作业的反应延宕时间。

📖 拓展阅读

注意持续时间测量

教师们注意到亮亮的注意持续时间较差。他们决定观察亮亮每次花在不同活动上的时间。几天的观察表明，他在手部活动（如绘画、搭积木、迷宫）上花了较长时间（15~20 分钟）。相反，在倾听活动中，他保持注意的时间很短，只有 1~2 分钟（如音乐、故事、交谈）。这种持续时间测量是教师为亮亮设计教育方案、与其家长见面讨论时非常宝贵的资料。

取样法包括时间取样法和事件取样法。时间取样法指的是在时距内或时间内特定的时刻，观察与记录行为的方法。教师先要将观察时间切割成时距，之后记录在每个时距结束时或时距内有哪些行为出现。例如，教师用来测量学生在座位上学习的专注行为，每分钟被分成 4 个 10 秒的观察时距，每个观察时距后有 5 秒时间观察者可以记录目标行为是否发生。事件取样法记录所关注行为的出现次数，没有特定的时间要求。例如，记录儿童某个特定行为的发生频率以及发生的情境。每当特定行为发生时，教师可在随身携带的纸上或记录表上做记号，根据记录结果判断儿童某种问题以及问题的严重程度。事件取样法适用于记录非连续的行为，且每个目标行为的情况必须有明确的起始点与结束点。但是，事件取样法不适用于发生频率太高或长时间发生的目标行为，例如专注力、倾听能力等。

上文所提到的关于行为的测量方法，如计时、取样，都可以用在永久性资料的测量中。也有许多社会重要行为无法直接在物理环境中留下永久性资料，因此教师可以通过记录、拍照等为此行为留下永久性资料。例如，对于语言的测量就需要通过录音、录像等方式收集儿童的语言样本。

（二）转介者

转介指把疑似有生理、心理、行为或学习问题的儿童介绍到专业机构，请有关专家做更细致、严格的评估。[①]教师通常是主要的转介者，教师可以通过课堂接触、行为观察等途径观察儿童的学习表现、社交和自理能力，识别可能存在障碍的特殊儿童，并及时与家长联络，利用一些简单的工具了解儿童的困难所在，及早提供辅导。例如，教师可以使用一些简单易行的检核表、观察表、观察日志和日记、评定量表等来收集资料，通过对儿童家长的访谈，进一步分析儿童存在的问题。但是值得注意的是，教师应该避免对儿童轻易下诊断，因为诊断需要由专业人士判断。教师也应避免用标签来描述儿童或者告诉家长做什么。教师在与家长进行沟通时，应秉持慎重、敏感和尊重家庭的态度，和家庭建立良好的关系。教师既应认真倾听家长的话语和心声，帮助家长进行心理调适，又应了解当地的资源，并提供帮助和适当转介。

阅读材料
学前儿童各项能力参照表；教师如何对疑似听觉障碍儿童进行简易听力检查

推荐书籍
《特殊儿童随班就读师资培训用书》

如果有需要，教师还可以和专业人员商讨是否应该转介儿童到合适的机构或请专家来做评估（专门的鉴定机构一般包括政府认定的专业性医院、医院中心专科、专业性教育评估机构等[②]）。根据初步评估结果，教师可以进行尝试性的干预。在经过一段时间的干预后，仍未取得满意的效果，教师可填写转介表申请转介。一般转介表的格式如表 2-1-3 所示。

表 2-1-3　转介表

儿童资料	姓名		性别		出生日期	
	学校		班级		导师	
家庭情况	家长姓名		教育程度		职业	
	住址				电话	
转介者姓名			与被转介者关系			
电话			填写日期			
转介理由						

① 韦小满.特殊儿童心理评估 [M]. 北京：华夏出版社，2006：26.
② 华国栋.特殊儿童随班就读教师用书 [M]. 北京：华夏出版社，2014：143.

续表

项目	勾选处	问题叙述	项目	勾选处	问题叙述
阅读能力			自理能力		
口语能力			知觉动作能力		
书写能力			行为问题		
数学能力			人际关系		
理解能力			学习习惯		
其他					

困难领域（请在勾选处打√，可多选）

备注	

📖 **拓展阅读**

给教师的建议：向专家咨询

针对各类型特殊儿童可根据表 2-1-4 的建议向专家咨询。

表 2-1-4   特殊儿童专家咨询建议

特殊儿童类型	建议专家
特殊学习困难	教育心理学家、临床心理学家
智力障碍	教育心理学家、临床心理学家、儿科医生、心理科医生
孤独症谱系障碍	精神科医生、儿科医生、心理科医生
注意缺陷多动障碍	精神科医生、儿科医生、心理科医生
肢体障碍	骨科医生
视觉障碍	眼科医生
听觉障碍	听力学家
言语障碍	言语治疗师

（三）协调者

当疑似特殊儿童被转介至专门机构或教育部门接受心理评估、医学检查等专业评估时，教师可以促进家长、各类专业人员及教育部门的合作，也可以作为直接的观察者，配合专业评估，提供更多的资料和线索。

　　特殊儿童的教育评估是由专业团队或小组完成的，而非某一位特殊教育人员或教师单独完成的。因此，特殊儿童的教育评估是建立在专业团队或小组的基础上的。教师在评估团队中将承担起重要的协调工作。例如：促进父母与专业评估人员或机构之间的有效沟通，协助专业机构或人员获取儿童相关的家庭和成长背景等信息；促进父母与学校管理人员、行政管理机构的沟通，协助父母获得有关儿童入园、入校、支持保障等相关政策的信息与资源；促进专业评估人员与机构之间的交流，整合来自医学、心理等各方面专业人员的评估资料；等等。

> 📖 **拓展阅读**
>
> **给教师的建议：教师与家长沟通时的注意事项**[1]
>
> 教师应避免：
> - 下诊断结论。
> - 用标签描述儿童。
> - 增加家长的焦虑。
> - 告诉家长做什么。
> - 根据不充分的观察资料得出结论。
>
> 教师应该：
> - 和家庭建立良好的工作关系。
> - 向家长表达对儿童可能存在的发展差异的关注。
> - 认真和尊重地倾听。
> - 了解当地的资源，并能提供帮助和适当转介。
> - 仔细判断。
> - 评估行为时要考虑文化和语言的差异。
> - 与家长合作。
> - 记住所有的儿童都是不同的，正常的发展包含了广泛的个体差异。

　　经过系列的专业评估，教师将获得有关儿童各个领域发展状况的评估结果。一方面，教师应认真阅读儿童的评估报告，了解儿童的特殊教育需要；另一方面，教师应协助教育心理学家及其他专业评估人员，向家长解释儿童的发展状况及特殊教育需要，并一同协商进一步的教育干预计划。教师在与家长沟通中，应注意保持尊重、谨慎的态度，认真聆听并解释家长的疑问，为家长的心理调适提供支持。此外，教师应促进家长与幼儿园及当地教育部门的积极沟通，整合资源，提供信息和资源支持。

　　但是，由于儿童的心理状态、测试时的环境因素以及评估人员的专业水平等

---

① 艾伦，施瓦兹. 特殊儿童的早期融合教育 [M]. 周念丽，等译. 上海：华东师范大学出版社，2005：276.

多因素影响，评估结果有可能存在问题，因此，一般对于特殊儿童的专业评估须经过一段时间的行动评估和测查复审，特别是对于处在发展关键期的学龄前儿童，教师应对儿童的发展过程和特殊教育需要持续关注和多次测查、分析，保证评估结果的客观与科学。

（四）评估者

1. 参与教育计划制订

为制订教育计划所进行的评估是特殊儿童教育评估中的重要环节。在制订教育计划之前，必须首先评估儿童的发展技能。依据先前专业评估的结果，各个领域的专家（听力学家、营养学家、康复师等）再进行进一步的专门评估。标准化的测验、正式的评估固然重要，但是教师自编的评估工具、观察、主观印象等评估方法也应被重视。

阅读材料
一个多动性注意缺陷儿童感知能力评估结果的分析

教师可以参阅专业的教育评估结果，以了解儿童的特殊教育需要，并将其作为制订教育计划的依据；此外，教师还可以使用观察、非正式测验和主观印象等资料。上述资料共同决定特殊儿童在班级中应接受何种教学服务，确定何种教育目标（包括长期目标和短期目标）和教学方法。例如：针对存在感知觉缺陷的特殊儿童，感知觉训练计划的制订需要建立在教育评估的基础上。同时在特殊儿童感知觉能力评估过程中，教师可以使用观察、晤谈、评定量表等非正式评估的方法，通过对评估结果的分析，明确训练的目标、选择训练内容和方法。

在教育计划实施过程中，仍需要不断评估和修订教育计划，教师要及时对教育训练中儿童的表现、出现的问题，以及采取的措施及其有效性等进行总结和反思，在此基础上，调整、完善教育计划。通常当儿童的实际学习成效和预期实现目标不一致，或出现影响教育效果的因素时，教师需要在教学中将儿童的实际表现与教育计划中的每一个预期目标做比较，重新审视教育计划和方法，针对儿童的具体情况，进行调整、修改和补充。值得注意的是，在教育计划的制订和调整过程中，教师需要协同家长、教育行政人员、专业训练人员等共同参与。

2. 参与教育效果评估

对特殊儿童教育效果的评估是以促进儿童全面发展为目标的。评估资料可以用来检验儿童的进步情况，教育计划目标的达成情况。教师应及时做好特殊儿童教育效果的形成性评估和终结性评估，通过评估监控儿童的进步情况，确认教育干预方案的有效性。例如，在教学过程中，教师可以通过每日、每周、每月的观察或行为管理等资料来观测儿童的行为改变或进步情况。在某一阶段教育计划结束后，教师可以使用能力检核表、测验等方式评估教育效果，也为下一阶段教育计划的制订提供资料。

📖 拓展阅读

贝利的安静倾听项目 ①

目标：增强注意广度。

短期目标：在故事时间里，延长静坐时间，减少乱讲话的次数。

姓名：贝利。

目标行为：安静坐着，不乱讲话。

行为情境：教室中，讲故事时间。

达标标准：连续 5 天，每次安静倾听 10 分钟。

结果分析：教师观察记录贝利每天的表现，并用图表法呈现其进步情况。根据图 2-1-6 可以看出，贝利在起初的故事时间里只能安静 2~3 分钟，经过 15 天的干预（第 6 天至第 20 天），贝利在第 21 天达到了安静倾听 11 分钟的目标，并在接下来的几天里坚持了下来，继而达到了标准。

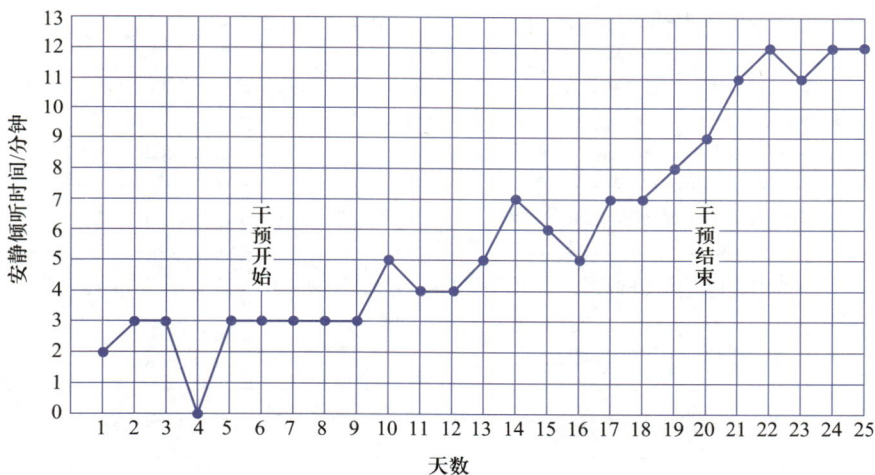

图 2-1-6 贝利的安静倾听时间记录

已制订的教育目标是对特殊儿童的进步情况进行评估的主要依据。一般而言，在训练前，要对教育目标中的具体行为的发生情况进行观察、记录，以取得训练前的基线数据，之后为选定的目标行为制订评估指标，以便作训练前后效果的比较。

---

① 艾伦，施瓦兹. 特殊儿童的早期融合教育 [M]. 周念丽，等译. 上海：华东师范大学出版社，2005：287.

📖 **拓展阅读**

儿童感知训练效果的评估表（节选，表2-1-5）①

表2-1-5   儿童感知训练效果评估表（节选）

领域	评估项目	评估指标	备注
视觉	能分辨物体大小	1. ☐ 2. ☐ 3. ☐ 4. ☐ 5. ☐	
	能分辨颜色	1. ☐ 2. ☐ 3. ☐ 4. ☐ 5. ☐	
	能分清物体的上下位置	1. ☐ 2. ☐ 3. ☐ 4. ☐ 5. ☐	
	能分清物体的左右位置	1. ☐ 2. ☐ 3. ☐ 4. ☐ 5. ☐	
	能分辨背景中的图形	1. ☐ 2. ☐ 3. ☐ 4. ☐ 5. ☐	
	能目测手与物体间的距离	1. ☐ 2. ☐ 3. ☐ 4. ☐ 5. ☐	
运动觉	对周围东西喜欢触摸、嗅或尝	1. ☐ 2. ☐ 3. ☐ 4. ☐ 5. ☐	
	吃饭、画画时双手能够协调一致	1. ☐ 2. ☐ 3. ☐ 4. ☐ 5. ☐	
	俯卧在地板和床上时，头、颈、胸能抬高	1. ☐ 2. ☐ 3. ☐ 4. ☐ 5. ☐	
	双手表现出不恰当的动作	1. ☐ 2. ☐ 3. ☐ 4. ☐ 5. ☐	
	喜欢惹人、捣乱、恶作剧	1. ☐ 2. ☐ 3. ☐ 4. ☐ 5. ☐	
	爬上爬下，跑进跑出，不听劝阻	1. ☐ 2. ☐ 3. ☐ 4. ☐ 5. ☐	
	经常弄乱东西，不喜欢整理自己的环境	1. ☐ 2. ☐ 3. ☐ 4. ☐ 5. ☐	
	经常毁坏东西	1. ☐ 2. ☐ 3. ☐ 4. ☐ 5. ☐	

注：1表示"总是发生"（目标行为实现率在80%及以上），2表示"常常发生"（目标行为实现率在60%~79%），3表示"有时候发生"（目标行为实现率在40%~59%），4表示"很少发生"（目标行为实现率在20%~39%），5表示"从不发生"（目标行为实现率在19%及以下）。

讨论

如果你是一名教师，当你发现班上有个"奇怪"的孩子时，你会怎么做呢？

① 王辉. 特殊儿童感知觉训练［M］. 南京：南京大学出版社，2014：85-86.

技 能 实 训

项目一　使用时间取样法观察

一、实训目标

1. 具备选择适当的观察方法收集评估信息的能力。

2. 掌握利用观察法评估儿童行为问题的能力。

二、内容与要求

1. 根据上述指导范例，选取某名特殊儿童，设计系统的观察方案。

2. 系统观察记录某一特殊儿童的问题，并对观察结果进行初步分析，为家长提供转介建议。

三、范例：观察某个儿童的上课离座行为

1. 确定目标行为及观察指标：目标行为——上课离座行为；观察指标——频数和持续时间。

2. 观察情境：数学活动课。

3. 观察时间：每天上午 10：10—10：35。

4. 观察方法：采用时间取样法，从上课开始，每隔 5 分钟观察一次，每次 5 分钟，记录上课离座行为的频数和持续时间。

5. 观察工具：纸笔记录。

6. 观察记录表（表 2-1-6）。

表 2-1-6　观察记录表

观察对象姓名：		观察者姓名：
观察时间	频数	持续时间
10：10—10：15		
10：20—10：25		
10：30—10：35		

项目二　儿童进步情况评估

对特殊儿童的进步情况进行评估是教育效果评估的重要环节。一般而言，在训练前要对教育目标中的具体行为的发生情况进行观察、记录；取得训练前的基线数据后，为选定的目标行为制订评估指标，以便作训练前后效果的比较。在对儿童进步情况追踪时，对教师来说用图表法呈现儿童的进步情况是事半功倍的。这种直观呈现有助于教师和儿童感知进步，也可以反映出未

实现的目标，及时对教育干预计划做出调整以改善儿童的行为表现，提高教育的有效性。

一、实训目标

1. 具备评估儿童进步情况、参与教育效果评估的能力。

2. 加深对于教师在教育评估中的作用的理解，初步培养学生参与教育评估的能力。

二、内容与要求

选择一名特殊儿童，结合专业评估的结果，设计教育干预方案并实施干预；使用图表法记录儿童的进步情况，并分析教育干预效果。

三、范例：对小晨平衡能力教学效果的评估

教学主题：平衡。

评估对象：小晨。

评估目标：用右脚单足跳。

评估情境：在教室的自由游戏时间。

评估标准：单脚连续跳 5 次。

评估结果：图 2-1-7。

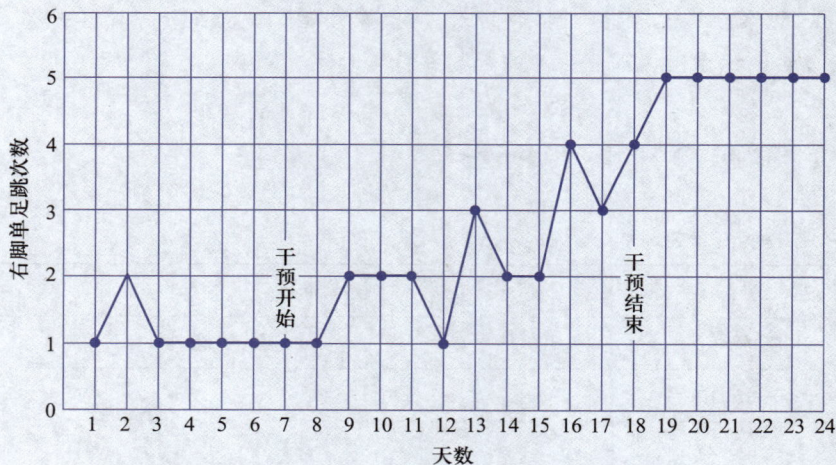

图 2-1-7 小晨的右脚单足跳记录结果

在给定的时间里，小晨起初右脚单足跳的次数仅为 1~2 次，从第 7 天开始实施干预，在干预的过程中小晨的右脚单足跳次数不断提升。通过 12 天的干预（第 7 天至第 18 天），在第 19 天小晨能够在指定时间里用右脚连续跳 5 次，达到训练目标（图 2-1-7），并在接下来的几天持续下来。

第二节 特殊儿童的个案研究

个案研究（case study，又名案例研究），作为社会研究中的一项基本研究方法，具有悠久的历史。随着学科之间的互动和交流，个案研究目前已经成为人文社会科学研究中最重要的研究取向之一。[①]

扫描二维码查看本节文本资源

微课：个案研究的概念

一、个案研究的目的

俗话说，一滴水里观沧海，一粒沙中看世界。个案研究是对某一个体、某一群体或某一组织在较长时间里连续进行调查，从而研究其行为发展变化的全过程。个案研究的对象可以是个人，也可以是个别团体或机构。前者一般是对一个或少数几个特殊儿童进行个案分析，后者一般是对某个班级或某个园所、某个小学进行个案研究。个案研究除了使教师深刻了解个案情况外，还包括解决特殊问题、提供假设来源以及提供具体事例等。

（一）解决特殊问题

在特殊教育的研究过程中，我们针对的大多是特殊儿童，而特殊儿童在发展过程中处于不断发展变化的过程，常常会出现这样或那样的问题，而这些问题不仅受儿童自身发展的影响，还受其家庭、幼儿园、小学和社会环境等多方面的影响。对特殊儿童开展个案研究的目的就是通过各种技术和方法，对影响特殊儿童发展的各个方面进行全面深入的分析，找出其中的原因，并试图进行有针对性的教育和矫正训练。例如，在《基于功能性行为评估的幼儿课堂离座行为个案研究》一文中，研究者通过个案研究，全面分析幼儿园中某位幼儿课堂离座行为出现的前因后果，找到儿童课堂离座行为背后的真实原因和情境，并以此为依据制订并实施有效的干预策略。[②] 从整体的研究过程可以看到，研究者通过个案研究的实施，清楚地呈现出解决儿童特殊问题的整个过程，对其他有类似问题的儿童的行为纠正具有一定的参照意义。

（二）提供假设来源

个案研究的另一个重要目的就是给研究者提供研究假设的来源。在研究的初期，我们要判定事物和事物之间的相关性是非常困难的事情，如果试图通过大规模的调查或实验去分析，则相当地费时费力。个案研究由于关注的对象相对集中，省时省力，甚至可以进行长期的跟踪研究，能够获得较丰富、详细和全面的资料，为建立假设提供充足的依据。例如，在对中度孤独症幼儿数数活动训练的个案研究中，研究者经过前期的评估，提出研究假设，设计操作学具，提高幼儿

推荐文献
杨娟、朱家顺、曹漱芹：基于功能性行为评估的幼儿课堂离座行为个案研究，中国特殊教育，2012（11）

① 卢晖临，李雪．如何走出个案：从个案研究到扩展个案研究［J］．中国社会科学，2007（1）：118–130.
② 杨娟，朱宗顺，曹漱芹．基于功能性行为评估的幼儿课堂离座行为个案研究［J］．中国特殊教育，2012（11）：18–24.

推荐文献
杨静：自我监控策略提高小学数学学习障碍学生解题能力的个案研究，中国特殊教育，2012（1）

对数的理解能力，注重数数活动操作的适应性，注重数数操作活动中孤独症幼儿各方面能力的发展，最终有效地提升了孤独症幼儿数数的能力，并且该幼儿其他方面的能力也都得到了发展。在对小学数学学习障碍学生解题能力的个案研究中，研究者通过前期评估提出自我监控策略能够提高小学数学学习障碍学生解题能力的假设，并用动态评估的方式进行策略教学，最后验证假设。

（三）提供具体事例

个案研究是一种经验探究。经验探究需要在真实的生活情境中验证具体的理论和技术是否具有普遍的适用性，需要收集大量的具体实例帮助我们发现普遍的规律。因此，个案研究获得的具体事例能够帮助研究者更细致地抽丝剥茧，提供理论与实践对接的直接证据。特别是在特殊教育领域，儿童具有较大的差异性，特殊教育中的各种理论或方法在运用过程中很可能出现"甲之蜜糖、乙之砒霜"的局面，因此需要通过个案研究获得丰富的案例，以便细致分析、仔细甄别，不断改进和发展相关理论和技术。例如，有研究者对一位刚入园轻度智力障碍儿童进行了个案研究，该研究提供了特殊儿童融合保教的具体事例，以及具体的实践方法，并进一步提升了幼儿园特殊儿童融合保教的意义，能够帮助读者更好地理解幼儿园融合教育。在《随班就读孤独症儿童语文学习的个案研究》中，研究者从个案研究的角度，报告了一名孤独症儿童语文学习状况干预的案例，为普通小学教师提供多种改善孤独症儿童语文学习水平的干预方法，从而推进随班就读工作的开展。《听力障碍幼儿早期干预的个案研究》报告了一例对听障儿童进行早期干预的成功案例，能够帮助读者更好地意识到早期干预对于听障儿童的重要性，进一步影响特殊教育实践。[①]

推荐文献
王伟、魏轶兵、陈尚婷：随班就读孤独症儿童语文学习的个案研究，中国特殊教育，2008（9）

推荐文献
李娜、张福娟：听力障碍幼儿早期干预的个案研究，中国特殊教育，2007（8）

二、个案研究的过程

在个案研究中，调查了解是前提，分析概括是关键，诊断对策是目的。因此，在开展个案研究之初，教师需要详细考虑个案研究的方案，包括如何确定研究对象、拟订研究计划、收集个案资料、进行分析与诊断，以及制订教育对策等。在实施教育对策一段时间之后，教师还需要讨论干预效果、撰写研究报告。

阅读材料
个案研究的特点

（一）确定研究对象

在特殊教育领域中，个案研究多是帮助研究对象解决行为、心理上或生活适应上存在的问题，即以解决问题为主。因此，教师或家长需要平时细心观察个案研究的对象，一旦发现儿童行为异常或者出现严重偏差，教师或家长就应该予以重视，考虑将其作为个案研究的对象。除此之外，个案研究的对象还可以通过各种测验结果筛选。例如，行为测评中存在严重问题的儿童，心理测验中与同龄人

① 李娜，张福娟. 听力障碍幼儿早期干预的个案研究 [J]. 中国特殊教育，2007（8）：24-27.

存在严重偏差的儿童等，都可以作为个案研究的对象。个案研究的对象亦可以由研究对象自行呈现，例如在人际互动发展、心理行为上存在困扰，主动寻求帮助者，都可以成为个案研究的对象。当然，所选个案研究的对象还必须具有以下三个显著特征：其一，在某些方面有显著的行为表现；其二，在某些方面有关的测量评价指标与众不同；其三，教师、家长等主要关系人都有类似的印象和评价。[①]

（二）拟订研究计划

确定了研究对象之后，就应该拟订研究计划，包括研究的目的和意义、研究的主要问题、研究拟采取的方法、研究的基本步骤、研究的预期结果等。当然在进行研究的过程中，对于以上的内容可以不断地进行调整和完善。特别是在对特殊儿童问题行为的个案研究过程中，一定要在研究计划中厘清要研究的问题行为，以便在后续工作中收集相关资料。而问题行为的描述，需要具体、清晰、明确，以事实的呈现为主，而并非依据观察者的个人意见来描述。

（三）收集个案资料

收集个案资料是研究过程的关键，只有掌握了充分的个案资料，研究者才能够分析和诊断造成个案问题行为出现的原因，才能根据原因制订有效的干预方案和矫治策略。

微课：个案研究资料的收集方法

1. 个案资料的内容

一般来说，个案问题的形成是儿童本身与环境互动的结果，那么所谓的收集资料，即要收集个体"生命坐标"中"时间"（纵坐标）及"空间"（横坐标）的重要交错点，并从这些"坐标点"去建构对个案的了解，如图 2-2-1 所示。收集内容包括：个案的生长史、个案的家庭情况、个案的在园或在校情况、个案在社区生活的情况，以及研究问题的相关信息。

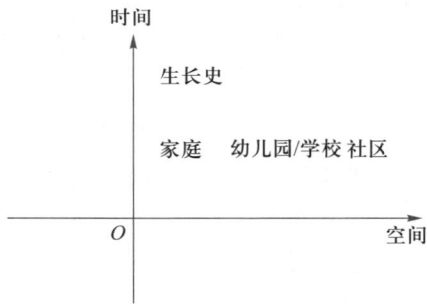

图 2-2-1 个体生命坐标[②]

（1）个案的生长史

个案的生长史包括个案的基本状况，如性别、年龄、年级、身高、体重、健康状况、外形特征、人格特征或障碍类型等；个案的出生史，如出生胎次、出生情况、有何意外事故等；个人的发育史，如个案的健康状况、发育情况（包括患过哪些疾病、受过何种伤害等），智商、动作的发展状况，认知和人格发展水平等。

[①] 宋敏. 个案研究：一种适合中小学教师使用的研究方法 [J]. 中小学教师培训, 2004 (11): 29-31.
[②] 冯观富，王大延，陈东升，等. 儿童偏差行为的辅导与治疗 [M]. 北京：化学工业出版社, 2010: 274.

（2）个案的家庭情况

家庭情况分别包括父母的基本情况，如父母的年龄、职业、教育程度、家庭经济状况；母亲妊娠史，如母亲的生育年龄、怀孕期间有何病患或服药情况、是否遇到意外事故、是否存在明显不良情绪；家族遗传，如家族中是否存在遗传性疾病；父母的身心状况，如父母的身心健康水平、人格品质、教养态度、教养方式等情况。

（3）个案的在园或在校情况

在校情况包括个案所在幼儿园、小学的氛围，个案班级的基本情况，如班级人数、任课教师、个案在校的行为表现及认知发展情况等；个案的同伴关系，如个案在班级中与同伴相处是否融洽、是否出现一些特殊情况；个案与教师的关系，如教师对其关注程度、个案与教师的亲密关系等。

（4）个案的社区生活情况

社区生活情况包括个案在社区生活中与其他人相处是否和谐，是否有比较好的伙伴关系，在社区生活中是否能遵守社区生活规则、有礼貌、讲文明等；还包括个案在社区生活中的娱乐休闲活动，如是否经常参加社区组织的活动等。

（5）研究问题的相关信息

相关信息主要包括问题产生的原因，问题首次发生的时间，发生的具体环境，处理方式及处理效果等；还包括问题发生的具体表现，如频率、持续时间、强度等，以及问题发生前后个案或家长、教师等相关人士的心理活动和行为表现等。

2. 个案资料的收集方法

特殊儿童个案研究的资料收集途径很多，如观察、洽谈、档案资料、文献、问卷调查、行动研究以及个案的作品等，不同的收集方法所需要的技巧和相应的程序也有所区别。

（1）观察法

观察指研究者亲临现场，通过感官直接获得的个案的各种信息的方法。研究者通过直接观察或间接观察了解个案的平时生活活动，与父母、教师平时的相处等收集相关信息资料，不但可以使信息资料更具有真实性，也可以帮助研究者了解到一些情境中的微妙因素及活动发生时的特殊气氛和情境。社会学家韦伯曾认为，所有的社会研究都始于观察，且终于观察。

在特殊儿童的个案研究中，观察需要从这几方面着手：环境，如儿童所处的自然环境，了解这些环境对于儿童行为的出现起着何种关键作用，儿童行为与环境之间如何互动、如何产生相互影响。参与者，了解事件发生时都有哪些参与者以及他们分别扮演了何种角色，对问题有何反映。个案活动的特点，例如，是否只有在下课时，才会出现哭闹行为，或者只有在某类课程进行时才会哭闹；活动的频率以及持续时间，活动是否会反复出现，反复出现的时间段或情境有什么特点等。其他因素，主要包括那些不明显但可能对观察具有重要意义的因素，如个案对象或他人的肢体语言、动作、表情等，以及个案对象特殊的身体状况等。[①]

（2）访谈法

访谈是个案研究的信息的重要来源之一，能够帮助研究者补充观察所不能发现的资料，也可以提供机会让受访者和相关者充分表达意见。特别是在特殊儿童的个案研究中，我们需要掌握个案的发展史，那么就需要对儿童照料者进行深入的访谈，才能获得充分信息。访谈有多种形式，包括结构化的访谈、半结构化的访谈以及无结构化的访谈。高度结构化的访谈是研究者按照事前拟订的访谈提纲，依次进行询问以收集信息的方式。半结构化的访谈则是以一些主要问题为引导，围绕这些问题展开对话的访谈形式，不需要按照既定的顺序，也可以在访问过程中根据临时情况进一步追问。无结构化的访谈，只给访谈者一个题目，访谈者没有事先准备提出问题的标准程式，由访谈者和受访者就这个题目自由交谈。无结构化访谈能够充分发挥访谈者和受访者之间的互动，具有较大弹性，但也容易导致谈话偏离主题。因此，在个案研究过程中，一般会综合运用三种访谈形式来获取比较全面的信息。

在访谈过程中，研究者首先要做的就是确定访谈对象。如果需要了解个案在校的具体情况，访谈对象可以选择班主任、任课教师等；如果需要了解个案在家庭中的生活情况，则需要将儿童的主要照料者作为主要访谈对象；如果需要了解个案在社区活动的情况，则可以将社区居民作为访谈对象。总之，在确定访谈对象时，应该尽可能选择熟知个案的关键人物，以及能够提供丰富信息的其他研究对象。同时，在访谈过程中，应该尽可能尊重受访者，给予充足的时间让受访者组织语言，弹性调整访谈内容，不拘泥于访谈提纲。另外，访谈者应该使用适当的动作语言和保持必要的沉默，表现出倾听的耐心，以鼓励受访者继续陈述。

但是，通过访谈所得到的材料只能作为研究过程的参考，由于受访者记忆不完整，可能持有主观偏见等，所以还需要将访谈资料与其他来源的资料相互印证、相互补充。

（3）档案资料法

档案资料法主要通过收集相关文本资料，包括个案的绘画作品、手工作品、照片、成长记录袋等，来了解个案的生活状况或关键事件。档案资料法的第一步是找到相关材料；第二步是评估这些材料的真实性，材料只有在真实的情况下，才能为个案研究提供有效的信息；第三步是将材料进行分类，编制目录，编辑资料，方便进行下一步分析和诊断。

---

① 张福娟. 特殊儿童个案研究［M］. 上海：上海教育出版社，2005：36.

除了这些方法之外，个案研究者有时还需要借助测验、生理检查等方法丰富个案信息。例如，运用各类心理与教育测验了解个案的各种能力与心理状态，常见的有智力测验、人格测验、成就测验等方法；生理检查法是在怀疑个案的行为与生理发展情况有关时才使用。

（四）分析与诊断

在整个研究的过程中，个案资料的整理与分析、资料的收集工作通常是同步进行的。研究者要先收集资料、整理分析，根据分析的结果及时调整研究问题和方法，然后再次收集资料、整理分析，这是一个循环往复、逐步深入的过程。通常个案研究收集到的资料往往是形式各异、琐碎粗糙的，需要研究者对相关资料进行理性的分析和加工，以诊断问题的症结所在。

在具体的分析与诊断过程中，研究者首先需要根据个案身心的发展、家庭、幼儿园、学校、社会生活等相关资料去寻找其中的意义和关系。首先需要解释资料；然后根据解释，做出因果关系的假设，并进一步通过个案会议中其他参与者的讨论和分析，确定一致性的、客观性的问题假设；最后验证假设，确定教育对策。如通过对儿童问题行为的观察记录材料，研究者发现母亲在场时，儿童的哭闹行为较多；进一步梳理各项资料发现，儿童的哭闹行为与获得母亲的关注密切相关，即初步分析问题行为的成因；再根据分析的结果进行诊断，控制实验条件后，研究者发现个案的确存在着这样的问题，于是验证假设，开始制订教育对策。

在进行分析与诊断的过程中，研究者要客观、理性，避免因为先入为主的观念或偏见影响自己的分析和诊断。另外，诊断是一种综合的过程，需要从个案本身与环境之间的互动、个案自身的发展情况来进行，而不能简单地给个案贴上问题儿童的标签，一定要时时提醒自己审慎判断，因为错误的诊断可能对当事人造成影响及伤害。

（五）制订教育对策

开展特殊儿童个案研究，常常是为了解决儿童的特殊问题。要解决特殊问题就必须提出解决问题的策略和指导性意见。这并不是一件容易的事情，研究者需要清楚知道问题的来源和发生背景，还需要进行创造性和全面性的思考。

一般一套完整的教育对策通常包括以下几方面的内容：（1）特殊儿童的现实表现；（2）要达到的目标；（3）辅导过程，包括具体的操作要求和步骤、采用的方法和措施以及应注意的事项等；（4）结果分析与追踪辅导的建议。[①]

在制订个案问题的教育对策时，研究者可以吸收积极行为支持技术的观点，从儿童发展的外部环境着手，重视预防、进行前奏干预和教会个体有积极的适应性行为。另外，研究者还需要从个案发展的内部因素入手进行相关的训练与矫

🖱 推荐文献
严碧芳、李美鎏：矫正多动症幼儿行为的个案研究，教育导刊（下半月），2012（7）

---

① 张福娟. 特殊儿童个案研究 [M]. 上海：上海教育出版社，2005：70.

治。从外部环境着手，主要包括改变社区、学校、家庭的生态环境，如提升园外或校外教育的作用、协调班级关系、发展良好的师生关系、改善家庭物理环境、改善家庭不良的教养方式等；从内部因素入手，主要包括采取认知策略、心理疗法、行为改变策略等对个案进行适应性训练与矫治，以促进其更好地融入社会和学校环境，提升其心理健康水平。在进行矫治的过程中，研究者一方面要联系个案的生活实际，采取经济有效的教育对策；另一方面也要注意善用各项资源，为个案建立良好的发展支持系统。

当然，特殊儿童存在较大的差异性，针对不同的个案采取的教育对策或干预方法存在着较大的差异性；在研究结果的推广上，研究者应该更加谨慎和适度。

（六）讨论干预效果

当施行教育对策或干预矫治一段时间后，应该探讨干预的成效问题。对于干预效果进行评估主要是为了考察个案的行为是否有所改变，是否达到了研究者的干预目标，以及进一步考虑是否还需要后续的辅导支持。在进行干预效果的评估中，一般会整合个案本身的行为表现，主要照料者的意见、教师或相关人士的看法，如有必要，还可以使用最终的测验来进行评估。如果发现干预效果不尽如人意，就要重新补充资料，进一步审视分析和诊断结果，重新制订教育计划来进行补救。如果有效，就要进行较长时间的追踪观察和研究，直至最终问题解决。

（七）撰写研究报告

完成前面的六个步骤后，就可以开始撰写研究报告了。研究报告既是对先前工作的总结，也能为相关人员提供一定的参考。个案研究报告一般包括以下几个方面的内容。

1. 介绍研究背景

研究背景包括问题的提出、研究的目的和意义。这一部分应明确提出研究的现象和问题、研究的目的、研究的理论和现实意义。如研究个案的详细信息，为什么选择该个案，研究个案希望达到何种效果。这一部分应该尽可能陈述清楚，使读者对整个研究有一个宏观的把握。

2. 选择和运用研究方法

研究方法选择和运用包括：个案是如何选定的；研究者是如何与个案建立关系的；研究者采用什么方法收集和分析资料，是否具有信效度；研究者是否进行了研究伦理的考量；研究实施过程，即研究持续时间的长短、访谈、观察的时间表及频率等，这部分的叙述要足够详细，使读者能够通过报告透彻地了解研究过程。

3. 分析个案研究结果

个案研究结果分析，包括对观察资料、访谈资料、档案资料的描述与概括分析。此部分是研究报告的主干部分，必须详细而具体。研究者通过对收集到的资料进行分类整理和归纳，分析规律，找出共通点，并呈现个案问题行为产生的影响因素等研究结果。在分析过程中研究者应该力求做到有理有据。

4. 提出结论及建议

此部分要对研究中的关键元素及研究结果进行深入讨论和总结，从个案研究的结果推出最终的结论，并且对结论的有效性和真实性作出解释；然后根据结论以及研究过程对个案问题提出建设性意见，以维持个案的良性发展，并能为其他同类型个案或问题提供借鉴和参考。

5. 列举参考文献及附录

列举参考文献需要参照标准的格式。附录位于文章的最后，主要包括一些无法全部呈现于文章主体部分的资料，包括编制的问卷调查表、访谈提纲或者相关的档案资料等，以帮助读者更清晰地掌握个案研究的整个脉络。

当然，研究报告的撰写并不一定要完全按照上文所述的内容和顺序，只要研究者能将其研究过程有条理且清晰地呈现给读者，能引起研究者、相关人员或读者的反思和讨论即可。

推荐文献

叶平枝：幼儿社会退缩游戏干预的个案研究，学前教育研究，2006（4）

○讨　论○ ···

在对特殊儿童进行个案研究的过程中，研究者应注意哪些研究伦理？

技 能 实 训

项目三　使用事件取样法观察

一、实训目标

1. 掌握观察与记录儿童行为的方法。

2. 能分析儿童行为的意义。

二、内容与要求

1. 到幼儿园或小学见习，或观看幼儿园或小学课堂视频，观察儿童的行为。

2. 选择一名儿童，对其某一项行为进行观察和记录，并填写行为观察记录表。

三、范例

要进行特殊儿童的个案研究，观察是必不可少的。除了观察之外，科学有效的记录方式也很重要。观察与记录可以现场进行，也可以通过观看视频进行。上节我们尝试使用了时间取样法，本次我们训练事件取样法的运用（表 2-2-1）。教师可以根据想要改变行为的最关键性质来决定选取何种维度进行行为记录。表 2-2-2 是等级记录表，供学有余力的同学拓展使用。

表 2-2-1　事件取样法记录表

个案姓名：小 C　　观察者：教师 S　　观察情境：教室			
目标行为：未经允许离开座位			
观察日期	观察时间	次数或持续时间	备注（可补充记录行为的经过）
2014.09.20	8：10—9：00	1 次（持续时间 10 分钟）	
2014.09.20	9：10—10：00	2 次（持续时间 5 分钟和 6 分钟）	
2014.09.20	13：30—14：20	3 次（持续时间 5 分钟、4 分钟、5 分钟）	
2014.09.20	14：30—15：20	2 次（持续时间 8 分钟和 5 分钟）	

摘要：在一天 4 次的观察中，小 C 未经允许离开座位的次数 1～3 次，平均每节课出现 2 次；持续时间 4～10 分钟，每次目标行为的平均持续时间为 6 分钟

表 2-2-2　等级记录表

个案姓名：小 A　　观察者：教师 T　　观察情境：教室、幼儿园
目标行为：与人交谈时不敢将视线投向对方　　　　终点行为目标：与人交谈时能注视对方

观察日期	观察时间	行为等级							备注（可补充记录行为的经过）
		1	2	3	4	5	6	7	
		经口头提示仍未注视说话者	经口头提示可注视说话者达 1 秒钟	经口头提示可注视说话者一秒钟以上，5 秒钟以下	经口头提示可注视说话者达 5 秒钟以上	未经口头提示可注视说话者达 1 秒钟	未经口头提示可注视说话者 1 秒钟以上，5 秒钟以下	未经口头提示可注视说话者达 5 秒钟以上	
2014.09.11	8：30	√							
2014.09.11	9：00		√						
2014.09.11	10：00	√							
2014.09.11	11：00		√						
2014.09.11	11：30	√							
2014.09.11	12：00		√						

摘要：在半天 6 次的观察中，小 A 的行为等级介于 1 和 2 之间，平均等级为 1.5

阅读材料
《正向行为支持法干预孤独症儿童问题行为的个案研究》评析报告

推荐文献
刘昊：正向行为支持法干预孤独症儿童问题行为的个案研究，中国特殊教育，2007（3）

项目四　个案研究报告收集与评析

一、实训目标

1. 具有撰写个案研究的能力。

2. 能评析个案研究报告。

二、内容与要求

1. 搜集幼儿园和小学中特殊儿童融合教育的个案研究报告，参考范例撰写评析报告。

2. 在项目一中对儿童某种行为观察和记录的基础上，采取针对性的教育对策，实施个案研究，并撰写个案研究报告。

三、范例

范例为刘昊发表在 2007 年第 3 期《中国特殊教育》上的《正向行为支持法干预孤独症儿童问题行为的个案研究》[①]，大家可自行下载学习。

思考与练习

1. 教师在教育评估中的角色是什么？

2. 如何使用观察法收集特殊儿童教育评估所需资料？

3. 如果在你的班级中发现了可能存在问题的特殊儿童，如何将其转介到专业评估机构？你该如何参与和支持该儿童的教育评估过程？

4. 教师在教育评估中如何为特殊儿童家长提供支持？

5. 什么是个案研究？

6. 个案研究的目的有哪些？

7. 个案研究包括哪些环节？

8. 个案研究可以使用哪些方法收集材料？

9. 如何撰写个案研究报告？

---

① 刘昊. 正向行为支持法干预孤独症儿童问题行为的个案研究［J］. 中国特殊教育，2007（3）：26-32.

第三章

特殊儿童的认知发展与学习

学习目标

☐ 知识目标：

1. 了解特殊儿童认知发展的规律。

2. 理解特殊儿童认知发展的矛盾。

3. 掌握特殊儿童基于认知基础的学习策略、教育策略。

☐ 能力目标：

1. 能对特殊儿童进行有效教学。

2. 能为特殊儿童设计认知活动方案。

3. 能帮助特殊儿童进行认知实践训练。

☐ 情感目标：

1. 能够体会特殊儿童认知的困难之处。

2. 有针对特殊儿童进行教学的热情。

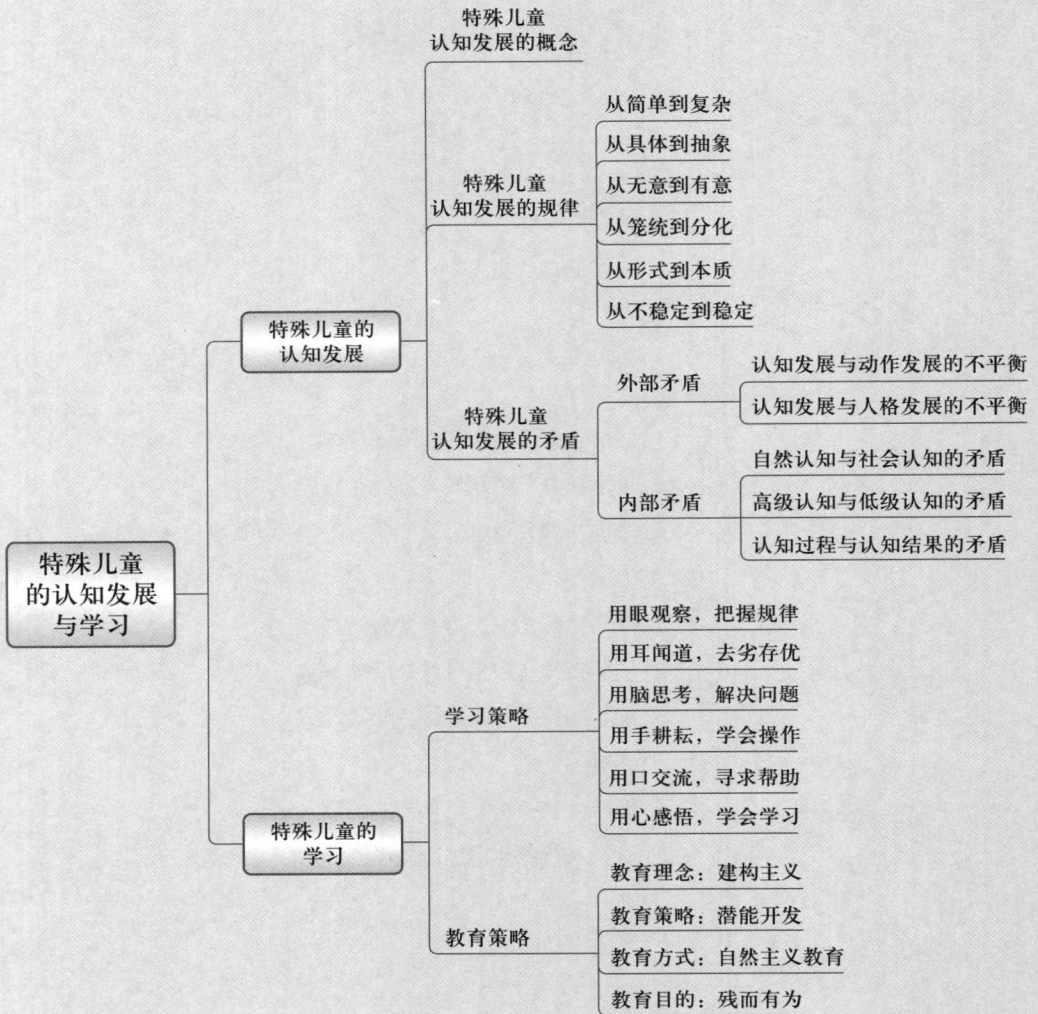

特殊儿童认知是指特殊儿童通过认识获取知识的过程。特殊儿童认知发展是指特殊儿童在心理上表征世界、思考世界的方式的发展。本章主要讨论特殊儿童的认知发展的特点以及在此基础之上的学习策略与教育策略。

阅读材料
孤独症儿童的认知

海伦·凯勒的故事

海伦·凯勒，2岁时因猩红热致盲、致聋。在黑暗而又无声的世界里，导师安妮·莎莉文走进了她的生活。在安妮的帮助下，海伦用顽强的毅力克服生理缺陷所造成的精神痛苦，学会了读书和说话，最终以优异的成绩毕业于哈佛大学拉德克利夫女子学院，成为一位学识渊博，掌握英语、法语、德语、拉丁语、希腊语五种语言的著名作家和教育家。她走遍世界各地，为盲人募集资金，把自己的一生献给了慈善和教育事业。她获得了世界各国人民的赞扬，并得到许多国家政府的嘉奖。

思考：海伦·凯勒是如何获得成功的？她是如何进行学习的？

故事专栏

推荐书籍
《假如给我三天光明》《海伦凯勒传》

第一节　特殊儿童的认知发展

随着人们对特殊儿童认知发展的关注，有关特殊儿童认知研究的文献逐渐深入，特殊儿童认知发展研究也取得了新的进展：研究对象从传统狭义的特殊儿童转向现代广义的特殊儿童，即从残疾儿童转向特殊教育需要儿童；从感官障碍儿童转向广泛性发育障碍儿童，例如从听觉障碍儿童转向孤独症儿童；从单一障碍儿童转向多重障碍的儿童。研究方向从基础研究走向综合研究。[1]虽然研究角度发生了变化，但特殊儿童认知发展规律与矛盾始终是研究者广泛关注的核心主题。

扫描二维码
查看本节文
本资源

一、特殊儿童认知发展的概念

特殊儿童认知是指特殊儿童通过认识获取知识的过程。其中，知识包括陈述性知识、程序性知识及策略性知识三大体系。特殊儿童认知发展是指特殊儿童在心理上表征世界、思考世界的方式的发展。认知领域的表征方式包括：动作表征，即通过身体动作再现知识经验和作用于被表征物的方式；表象表征，即大脑对事物感知特点的表征；符号表征，即心理表征的符号实现。特殊儿童在心理上

微课：特殊儿童认知发展的概念

---

[1] 方俊明，雷江华.特殊儿童心理学[M].2版.北京：北京大学出版社，2015：205-213.

表征和思考世界的方式虽然与普通儿童具有类似的发展规律，但其认知发展同时也存在较大的群体差异和个体差异。

二、特殊儿童认知发展的规律

特殊儿童的认知发展遵循与普通儿童一致的基本规律，但由于其身心发展的特殊性，多数特殊儿童在理解和表征世界的过程中面临更为显著和复杂的困难，故在感知觉、注意、记忆、思维、想象等方面的发展上也表现出一定的特殊性。其认知发展的一般规律与特殊性具体表现如下。

（一）从简单到复杂

特殊儿童的认知发展从简单不断向复杂发展。例如，特殊儿童的语言是从"字"到"词"，从"词"到"句"，再从"句"到"篇章"不断丰富和拓展的。在安排特殊儿童学习的时候，应该图文并茂，要考查学习材料的难易程度是否符合特殊儿童的发展阶段，以此来合理地安排特殊儿童学习的材料。学习的进度与特殊儿童的不同发展阶段特点相契合，超前教育而揠苗助长是不利于特殊儿童学习的，如在数字学习中，他们也要经历从个位到十位到百位再到千位，都是从简单到复杂不断发展的过程。

另外，特殊儿童的发展障碍还会影响其他方面的发展。例如，学习障碍儿童由于中枢神经系统功能失调，在注意、记忆、抽象加工、视知觉等方面存在显著缺陷，在认知发展与学习上面临着更为显著的问题。孤独症儿童有明显的感知觉障碍，有些孤独症儿童对感觉刺激如光、噪声、触觉或痛觉等反应过度迟钝，有些孤独症儿童则反应过度敏感。[1] 无论是过度迟钝还是过度敏感，都会影响孤独症儿童的认知发展。因此，感觉通道的受阻会极大地削弱孤独症儿童获取外界信息和发展复杂思维的能力。

（二）从具体到抽象

特殊儿童思维发展是从具体到抽象的。认识发展遵循从感觉到知觉，再到思维活动，从简单具体的表象向高级的逻辑思维活动发展的规律。皮亚杰将儿童思维发展分为四个阶段，即感知运算阶段、前运算阶段、具体运算阶段、形式运算阶段，反映了思维从具体不断向抽象发展的规律。在婴儿期，1岁前的儿童只对事物有感知却基本没有思维，1岁以后才产生一定的概括性思维。在幼儿阶段，思维从直观行动向具体形象发展，再向初步抽象概括发展，但其思维结构材料仍以具体形象或表象而非理性的概括材料为主。[2] 在小学时期，儿童从具体形象思维逐步过渡到以抽象逻辑思维为主要形式，但仍带有很大的具体性，直到青少年时期，他们的逻辑思维才处于优势地位。不同类型的特殊儿童在思维发展上具有

① 方俊明，雷江华. 特殊儿童心理学 [M]. 2版. 北京：北京大学出版社，2015：36.
② 方俊明，雷江华. 特殊儿童心理学 [M]. 2版. 北京：北京大学出版社，2015：140–141.

明显的异质性。例如，对于智力障碍儿童而言，演绎和推理是比较困难的，但对于超常儿童来说，他们已经具备这些能力。在语言方面，儿童的语言从日常语言向科学语言发展。在日常生活中儿童不能完全概括事物的特点，只是对其具体外在形象进行描述，例如，他们会将鸡蛋描述成"圆的"，随着年龄增长和认知发展，他们才逐渐了解什么是鸡蛋，日常语言开始向科学语言转变，语言从具体发展到抽象。

（三）从无意到有意

按照皮亚杰的观点，认知发展是有顺序的，特殊儿童的认知都是从不成熟走向成熟的。因此，特殊儿童在婴幼儿期由于大脑发育不成熟，最初的认识活动是不自觉的、无意识的。随着大脑发育的逐渐成熟，他们试图理解周围的世界，并且主动建构世界，便产生了有意注意和有意记忆等。

拓展阅读

孤独症儿童共同注意训练有效策略[1]

共同注意是幼儿早期沟通发展上的一种协调注意能力，用来协调社交伙伴以及他们共同感兴趣的物件间的注意力，是一种包含幼儿、他人和物件三者的注意力的协调，其表现形式包括对共同注意的反应和主动发起的共同注意。共同注意缺陷是1岁之前诊断婴儿孤独症的主要依据，早期共同注意技能可以预测未来社会性能力的发展。为此，家长可以从以下几点出发，提升孤独症儿童的沟通注意能力：通过观察、倾听的方式跟随孩子，从孩子的兴趣出发，形成亲子的共同活动；通过解说、模仿、介入参与孤独症儿童的活动；在日常例行性活动中通过"等待"等方法提供大量互动的机会；大量示范并及时回应孤独症儿童非言语的沟通方式。

（四）从笼统到分化

特殊儿童最初的认知活动是笼统而不分化的，发展的趋势是从混沌到分化和明确，即最初是简单和单一的，后来逐渐复杂和多样化。儿童对世界的认知最初是不具体的、含混的、不明确的，他们看每一件事情都差不多，不能分辨事情之间有什么不同，也不能讲出不同物体或事物之间的差别。如关于科尔伯格的道德两难问题，认知水平较低的特殊儿童一般无法理解成人的观点，他们关于道德问题的认识也是分阶段的，随着年龄的增长，他们关于道德的认知也越来越复杂。特殊儿童对事物的看法越来越分化，他们有了不同的看法，不再认为世界上只有一个观点，事情是非黑即白的了，他们开始尝试用多元的视角来看待问题、解决问题。如在颜色上，特殊儿童一开始只认识红色，随着认知的发展，特殊儿童能够分辨出深红色、浅红色、深粉色、浅粉色等，他们的

[1] 郑蓉. 孤独症谱系障碍儿童共同注意训练有效策略[J]. 教育生物学杂志，2018（3）：154-156.

视知觉出现了分化发展。但是智力障碍儿童由于智力缺陷，他们的知觉分化不够，区分能力较弱，因而不一定能够辨认出各种颜色。

特殊儿童在概念上是从上位概念向下位概念发展的，例如先知道动物，然后再逐渐区分该动物是猫还是狗。特殊儿童的语词是从一般语词到特殊语词发展的。如儿童要喝水不一定会是纯净水，而是他平时喜欢喝的特定的果汁或其他饮料。特殊儿童的思维也是从笼统走向分化的。1岁以前的特殊儿童基本没有思维。1岁以后特殊儿童开始产生思维，在表象和言语发展的基础上，随着经验的不断发展，特殊儿童开始出现概括性思维活动。幼儿时期的特殊儿童思维是混沌一片的，他们还不能认识事物的本质特征和内部联系，随着语言的发展，他们以知识为中介，以语言为表达工具，以概念、判断、推理为主要形式，思维逐步开始分化、发展，思维的抽象性、创新性、逻辑性不断提升。[①]

推荐文献

赵玉霞：3—6岁幼儿语言发展特点及教育策略，小学科学（教师版），2014（3）

（五）从形式到本质

特殊儿童的认知过程是由表及里、从形式到本质的发展过程。有心理实验发现，儿童在漂亮的面孔上停留的时间比较长。随着年龄的增长，儿童的看法会有所改变，开始关注内心，思维由浅及深。例如，将颜色相同的七巧板拼成一个形状后告诉儿童"这是一只小猫"，然后又用不同颜色的七巧板拼成同样形状的小猫，儿童仍然能够识别出"这是一只小猫"，这反映儿童具有摆脱事物表象的限制转而抓住其本质属性的能力。

特殊儿童认识事物时，首先注意到的也是事物的外部结构和大致轮廓，是对形式的学习，对于具体内容的认知稍微落后于形式。例如，古诗词倒背如流，但是问其具体内容和意思时，他们就不是很清楚。对于很多知识我们先是掌握它，之后才在实践中慢慢理解。随着认知的发展，特殊儿童逐渐开始理解一些本质性的东西。由于知识越来越充实，他们开始探索事物之间的联系是什么，世界的本质是什么。例如，他们开始知道能量是守恒的，思维逐渐具有逻辑性。

（六）从不稳定到稳定

从不稳定到稳定的发展规律主要表现在自我调控能力上。自我调控能力是元认知的一个组成部分指个体克服固有倾向，通过新方式达到预期目标的能力。儿童的自我调控能力发展是从不稳定到稳定的过程。在发展的早期，儿童还不具有完全的自我调控能力，随着年龄的发展，他们的自我调控能力也随之发展。但是自我调控能力的提高也需要有一个培养、教育的过程，如果从小不培养儿童的自我调控能力，他们对自己的心理和行为不能进行很好的控制，长大后可能会成为"问题学生"。例如，"延迟满足"属于自我控制的一个方面，有的儿童没有延迟满足的能力，想要什么东西立刻就要得到。有的儿童在超市拿着想要的东西不肯放手，哭闹不止，非得家长购买才肯罢休。即时满足很不利于儿童的成长，对他

---

① 方俊明，雷江华. 特殊儿童心理学 [M]. 2版. 北京：北京大学出版社，2015：140-141.

的自我调控能力发展有百害而无一利。培养儿童良好的自我调控能力，除了需要家长采用良好的教养方式之外，还需要教师加强对儿童调控策略的培养和训练。

三、特殊儿童认知发展的矛盾

特殊儿童认知发展有外部矛盾和内部矛盾之分。认知发展的外部矛盾是指认知发展与动作发展的不平衡、认知发展与人格发展的不平衡。认知发展的内部矛盾是指自然认知与社会认知的矛盾、高级认知与低级认知的矛盾以及认知过程与认知结果的矛盾。了解特殊儿童认知发展的这些矛盾，有利于我们了解特殊儿童认知发展的特点，从而更好地促进其认知发展和学习进步。

（一）认知发展的外部矛盾

1. 认知发展与动作发展的不平衡

动作发展既是心理活动的开端，也是认知发展的前提。一般情况下，特殊儿童与普通儿童一样，在动作发展上遵循从头部向脚部发展（头尾原则），从心脏向边缘发展（中心原则），从粗大动作向精细动作发展（大小原则）。但同时，某些特殊儿童在动作发展上存在一定的异质性。例如，动作发展迟缓儿童由于神经、生理或心理等因素，在爬、跑、跳等粗大动作和抓、握、捏等精细动作发展上较同龄普通儿童发展相对缓慢，平衡性或协调性等动作品质较弱等。然而，在认知发展方面，特殊儿童的认知发展水平总体落后于普通儿童。例如，听障儿童、视障儿童由于感官缺陷限制了他们对周围环境刺激的接收和认知，因此在语言、注意、思维等认知发展上落后于普通儿童。智力障碍儿童或孤独症儿童由于智力缺陷或其他认知障碍，在工作记忆、注意力控制等认知功能上发展不足，进一步面临着社会功能和社会性行为发展落后的问题。同样需要注意的是，除了神经性损伤引发的肢体障碍，多数肢体障碍儿童的脑功能正常，所以他们的认知发展与普通儿童相比并无显著差异。可见，特殊儿童与普通儿童之间，以及不同类型特殊儿童内部之间的认知发展和动作发展上均具有不平衡性，不可一概而论。

2. 认知发展与人格发展的不平衡

认知发展与人格发展不平衡，从发展结果上看，认知发展好，人格发展不一定好；反之，认知发展差，人格发展不一定差。例如，超常儿童认知发展很好，记忆、推理等能力较强，但却不善交际、较为孤僻，人格发展落后于认知发展；而智力障碍儿童虽然认知发展较差，但是他们往往乐观、开朗，人格的某些方面甚至比超常儿童更好。

从发展速度上看，认知发展快速，但是人格发展却缓慢；认知发展缓慢，人格发展却快速。例如，感官障碍儿童的认知发展跟普通儿童相仿，但是他们在情绪、情感方面有各种各样不同于普通儿童的特点，比如他们可能更加敏感、多疑、自卑，缺乏主动性和独立性，情绪不稳定等，他们的人格发展相对认知发展缓慢一些。智力障碍儿童的认知发展虽然缓慢，但是他们往往情感丰富、热情有礼，人格在某些方面发展得较好。人格反映在需要、动机、意志与兴趣等方面之上。在需要上，与马斯洛的需要层次理论相近，智力障碍儿童由于认知的局限性而倾向于物质需要，超常儿童由于认知发展程度高而倾向于自我实现需要，孤独症儿童可能倾向于归属和爱的需要。[①] 在动机上，视障儿童、智力障碍儿童、孤独症儿童、学习障碍儿童都很缺乏学习的动机，这与他们的认知缺陷有很大的关系。在意志上，他们缺乏独立性、自觉性、果断性、持久性等，容易受到暗示，因此在参与学习的过程中，会碰到比其他特殊儿童更多的困难。很多特殊儿童在兴趣上与其他特殊儿童有不同，尤以孤独症儿童最为典型，这些都与认知发展相关。

讨　论

　　特殊儿童的认知与人格发展不平衡，有的智力障碍儿童的认知发展不好，但是他们的人格发展得很好，对于这种不平衡，你怎么看？

（二）认知发展的内部矛盾

1. 自然认知与社会认知的矛盾

　　认知包括自然认知和社会认知。自然认知是指人对周围无生物界或者生物界的认知，是对物理世界的认知；社会认知是指个体对他人、自我、社会关系、社会规则等社会客体和社会现象及其关系的感知和理解的心理活动。[②] 由于人对于自然与对于社会的认知是不同的，所以产生了自然认知与社会认知的矛盾。例如，自然认知的对象自然环境是不变的，或者它的变化是有规律可循的，而社会认知的对象人是动态变化的、随意的。物理客体发生变化的作用力大多存在于客体之外，而大多数社会客体的变化却不能归因于外力的作用。物理客体是按物理规律运动的，要认识物理客体可能出现的状态，我们就得对物理学的原理有所了解；人则是按心理原理和社会规范活动的，要了解人的行为，我们必须了解人的情感和动机，利用有关他人的知识和社会规范的知识。可见，社会认知在某种程度上比自然认知更为复杂，因为它以人为认知对象，人具有主观能动性，适用于自然认知的方式方法却不一定适用于社会认知，这反映了自然认知与社会认知之间的差异性。对于特殊儿童而言，社会认知更是一个复杂的工程。人、人际关系、社会群体、自我、社会角色、社会规范等对于认知水平较低的特殊儿童，如孤独症儿童，是很难理解的概念。

推荐书籍
《儿童社会性发展》

讨　论

　　有人说孤独症儿童很难相处，他们的社会认知发展低下，无法理解普通人的

---

① 方俊明，雷江华. 特殊儿童心理学 [M]. 2 版. 北京：北京大学出版社，2015：205.
② 庞丽娟，田瑞清. 儿童社会认知发展的特点 [J]. 心理科学，2002（02）：144-147.

面部表情变化；也有人说孤独症儿童对人的感情还是理解的，他们能够跟人形成深厚的感情，可以说他们还是有一定的社会认知水平的。对此你怎么看？

2. 高级认知与低级认知的矛盾

认知学习分为两个阶段：一是以知识获取为核心的低级认知阶段，主要涉及的信息加工过程是感知觉和记忆；二是以能力提高为核心的高级认知阶段，主要涉及概念、规则的运用和认知策略等。低级认知阶段主要解决的问题是如何获取知识以及巩固知识，因此感知觉和记忆是认知的两个重要的工具。高级认知阶段解决的主要问题是如何进行创新性思维，如何解决问题和进行推理等，问题解决能力、思维能力和推理能力显得更为重要。特殊儿童低级认知与高级认知功能的发展同样有且有较大的群体间差异。例如，智力障碍儿童大多处于低级认知阶段，他们的认知带有较大的具体性，抽象逻辑思维不强，对他们进行高级认知能力的培养具有较大的挑战性。超常儿童大多处于高级认知阶段，他们的认知水平较高，抽象逻辑思维强，具有创新精神和创新能力。其他类型特殊儿童的学习同普通儿童一样也包含低级认知和高级认知两个阶段。

其实在学习的过程中高级认知与低级认知是相辅相成的关系，高级认知的提高有助于低级认知的发展，低级认知是高级认知的基础。在学习的过程中，我们要处理好高级认知和低级认知之间的矛盾，既要掌握好基础知识，又要锻炼自己的高级思维能力，不能顾此失彼，只重视其中的一方面。在特殊教育过程中，要让特殊儿童先学习、巩固基础知识，打好认知的基础，在此基础之上再去进行高级认知的训练。

3. 认知过程与认知结果的矛盾

认知过程与认知结果之间存在着矛盾。我们经常会面临这样的矛盾，是认知的过程重要，还是认知的结果重要。过程是结果的前提，结果是过程的体现与延续。认知过程与认知结果是一个统一的、不可分割的整体，离开认知过程谈认知结果，或者离开认知结果谈认知过程，都是不对的。

在特殊儿童学习初期，要重视学习的过程，在学习中运用各种策略来解决问题，从而取得良好的学习效果。在学习卓有成效的时候，要让特殊儿童反思自己的学习过程，总结经验，从而更有利于学习策略的形成。例如，某些特殊儿童的学习动机较强，学业投入较大，但由于先天或后天的身心缺陷，其在信息接收、加工、输出等方面受到诸多限制，最终导致学业水平总体较低，这反映了认知过程与认知结果的矛盾。因此，不论是对认知发展不足的认知障碍儿童还是认知发展超前的超常儿童，都应培养其良好的认知习惯，促进其认知过程和认知结果的统一。虽然认知过程与认知结果之间存在着矛盾，但正是由于矛盾的存在，才使得个体在化解和调和矛盾的过程中实现认知的进一步发展。

▶ 推荐视频
《与光同行》

第二节　特殊儿童的学习

我们要在对特殊儿童认知有充分了解的基础之上对特殊儿童的学习采取具体的措施。促进特殊儿童的学习离不开两个重要方面，一是特殊儿童要有好的学习策略，二是特殊教育教师要有好的教育策略。只有充分认识、把握学习策略和教育策略，才能使特殊儿童的学习有事半功倍之效果。

一、学习策略

特殊儿童的学习策略有很多，但都离不开眼、耳、脑、手、口、心等。因此，特殊儿童一定要充分利用感官等来进行学习：用眼观察，来把握事物规律；用耳闻道，来明辨是非；用脑思考，来解决问题；用手耕耘，来锻炼操作能力；用口交流，来寻求帮助；用心感悟，来掌握学习艺术。

（一）用眼观察，把握规律

⊞ 阅读材料
都是阅读障碍惹
的祸

🖱 推荐书籍
《发现天才：怎样
帮助孩子学习》

眼睛是认识外部世界的重要渠道。对于普通个体来讲，从外界获得的信息中，约 80% 来自视觉。[①] 在认识世界的过程中，我们通过视觉向外界索取所需要的信息，从而帮助自己积累经验，建构知识。但需要注意的是，我们在社会中看到的一些现象不一定都是真的。因此，在知识建构过程中，应注意对外界信息进行甄别和选择性接收，以构建科学的知识体系。

对于特殊儿童而言，视觉同样也是积累经验、建构知识的重要渠道，如听障儿童认识世界主要依赖视觉。"以目代耳"是听障儿童感知觉的突出特点，听障者相对于健听人来说有着更高的视觉敏锐度，对边缘视野的刺激信息更敏感，听障者对副中央凹视野内文本信息的加工效率更高，表现出视觉功能补偿现象。[②] 因此应该发挥特殊儿童优势感官通道来进行学习和生活。对于视障儿童而言，他们无法完全利用视觉或者完全不能利用视觉来获取有用的信息，不利于他们认知的发展。因此，在视障儿童的学习过程当中，对于还有残余视力的视障儿童，应该最大限度地促进其发挥残余视力的作用来认识世界、建构认知，从而最大限度地补偿视力缺陷。

（二）用耳闻道，明辨是非

耳朵是人类接收听觉信息的重要器官，通过耳朵感知他人和周围环境产生的语言和语音信息，可以增进个体对他人和周围环境的了解（图 3-2-1）。听觉功能的损伤对个体的生活和学习极为不利，例如，多数听障儿童听不见或听不清周围的听觉信息，对教师传达的信息接收有限或接收有误，最终影响其学业水平

---

① 彭聃龄. 普通心理学 [M]. 5 版. 北京：北京师范大学出版社，2019：95.
② 秦钊，王影超，叶佳滢，等. 聋人句子阅读中视觉功能补偿现象：副中央凹 - 中央凹效应的证据 [J]. 心理与行为研究，2022，20（02）：167-173.

和认知能力的提升。因此，有必要增强特殊儿童用耳闻道，去劣存优的能力。例如，最大限度地利用听障儿童的残余听力，发挥视障儿童的听觉注意力与听觉记忆力优势，增强其对声音信息的觉察、辨别、记忆和理解能力，进而锻炼其独立自主的生活和学习能力。

图 3-2-1 幼儿听指令

（三）用脑思考，解决问题

大脑是一个极其复杂的系统，不同脑区各有分工，我们应该对大脑善加利用，从而解决认知过程中遇到的问题。大脑通过不断地思考，使得大脑神经激活正常化、高效化，同时增强不同脑区的功能连接，进而提升个体的认知功能并改善其日常行为表现（图 3-2-2）。超常儿童与孤独症儿童的大脑结构与功能与普通儿童存在异常，因此要对他们进行不断的训练和干预，观察其行为的变化、心理的变化和大脑皮层神经活动的变化。陈鹤琴先生曾经这样说过："小孩子生来是好动的，是以游戏为生命的。"因此，在幼儿园中，儿童的游戏显得尤为重要，可以通过游戏活动来促进特殊儿童在游戏中积极思考，解决遇到的问题，实现"玩物长智"。无论是通过集体游戏活动还是让幼儿单独玩玩具，都有助于幼儿获得，促进幼儿智力的发展。例如，在游戏"理发店"中，让幼儿扮作"理发师"和"顾客"，能帮助幼儿了解社会分工、理解人与人之间的关系。再如在"过家家"中，让幼儿扮作不同的家庭成员，有助于幼儿人际交往能力的发展和尊老爱幼观念的形成（图 3-2-3）。

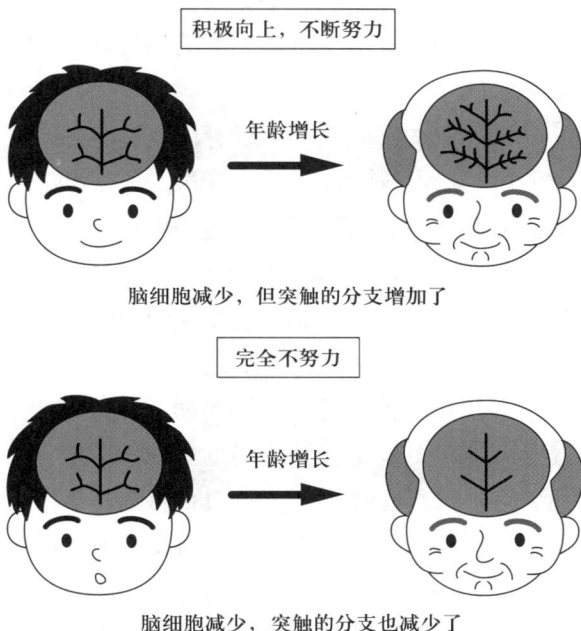

积极向上，不断努力

年龄增长

脑细胞减少，但突触的分支增加了

完全不努力

年龄增长

脑细胞减少，突触的分支也减少了

图 3-2-2 越努力，大脑的"可塑性"越高

图 3-2-3 "过家家"所涉及的部分玩具

（四）用手耕耘，学会操作

特殊儿童在学习过程当中要勤于动手，锻炼操作能力，丰富想象力和创造能力。锻炼操作能力要从三个方面入手，即家庭生活、幼儿园生活和社会生活。在家庭生活当中，家长要抓住一切机会锻炼特殊儿童的动手能力，如可以给他们提供一些动手操作的玩具。例如，积木、拼装玩具、橡皮泥、七巧板沙、石等，让他们在玩的过程中提高动手操作能力；家长还应该让特殊儿童参与家庭生活，如超市购物、做家务、参与购物，这些过程既是学习的过程，也是游戏的过程，可以提高特殊儿童的生活自理能力和社会适应能力。在幼儿园生活中，特殊儿童能接触到种类多样的玩具、有动手机会的多种活动，如艺术领域的手工活动（图3-2-4）。在社会生活中，特殊儿童参与社区志愿服务和活动都能增长知识，促进他们操作能力与认知的发展。

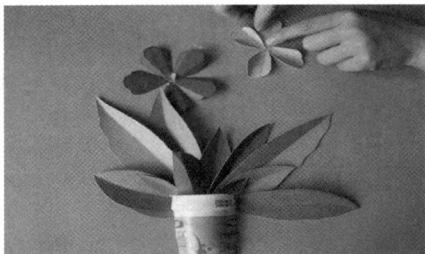
图3-2-4 手工活动

（五）用口交流，寻求帮助

语言是思维发展的基础和沟通交往的工具。总体来看，特殊儿童在语言发展上遵循与普通儿童类似的规律，如从简单字词发展至复杂句篇，从接受性语言发展至表达性语言等。但部分特殊儿童由于各种器质性或功能性损伤，在语言信息的接收和表达上存在困难。例如，听障儿童的听觉通道受损，难以形成正确语音表征，导致其难以发出可令人理解的有声言语；视障儿童由于视觉信息接收有限，对语言信息的视觉表征发展不足，难以对某些概念进行具象理解。而语言是在人类社会交互中发展起来的符号系统，这提示我们应创建良好的语言环境，促进特殊儿童在与人交往中发展语言能力。

特殊儿童要加强同三类人的交流，即同家人、教师以及伙伴的交流。交流的过程就是学习的过程。首先，在家庭中，家人是特殊儿童首先接触的人，特殊儿童要学会主动寻求家人的帮助来满足自己合理的需要，生活中遇到困难要及时与家人沟通，与家人保持良好的关系，这样才能减少心理问题的产生。其次，在幼儿园和学校中，特殊儿童要积极与教师进行交流，要及时向教师说明自己遇到的困难，让教师提供给自己需要的学习环境或教学方式，例如，视障儿童可以要求坐在教室靠前的位置，在遇到不懂的问题时向教师寻求额外的帮助。更为重要的是，在遇到一些心理上的问题时要主动与教师交流，解决问题。最后，在生活中，与特殊儿童联系密切的就是周围的同伴，包括普通儿童与其他特殊儿童。特殊儿童在生活和学习中要主动寻求他们的帮助，使所在集体形成合作精神和互帮互助的良好风气。

当然，还有很多特殊儿童不会主动诉说和进行交流，不会主动寻求帮助，例如孤独症儿童，这时候家长、教师等要主动关心这些孩子，了解其生活和学习需要，及时把握他们的心理动态，帮助他们解决在学习和生活中遇到的问题。教师可以通过家访或电话访问等，了解儿童平时的生活，根据儿童已有的生活经验对其进行个别化教学，获取有关儿童的个性心理品质、潜能等重要信息，促进其认知与心理的发展。

（六）用心感悟，学会学习

要教会特殊儿童用心想象世界和感悟世界，特别是要用心去感悟学习方法，学会学习。李传杰出生仅三个月就被查出患有先天性脑瘫，但是他靠着自己的乐感和勤奋摸索，用脚练习弹琴，终于可以熟练弹奏 200 多首曲子。李传杰还能用脚趾打字，每分钟可以打 70 个字。另外，他学习拼音也是一个传奇的过程，父亲只教会他名字的拼音，他融会贯通之后，竟然学会了其他汉语拼音。可见，特殊儿童只要掌握学习的方法，同样可以学得很好。

外部环境首先通过"眼"和"耳"作用于特殊儿童，随后外界刺激进入其大脑被整合加工，然后再通过"手"和"口"等方式将加工好的信息传达给外部世界，如通过"手"去操作和书写，通过"口"进行表达等。而"心"在整个过程中则发挥着控制和协调作用，如磨砺坚强的意志、付出比普通儿童更多的努力以实现预期目标等（图 3-2-5）。但在学习过程中，眼、耳、脑、手、口、心的作用并非绝对平均，其关系也并非一成不变，教师和家长可以根据儿童的具体情况对其进行解读和利用。例如，听障儿童可以侧重视觉通道进行信息接收或侧重手部动作进行成果展示，伴随言语障碍和运动障碍的瘫痪儿童可以更多通过眼动辅助技术进行言语表达等。

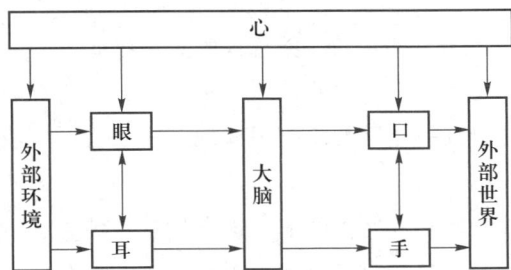

图 3-2-5 关系解读

讨 论

有的人认为特殊儿童的学习很难开展，教给他们知识是很困难的事情。但也有人坚信"每一个孩子都是天才"，只要教育方法得当，也能学有所成。你如何看待这个问题呢？

二、教育策略

针对特殊儿童的教育相对于普通儿童的教育而言更为复杂，这主要体现在教育策略上，仅了解特殊儿童的认知特点是远远不够的，还要考虑如何更好地针对他们的特点来进行教学。

（一）教育理念：建构主义

教师在特殊儿童的教育过程中，也应该奉行建构主义的教育理念，理解特殊儿童的认知过程也是知识建构的过程。在教学的过程中应该重视他们的生活经验，并在此基础之上教授新的内容，促进特殊儿童建构知识。在特殊教育过程当中，首先，要注重了解特殊儿童的已有经验，根据他们的已有经验为他们制订个别化教育计划，根据其认知特点来制订学习计划，提供合适的学习内容。其次，要提供情境性教学，通过创设真实有感染力的问题情境，激发儿童联系生活经验解决问题的热情，以此促进其对知识的建构。最后，要提高特殊儿童的动手能力。例如，如捏橡皮泥、折纸，或者学习种植（图3-2-6），让他们从小就认识各种植物，从而建构自己的知识。成人还要特别注意培养特殊儿童的交往能力。对于特殊儿童而言，与同伴的交往对其社会性融合尤为重要。因此要适当采用多种方法促进特殊儿童与普通儿童交往。

图3-2-6 种植物

📖 **拓展阅读**

融 合 教 育①

四岁的小明一边上着普通幼儿园，一边上着我校特殊教育的幼儿部。几天前，腿脚不灵便的他一眨眼的工夫不知跑到哪里去了，我几乎找遍了整个校园。

后来，我在木制平台附近找到他。这个挺着胸独自抱着积木的孩子，看上去真像一个小男子汉。小明喜欢把大型积木摞在一起，他一块块地抱来大积木放在地上，摞成一堆后再摞另一堆。小明好像能从自己花力气搬运积木的行动中获得成就感。

有一天，来接他的母亲告诉我，他在普通幼儿园里只要一开始玩积木，别的孩子就会来帮他，他自己从来不能一个人玩到最后。在家里玩积木时，比他小两岁的妹妹也总是中途把他搭的积木弄坏。所以他没有一个可以尽兴

---

① 津守真. 幼儿工作者的视野：置身教育实践的记录 [M]. 刘洋洋，李季湄，等译. 上海：华东师范大学出版社. 2009：153-154. 有修订。

独自玩积木的地方。

就是这样一个简单的积木游戏，小明找到了能按自己的节奏活动的场所。这是他需要的教育环境。

融合教育的根本是让每一个孩子都能够以自己的自然状态生活。如果成人心里急切希望孩子能达到自己的目标，哪怕只有一点儿这样的想法，孩子马上就能够察觉到。只有在孩子周围的人和孩子自身都认可一个目标，孩子才可能在自然状态行动的前提下开始接受融合教育。

（二）教育策略：潜能开发

潜能就是人潜在的能力，它一般隐藏于我们的潜意识当中，需要被激发和刺激才会发挥作用，例如，在紧急情况之下，一个人能做出他平时做不到的事情。人有很多潜能，只不过它长期被封存在我们的潜意识中。特殊儿童也具有潜能，如视障儿童虽然视力受损，但他们的听觉潜能也可能被极大地激发出来；听障儿童的视觉非常敏锐；有一些孤独症儿童具有非凡的绘画能力（图3-2-7）和超强记忆力；智力障碍儿童，如"舟舟"有着极好的音乐天赋；还有一些特殊儿童具有极高的体育运动天赋，如"特奥会"和"残奥会"的运动选手。这些都充分说明特殊儿童也有待开发的潜能。在对特殊儿童教育的同时，要注意对其进行潜能开发。对教师来说，潜能开发是一个极大的挑战；它要求教师不仅要有能发现特殊儿童潜能的慧眼，同时还要有挖掘其潜能的能力。特殊儿童的潜能开发对特殊教育学校的硬件、软件设施，以及特殊儿童的家长也提出了更高的要求。例如，一个特殊儿童如果有游泳天赋，但是特殊学校或者家长不能给其提供游泳池或者游泳教练，特殊儿童的潜能就没有机会得到开发。如"舟舟"的成功正是由于他父亲给他提供了一个良好的音乐环境，他的音乐潜能才得到了有效的开发。

推荐视频
电影《亚当》

图3-2-7 孤独症儿童的画

潜能开发的措施包括制订适于潜能开发的教育规划，形成适于潜能开发的个体学习方式，探索适于潜能开发的教学风格，优化适于潜能开发的教学环境等。[①] 同时潜能开发也有局限性，并不是所有的特殊儿童都可以进行潜能开发或者都能成功地开发出潜能的。有的特殊儿童障碍程度比较严重，没有一定的认知能力，其潜能很难被激发出来，如果盲目地进行潜能开发，很可能徒劳，甚至会出现潜能开发过度的现象，如过度重视智育、过度培养才艺、

推荐书籍
《解放孩子，释放脑：帮助孩子开发潜能》

---

① 易莎. 学生潜能开发与基础教育改革［D］. 武汉：华中师范大学，2011.

过度早教等。[①] 再如，听障儿童过度学习，不注意保护眼睛，也不利于其潜能的发展。因此，在学习过程当中不仅要适度开发潜能，还要注意保护潜能。

📖 拓展阅读

尊重需要　开发潜能　培养特长 [②]

为开发特殊儿童的综合潜能，充分挖掘特殊儿童的遗传潜质，尽可能提高特殊儿童的智能水平和社会适应能力，使他们成为对社会有用的、自食其力的劳动者，我们从以下维度来进行广泛的科研与实践。

（1）综合智力训练：通过运用专门设计的训练内容、训练手段和训练器具，训练特殊儿童的观察能力、记忆能力、思维能力、操作能力等。

（2）自然与社会知识的理解和掌握：通过教授基础的自然科学和社会科学知识，丰富特殊儿童的知识内容，增长其见识，开阔其眼界，使其获得未来生活必备的生存知识和社会交往能力。

（3）劳动技能的训练和掌握：通过劳动技能专业训练，培养特殊儿童的生存与劳动能力，为他们将来进入社会获得自食其力的本领。

（4）激发并培养学习动机：开发潜能，首先要激发、培养特殊儿童的学习动机，只有这样特殊儿童才能真正进入潜能开发的角色。由于特殊儿童的身体缺陷，在潜能开发过程中所需求的外界的帮助要比正常儿童多得多，成人可以通过奖励和恰如其分的评价来强化学习动机。对儿童的学习成果要及时反馈，以强化其成就感，增强儿童的自信心，让学生体验到学习的快乐。

（三）教育方式：自然主义教育

卢梭主张教育应归于自然、顺应儿童的天性，即把"儿童看作儿童"，抛弃那种脱离生活、形式灌输的教学方法，让儿童在自由活动中，成为身心协调发挥发展的自然人。卢梭的教学观提示我们，在教育过程中应尊重特殊儿童身心发展的自然规律，同时要赋予特殊儿童教育主体的地位，尊重其自主探索的权利和自由，通过自然主义的教育方式实现特殊儿童身心的健康发展（图 3-2-8）。这要求教师在教育过程中实施差异化教学，促进教学目标、内容、方法等与特殊儿童的能力、兴趣、需要实现最大限度的匹配；开发综合实践活动课程，加强特殊儿童与其所处自然环境和社会环境的相互关联。例如，有些特殊学校的幼儿教育部将校区建设在依山傍水的自然环境中，以此帮助特殊儿童在与自然环境的互动中构建知识，发展身心，调节情绪等（图 3-2-9）；转变师生角色，以师生平等合作与互动为基础，在教师的引导下实

📖 阅读材料
自然教育

---

① 易莎. 学生潜能开发与基础教育改革 [D]. 武汉：华中师范大学，2011.
② 张筱翠. 尊重需要　开发潜能　培养特长 [J]. 科学大众（科学教育），2010（9）：30.

现特殊儿童的自主发展。①

图 3-2-8　在沙滩上玩耍

图 3-2-9　为孤独症患者设计的疗养建筑

（四）教育目的：残而有为

特殊儿童的认知发展不是单纯指会写会算，还包括通过认知发展促进他们人格的健全发展，树立自尊、自信、自立、自强的良好品格，让他们掌握自立的工具，最终能够实现有为。

因此，在特殊儿童的教育教学过程中，首先应落实党的二十大报告关于强化特殊教育普惠发展的最新指示，不断深化特殊教育受益面的继续扩展与教育公平的不断深化，确保教育发展成果惠及全体残疾儿童少年，让每一个残疾儿童少年都有人生出彩的机会。② 在此基础上，坚持新时代中国特殊教育现代化规划发展目标，即全面推进融合教育，依托普通中小学和幼儿园等融合教育主体，深化课程教学改革，在推进融合教育过程中发展素质教育，③ 善于发现每一位特殊儿童的自身优势，培养他们的特长，以帮助他们更快地找到自己的发展方向，促进包括特殊儿童在内的每一位学生都能拥有自信，获得作为一个人的尊严和价值，自立于社会。

🎧 阅读材料
生命，不因残疾而逊色—— 一位智力障碍青年的励志故事

技　能　实　训

项目　设计分层语言能力训练方案

一、实训目标

1. 进一步理解特殊儿童语言发展的特点。

① 赵娜，张业茂. 卢梭的自然教育思想与我国特殊教育实践的转向 [J]. 湖北第二师范学院学报，2008（10）：106-108.

② 邓猛，张玲，张瑶. 中国式现代化背景下我国特殊教育普惠发展的话语分析与逻辑演进 [J]. 中国特殊教育，2023（1）：3-9.

③ 丁勇. 强化特殊教育普惠发展 让每一个特殊儿童焕发生命精彩：学习党的二十大报告的心得体会 [J]. 中国特殊教育，2022（11）：8-13.

2. 能基于特殊儿童语言发展水平和日常语言环境，设计分层语言能力训练方案。

二、内容与要求

1. 为不同水平的特殊儿童设计语言训练方案。

2. 为训练方案准备教具并创设适宜的活动环境。

3. 根据语训方案对特殊儿童进行分层教学，必要时可开发个别化语训方案。

三、范例

以下是三组有关特殊儿童综合主题教学活动设计。

高组——爱上幼儿园 ^①

1. 有益经验

（1）认识故事中的动物角色及相关场景，并说出名称。

（2）能认识同伴并说出名字。

（3）能看图说出由人或动物、动作、物品、地点等词组成的三词句或四词句。

（4）增强"爱上幼儿园"的概念和意识，进一步熟悉和适应幼儿园生活。

2. 活动准备

（1）歌曲:《爱上幼儿园》。

（2）课件一：情境故事《点点爱上幼儿园》。

（3）课件二：情境故事中出现的动物角色及场景（小鸟与大树、梅花鹿与树林、小兔子与草地）图片。

（4）课件三：小朋友在幼儿园各种活动场景的照片。

（5）准备画有大树、树林、草地等场景的挂图（可自制），准备小鸟、梅花鹿、小兔子的照片或图片各5张。

（6）准备画有幼儿园场景的挂图（可自制），准备全体儿童个人照片各1张。

3. 活动过程

（1）唱儿歌，动一动

师：小朋友们，今天我们来唱一首歌，歌曲的名字叫《爱上幼儿园》。

① 请幼儿跟随老师朗诵歌词，同时做相应的动作。

② 播放歌曲，引导幼儿边唱边做相应动作。

（2）听故事，说一说

师：今天，大家来听一个故事《点点爱上幼儿园》。

① 播放课件一，老师进行故事讲述。

---

① 蒙静敏，蒙爱珍，秦荣飞.学前特殊儿童综合主题教学活动设计[M].广西：广西教育出版社.2020：6-8.

②播放课件二，让幼儿说一说小鸟的幼儿园在哪里，大树是谁的幼儿园；梅花鹿的幼儿园在哪里，树林是谁的幼儿园；小兔子的幼儿园在哪里，草地是谁的幼儿园。

③播放课件三，让幼儿说一说小朋友们的幼儿园在哪里，小朋友们在幼儿园都做些什么。

（3）找照片，贴一贴

师：小朋友们真聪明，都知道小动物们到哪儿上幼儿园，现在请你们帮忙把小动物们"送"到幼儿园。

①老师示范将小动物"送"到幼儿园（把小动物照片贴到挂图相应位置）。

②请幼儿将小动物"送"到幼儿园。

③请幼儿将自己"送"到幼儿园。

（4）看场景，说一说

师：大家把小动物和小朋友们"送"到了幼儿园，并且都"送"对了，做得太棒了！

①老师总结照片粘贴情况，同时示范使用句式"××去××上幼儿园"进行表达。

②请幼儿使用句式"××去××上幼儿园"进行表达。

③夸赞勇于表达的幼儿并给予奖励，结束活动。

4. 活动延伸

在日常生活中，引导幼儿运用三词句或四词句描述自己熟悉的学习、生活场景。

中组——我爱我的幼儿园

1. 有益经验

（1）了解幼儿园常见游戏活动，并能说出常见游戏活动的名称，如"玩滑梯"。

（2）尝试用"我喜欢××（活动名称或玩具名称）"的句式表达自己的意愿。

（3）了解常见玩具的玩法。

（4）喜欢玩玩具，体验玩玩具的快乐。

2. 活动准备

（1）动物手偶1个。

（2）歌曲：《我爱我的幼儿园》。

（3）课件：幼儿园里各种有趣的活动场景的照片。

（4）各种玩具。

3. 活动过程

（1）手偶表演

师：今天来了一位动物朋友，它很喜欢上幼儿园，我们听听它是怎么说的。

① 出示动物手偶，让手偶向大家"问好"。

② 老师边朗诵《我爱我的幼儿园》的歌词边操作手偶做出简单的动作。

（2）看图说话

师：动物朋友为什么这么爱上幼儿园，你们知道吗？

① 播放课件，展示幼儿园里各种有趣的活动场景。

② 请幼儿看图，说一说幼儿园里有哪些好玩的游戏。

③ 请幼儿说一说自己喜欢哪些游戏（用"我喜欢××"句式表达）。

（3）挑选玩具

师：幼儿园里好玩的东西真多，现在请小朋友们来选一样你喜欢的玩具。

① 展示玩具，向幼儿介绍玩具的名称并示范玩法。

② 请幼儿上前说说自己喜欢的玩具，并选择 1 个玩具。

③ 让幼儿用自己挑选到的玩具自由玩耍片刻。

④ 请幼儿将玩具送回。

（4）唱唱跳跳

师：幼儿园里真好玩，大家都爱上幼儿园，我们一起来唱首歌吧！

① 老师范唱《我爱我的幼儿园》，边唱边做动作。

② 播放歌曲，请幼儿跟随老师进行唱跳。

③ 歌曲播放完毕，结束活动。

4. 活动延伸

在其他主题活动中积极使用歌曲《我爱我的幼儿园》做热身或主题环节，加深幼儿对幼儿园生活的认同感。

低组——我的教室

1. 有益经验

（1）认识教室的不同区域，并了解不同区域的功用。

（2）能熟悉并遵守教室各个活动区域的常规。

（3）体验教室各个区域的不同活动，初步建立集体生活的意识。

2. 活动准备

（1）视频：幼儿在教室不同区域的日常活动场景。

（2）照片：教室不同区域的照片。

3. 活动过程

（1）观看视频

师：小朋友们，我有一段有趣的视频要请大家看一看，小眼睛注意啦！

播放视频，老师辅以简洁说明，帮助幼儿理解视频内容。

（2）观看图片

师：在刚才的视频中，出现了教室的哪些地方呢？

①　逐一展示教室各个活动区域，了解不同区域的功能：上课、饮水、阅读、玩玩具、进餐、盥洗等。

②　老师通过提问的方式，请幼儿指认不同区域，帮助幼儿进行区域和功能匹配，如：喝水的地方在哪里？

（3）实地体验

师：请小朋友们起来走一走、做一做吧。

①　请幼儿学习拉衣服、排纵队。

②　选择2~3个区域请幼儿进行情境体验。

③　引导幼儿熟悉不同功能区域的常规，如：喝完水要把杯子放回原位，玩完玩具要把玩具放回收纳箱等。

（4）表达意愿

师：小朋友们，你们到教室的不同地方逛过、玩过了，你最喜欢哪个地方呢？

①　出示不同区域的照片，请幼儿观看。

②　请幼儿上前挑选照片，在教师帮助下用简单的语言表达自己喜欢的区域和活动。

4.　活动延伸

在课间及自由活动时间，帮助幼儿进一步熟悉并遵守教室不同活动区的常规。

思考与练习

1. 特殊儿童的认知发展有哪些规律？这些规律和普通儿童的认知发展规律有什么差异？

2. 特殊儿童的认知发展存在什么样的矛盾？特殊儿童的认知发展矛盾如何影响他们的发展？

3. 调查教师在对特殊儿童进行教学时采取了什么样的教学策略。

4. 调查教师是否了解针对特殊儿童应该采用的学习策略。

5. 如何根据特殊儿童的认知发展与学习特点制订适合他们的学习与训练计划？

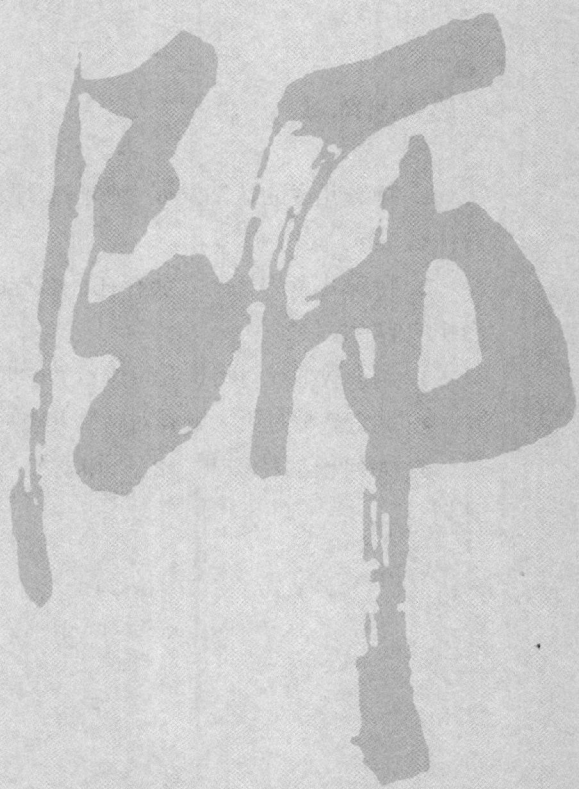

第四章

特殊儿童的人格发展与培养

学习目标

□　知识目标：

1. 了解特殊儿童人格发展的规律。

2. 理解特殊儿童人格发展的矛盾。

3. 掌握特殊儿童人格教育的内容和策略，掌握特殊儿童健全人格培养的方法。

□　能力目标：

1. 能对特殊儿童进行早期干预与指导，引导特殊儿童形成正确的自我认识。

2. 能给特殊儿童创设良好的学习成长环境。

3. 能对特殊儿童进行心理健康教育，引导特殊儿童形成健康的心态。

□　情感目标：

1. 体验特殊儿童的情绪、情感，了解其需要与动机。

2. 了解特殊儿童的成就表现和自我意识。

3. 了解特殊儿童的意志力。

思维导图

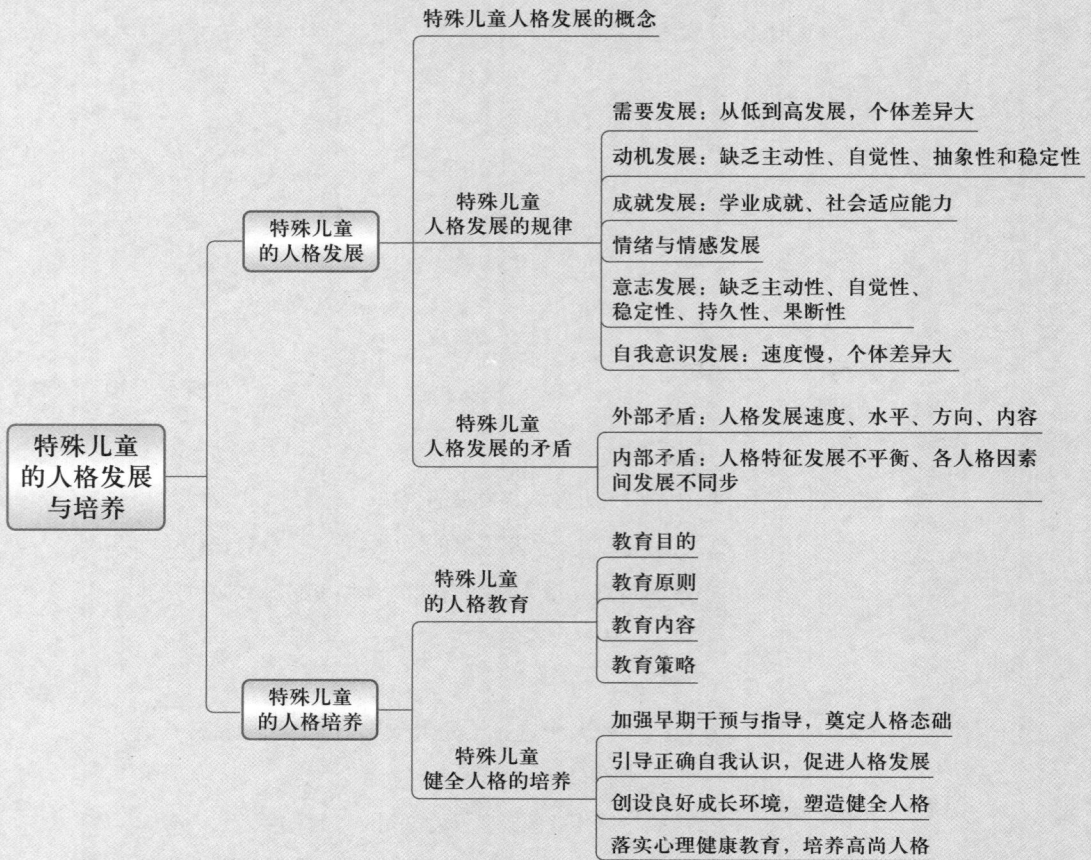

特殊儿童人格发展的概念

特殊儿童
人格发展的规律
- 需要发展：从低到高发展，个体差异大
- 动机发展：缺乏主动性、自觉性、抽象性和稳定性
- 成就发展：学业成就、社会适应能力
- 情绪与情感发展
- 意志发展：缺乏主动性、自觉性、稳定性、持久性、果断性
- 自我意识发展：速度慢，个体差异大

特殊儿童的人格发展

特殊儿童
人格发展的矛盾
- 外部矛盾：人格发展速度、水平、方向、内容
- 内部矛盾：人格特征发展不平衡、各人格因素间发展不同步

特殊儿童的人格发展与培养

特殊儿童
的人格教育
- 教育目的
- 教育原则
- 教育内容
- 教育策略

特殊儿童的人格培养

特殊儿童
健全人格的培养
- 加强早期干预与指导，奠定人格态础
- 引导正确自我认识，促进人格发展
- 创设良好成长环境，塑造健全人格
- 落实心理健康教育，培养高尚人格

特殊儿童的人格发展既是其全面发展的重要方面，也是特殊儿童教育中的重要领域。理解特殊儿童的需要、动机、成就、情绪与情感、意志和自我意识的发展规律，是进行特殊儿童人格教育的基础。本章将主要围绕特殊儿童的人格发展展开，重点介绍特殊儿童人格发展的规律、发展中的内部和外部矛盾以及在人格教育中的策略与方法。

故事专栏

你出生的那个晚上 ①

你出生的那个晚上，

月亮笑了，露出满脸的惊喜。

星星偷偷地钻出来，就想瞧瞧你。

晚风悄悄地说：

"生命因为有你而不同。"

因为在这个世界上，

从来没有出现过一个和你一模一样的人。

听！微风，细雨，如此迷恋你，

久久吟唱着你那美妙的名字！

你的名字充满了神奇的魔力，就让我们先来大声地念出它吧！

你的名字随风飘扬，

越过田野……

飞过海洋……

穿过树林……

直到每个人都听见你的名字，

直到每个人都知道

你是永远的唯一

……

如果有一天，月亮整夜高挂天空，

瓢虫落在你身边，不肯离去，

或者小鸟停留在你窗前，

那是因为他们都想看到你甜美的笑容……

我的宝贝，从前的世界里，

从未出现过这样特别的你

（无论故事，还是诗歌）

从前没有，以后也不会再有……

① 南希·蒂尔曼. 你出生的那个晚上 [M]. 王轶美，译. 海口：南海出版社，2010：1—36.

在你出生的那个美妙而神奇的夜晚

天堂里号角齐鸣……

思考：每个生命都值得赞美，每个孩子都是世界上的唯一。你怎么认识特殊儿童的生命价值？

第一节　特殊儿童的人格发展

扫描二维码
查看本节文
本资源

由于特殊儿童的身心特点，成人往往只对特殊儿童本身的局限或障碍进行干预，忽视人格的培养和教育。但是，特殊儿童的教育内容不应该仅仅只是对他们的缺陷进行补偿性教育，还要注重他们认知与人格的发展。培养特殊儿童的人格对特殊儿童的发展具有重大的意义，成人应该根据特殊儿童的人格特点因材施教，进行个别指导，帮助特殊儿童发展健康人格。

一、特殊儿童人格发展的概念

微课：特殊儿
童人格发展
概念

人格（personality）一词被多学科所使用，由于内涵十分复杂，迄今为止还没有形成一个为所有学科共同接受的定义。在心理学中，我国心理学家杨国枢对人格所下的定义较有综合性：人格是个体与其环境交互作用的过程中所形成的一种独特的身心组织，而此身心组织使个体在适应环境时，在需要、动机、兴趣、态度、价值观念、气质、性向、外形及生理等诸方面，各有其不同于其他个体之处。[①] 个体因某种缺失或要求而产生需要，进而产生做某件事情的动机，在意志和情感的作用下，最终做出成就。特殊儿童由于其自身特点，在与环境的交互作用过程中形成了独特的行为内部倾向，在需要、动机、兴趣、态度、价值观念、气质、性向等方面表现出了特有的发展趋势和特征。

阅读材料
需要、成就、动
机、情感以及意
志之间的关系

二、特殊儿童人格发展的规律

特殊儿童与普通儿童之间既有共性，又存在差异性，共性远大于差异性，这是目前国内外大多数特殊教育专家和学者达成的共识。特殊儿童与普通儿童在心理发展的历程模式、生理组织结构、心理需求要素、人格结构发展、社会适应内容等方面具有相似之处。特殊儿童的人格发展也基本遵循着与普通儿童人格发展相似的规律，遵照从不随意性到随意性，从他律性到自律性，从表面性、片面性

[①] 金瑜. 心理测量 [M]. 上海：华东师范大学出版社，2001：103.

到深刻性、完整性，从动摇性到稳定性的顺序发展。

然而，人格发展受到遗传、环境和教育的影响，特殊儿童由于其身心的特殊性，在人格发展过程中同样也存在问题。例如，有的视障儿童在各种人格特征上的得分偏低，尤其是在一般活动性、忍耐性和领导性方面表现较差；[①] 有的听障儿童表现出情绪反应强烈、容易激动、性情急躁、固执、以自我为中心、缺乏自我控制、对挫折的承受力低、易受他人暗示等特点；有的智力障碍儿童表现出缺乏独立性和主动性，喜欢依赖他人，易受他人影响，缺乏自信、低估自己等倾向；[②] 有的超常儿童个性发展速度比普通儿童快得多，个性发展水平也明显高于普通儿童，表现出社会适应性较强、情绪较稳定、意志坚强、动机效能高，特别是成就动机水平比较高等；学习障碍儿童则表现出古怪、孤僻、行为不适应、内向、害羞、安静，不喜欢与人交往，情绪稳定性差等特征。

（一）特殊儿童的需要发展

我国著名儿童心理学家朱智贤认为，在儿童不断积极活动的过程中，社会和教育向儿童提出的要求所引起的新的需要和儿童已有心理水平或心理状态之间的矛盾是儿童心理发展的内因，也正是儿童心理不断向前发展的动力。[③]

特殊儿童需要的发展也遵循着从低层次需要向高层次需要发展的规律，当基本需要得到满足后就会产生高一个层次的需要，直到最高层次的需要，最终达到自我实现，成长为自己想要成为的完整的个体。根据马斯洛的需要层次理论，可将人的需要分为两大系统：基本需要和成长需要，其中基本需要包括生理需要、安全需要、归属和爱的需要与尊重需要；成长需要包括知的需要、美的需要和自我实现的需要。

与普通儿童一样，特殊儿童的需要也是多层次的，同样有基本需要和成长需要，经历着从低到高的发展过程。在社会和教育的要求下，特殊儿童的需要也在不断发生变化，从基本需要，走向成长需要。但是特殊儿童的需要发展也有其特殊之处。

首先，由于独特的身心特点，特殊儿童存在一些特殊需要。如视障儿童需要进行生活技能和行走技能的专门训练，而且视障儿童对各种层次的需要比普通儿童更加强烈，他们更需要安全和关爱，需要别人的理解和尊重；智力障碍儿童需要进行社会适应及生活自理等社会技能的训练；听障儿童的同伴交往需要格外强烈；孤独症儿童的需要异常狭窄且具有选择性，对安全需要格外强烈，缺乏归属感和爱。

其次，特殊儿童需要层次发展速度异于普通儿童。智力障碍儿童的需要层次

① 方俊明，雷江华. 特殊儿童心理学 [M]. 2 版. 北京：北京大学出版社，2015：200.
② 雷江华，刘文丽. 智障儿童心理研究新进展 [J]. 中国特殊教育，2014 (11)：15-21.
③ 韦小满，蔡雅娟. 特殊儿童心理评估 [M]. 2 版. 北京：华夏出版社，2016：4.

发展缓慢，能达到的发展水平低，且低层次的生理需要占主导地位，高层次的心理需要发展较困难和迟缓，并具有自我中心的特点。超常儿童的需要发展速度则快于普通儿童，有强烈的自我实现需要，但容易在需要上存在冲突。[1]

因此，特殊儿童的需要基本上遵循从低到高的发展过程，但是不同类型的特殊儿童的需要发展具有不同的特点，其个体间的差异也明显大于普通儿童。

📖 **拓展阅读**

来自寄养家庭的爱

▶️ 推荐视频
纪录片《寄养村》

纪录片《寄养村》在中央电视台科教频道《讲述》栏目播出，它记录了山西省太原市圪僚沟村村民吉志勇和王家庄村民康国英两个家庭照顾孤残孩子的感人故事。东东，除了患有脑积水外，还有些脑瘫，双腿行动不便。5年来，每个周末，寄养妈妈康国英都会带着东东去福利院的康复室做康复训练，东东从不会说话、不会走路到现在能上学。这些被父母遗弃的孩子，通过这种寄养方式，在寄养家庭里获得了很多的关爱，这些孩子的性格和普通孩子几乎没什么两样，开朗活泼。

讨 论

有人说：国家培养特殊儿童独立生活的能力，并不指望他们能在社会上取得很大的成就。但也有人说：特殊儿童虽然有障碍，但通过教育也可以获得更好的发展，从而有能力回报社会。你是如何看待这个问题的？

（二）特殊儿童的动机发展

动机在需要的基础上产生，是激发和维持个体进行活动并导致该活动朝向某一目标的心理倾向或动力。[2]动机具有唤起行为的功能，需要在强度达到一定水平后，才能成为引起、推动或阻止某种活动的动机。动机具有将活动引向一定目标的指向性功能。需要产生后，还必须有能够满足个体需要的外在事物，即诱因，这样需要才表现为活动动机，从而推动行动达到目标。动机一旦发挥作用，就会推动行为向着满足需要的方向发展，使人对实现目标表现出极大的积极性，注意力集中、思维敏捷，有进行持久而顽强工作的动力。此外，动机一旦形成一定的动机模式，就对行为具有调整功能。特殊儿童的动机的产生及功能与普通儿童相似，但是在动机的自觉性、主动性、积极性、目的性及动机的调整功能上存在问题。

---

[1] 方俊明，雷江华. 特殊儿童心理学 [M]. 2 版. 北京：北京大学出版社，2015：205.
[2] 廖全明. 普通心理学 [M]. 成都：西南交通大学出版社，2017：102.

特殊儿童由于自身的某些特殊性对特殊儿童的动机造成了不利的影响，有的表现为成就动机偏低，缺乏主动性、自觉性、抽象性和稳定性。例如，有研究发现 11~15 岁的视障儿童成就动机偏低；[①] 听障儿童主要以表面型学习动机为主，深层次动机和成就型动机相对较小，缺乏主动的学习动机；[②] 智力障碍儿童的动机缺乏主动性、自觉性、积极性和目的性，动机稳定性差，并且行为活动更多地受到较近动机的支配，难以用较远的动机来指导；超常儿童具有"动机和努力的坚持性"，[③] 但是学习动机在某些阶段会表现出不适应性。

特殊儿童的动机受到各种因素的影响。例如，超常儿童的成就动机模型随年级的变化而变化；学习障碍儿童的学习动机受到家庭资源以及社会支持的影响；听障儿童的学习动机随着年级的升高而逐渐增强；听障和视障儿童的学习动机受教师态度的直接影响等。

（三）特殊儿童的成就发展

成就是个人通过学习和训练所获得的知识、学识和技能。特殊儿童的成就主要表现在两大方面：学业成就和社会适应能力。

▶ 推荐视频
北京第六届残疾人
职业技能竞赛：技
能成就未来

1. 学业成就

特殊儿童（超常儿童除外）的学业成就与同龄的普通儿童在语文、科学、社会、艺术和健康等方面的学习存在着一定程度的差距。不同类型的特殊儿童的学业成就差别也很大，并且表现出个体内差异。[④] 例如，研究发现，视障儿童在阅读理解、数学计算、应用问题、社会学习、科学方面的得分高于其他特殊儿童，且在同义/反义词和数学计算方面的成绩较好。[⑤]

2. 社会适应能力

社会适应能力是指个体为了更好地适应社会，逐渐依靠自己去学会社会规范、处理人际关系以及进行自我控制与调节的能力。社会适应能力是一种概念，社会技能是社会适应能力的具体表现。特殊儿童的社会适应能力受到年龄、障碍程度的影响。[⑥]

特殊儿童的社会适应能力表现出如下特点：特殊儿童的社会适应普遍存在困难。例如，视障儿童的社会认知、社会交往能力不足，生活自理能力较差，体态语发展缓慢。智力障碍儿童的适应行为明显低于同龄普通儿童的发展水平，但随着年龄增长，智力障碍儿童在适应行为量表上的得分呈现增加的趋势；智力障碍儿童的社会技能发展状况的个体间差异明显大于普通儿童的个体间差异。学习

① 钱志亮. 盲童的人格特点及其教育对策 [J]. 心理发展与教育, 1998 (2): 55-58.
② 姜小艳. 听障儿童学习动机与学习策略的特点研究 [D]. 武汉: 华中师范大学, 2018.
③ 查子秀. 超常儿童心理学 [M]. 2 版. 北京: 人民教育出版社, 2006: 199.
④ 方俊明, 雷江华. 特殊儿童心理学 [M]. 2 版. 北京: 北京大学出版社, 2015: 209.
⑤ 方俊明, 雷江华. 特殊儿童心理学 [M]. 2 版. 北京: 北京大学出版社, 2015: 212.
⑥ 马莎莎. 智力障碍儿童的社会适应能力研究 [D]. 上海: 华东师范大学, 2013.

障碍儿童的焦虑水平明显高于其他儿童，且情绪反应突出。[1] 由于沟通障碍、社会性互动障碍及行为障碍的存在，孤独症儿童的社会适应能力差。

📖 拓展阅读 ·········

张海迪的成就

张海迪小时候因患血管网状细胞瘤而高位截瘫。15 岁的张海迪跟随父母来到一个没有电灯和自来水的贫困村庄。当地学校缺少老师，她就给孩子们当起了老师。她还自学针灸，为乡亲们无偿治疗。后来，张海迪还当过无线电修理工。她虽然没有机会走进校园，却发奋学习，学完了小学、中学的全部课程，自学了英语、日语、德语等，并获得了学士和硕士学位。1983 年张海迪开始从事文学创作，先后翻译了数十万字的英语小说，著有《生命的追问》《轮椅上的梦》等书籍。

🖱 推荐书籍
《生命的追问》
《轮椅上的梦》

（四）特殊儿童的情绪与情感发展

特殊儿童的情绪与情感发展过程与普通儿童是一致的，但可能表现出一个更缓慢的过程，在发展过程中表现出不平衡的特点。

1. 情绪发展

在情绪方面，特殊儿童因自身某方面能力受限，经常会遭遇别人的误解和不友善，由此产生焦虑和紧张等消极情绪。具体而言，特殊儿童的情绪发展表现出如下特点：其一，消极情绪体验较多。例如，视障儿童更多地体验到孤独感和焦虑感；听障儿童易感到孤独、焦虑，自我意识较弱，倾向于采用逃避的应激方式。[2] 其二，情绪不稳定，易向两极分化。例如，视障儿童人格具有内倾性，不常有激情状态；听障儿童缺乏耐性、情绪不稳定、容易处于激情状态；智力障碍儿童缺乏良好的情绪控制能力，易受激情支配。其三，情绪理解、情绪表达和情绪认知能力低于普通儿童。如智力障碍儿童情绪分化迟，缺乏深刻的情感体验，情感状态不健全；孤独症儿童在理解认知性情绪方面存在问题。

2. 情感发展

特殊儿童的情感发展缓慢，且情感发展不平衡。其一，特殊儿童的情感发展缓慢。例如，视障儿童情感体验相对较少，积极情感和消极情感并存；智力障碍儿童理智感发展缓慢，自我效能低，缺乏学习动机；学习障碍儿童理智感发展缓慢；孤独症儿童欠缺情感交流和依恋行为等。其二，特殊儿童的同伴友谊具有独特性。例如，视障儿童主要与具有同样缺陷的同伴建立友谊；智力障碍儿童缺乏友谊感，难以从同伴交往中获得积极的情感体验；[3] 超常儿童的同伴交往较差，

① 俞国良，王浩. 学习困难学生焦虑的元分析 [J]. 中国特殊教育，2016（4）：53–59.
② 雷江华，方俊明. 特殊儿童心理学 [M]. 2 版. 北京：北京大学出版社，2015：181–184.
③ 张福娟. 轻度智力落后学生心理健康问题的研究 [J]. 心理科学，2004（4）：824–827.

友谊感发展不及普通儿童。[①] 其三，特殊儿童的道德感发展受限。特殊儿童独特的身心特性，影响了他们对道德准则的理解、对道德的认知和判断能力。例如，听障儿童由于语言和抽象思维能力的限制，对道德准则的理解刻板，缺乏根据具体的社会情境选择正确行为的能力，道德感未分化、不够深刻；超常儿童对道德规则的理解不同于普通儿童；孤独症儿童由于对社会性认知的缺陷和理解他人心理能力的缺陷，其道德感很难得到发展，其道德判断能力低于言语年龄匹配的普通儿童。[②]

（五）特殊儿童的意志发展

意志是一种自觉地确定目的，根据目的支配和调节行为，克服困难，以实现预期目的的心理过程。[③] 意志具有三大特点：明确的目的性、以随意运动为基础、与克服困难相联系。人在生活中所表现出的比较稳定的意志特点称为意志品质。意志品质有积极和消极之分。积极的意志品质具有自觉性、果断性、坚持性等特点，消极的意志品质具有依赖性、顽固性、冲动性等特点。[④]

除超常儿童以外，特殊儿童的意志特点总体上表现为：首先，普遍缺乏主动性和自觉性。以孤独症儿童为例，孤独症儿童缺少主动性，很少关注自身以外的人、事物，缺乏主动的交流和探索。其次，做事缺乏稳定性和持久性，自制力不强。如视障儿童，在决策和执行决定时容易受各种外界因素的干扰，不会调节和抑制自身的消极情绪。最后，容易受周围人的暗示，果断性不强。如听障儿童在决定行动时，容易受到外界因素或自身情绪的影响；智力障碍儿童容易受周围人暗示的影响，同时又很固执；学习障碍儿童缺乏应有的控制力，容易受外界的诱惑，缺乏责任感等。[⑤]

▶ 推荐视频
电影《我的梦》
宣传片 2

📖 拓展阅读

贝多芬——扼住了命运的喉咙

贝多芬 49 岁左右听觉完全丧失，然而他对生活的爱和对艺术的执着追求战胜了他的苦痛和绝望，苦难变成了他创作的力量源泉，他扼住了命运的喉咙，在痛苦中仍然顽强地创作。贝多芬在耳聋、健康情况恶化、精神上受到折磨的情况下，仍以巨人般的毅力创作了《第九交响曲》（又称《英雄交响曲》）。

（六）特殊儿童自我意识的发展

自我意识是对自己的意识，具体表现为自我认识。自我认识并非一蹴而就，

① 雷江华, 方俊明. 特殊儿童心理学 [M]. 2 版. 北京: 北京大学出版社, 2015: 194.
② 房娟. 学习困难儿童的教育与转化 [M]. 武汉: 华中科技大学出版社, 2018: 23.
③ 林崇德, 杨治良, 黄希庭. 心理学大辞典 [M]. 上海: 上海教育出版社, 2003: 1555.
④ 方俊明, 雷江华. 特殊儿童心理学 [M]. 2 版. 北京: 北京大学出版社, 2015: 215.
⑤ 徐芬. 学业不良儿童的教育与矫治 [M]. 杭州: 浙江教育出版社, 1997: 36.

而是随着时间不断发展的：始于婴儿期，快速发展于青春期，完成于晚年。特殊儿童自我概念的发展遵循着儿童发展的一般规律，但是发展速度较慢，且不同类型的特殊儿童的自我意识发展表现出较大差异。例如，视障儿童的自我意识发展滞后，对自我的评价处于模糊状态。听障儿童由于语言发展迟缓，造成自我意识的产生受到严重阻碍，具体表现为自我意识出现得较晚，自我意识水平低下，无法对自己的行为、个性等方面进行正确的评价；自我意识长期处于具体性阶段，并明显依赖成人，以周围人的评价为标准，独立性较差，抽象水平不高。智力障碍儿童由于智力低下，自我意识薄弱，自主能力不强；在日常生活中，做事随意，没有主见，容易出现不良行为。孤独症儿童因分不清楚"你""我""他"，自我认知、自我调节能力发展迟滞。[①]

📖 **拓展阅读**

周婷婷自我意识的发展

周婷婷是我国第一位少年聋人大学毕业生。她出生后双耳失聪，其父周弘并没有气馁，通过赏识教育彻底改变了这个女孩的命运。周婷婷在亲人的教育下，三岁半就能开口说话并学习认字，就读于普通小学时连跳两级，并以优异的成绩提前学完高中课程。周婷婷的成长过程也是她不断认识自我的过程，逐步获得进步的过程。周婷婷说："我从小到大一直生活在健听人世界里，这几十年来，从意识到自己是聋人，到忘记自己是聋人，再到面对自己是聋人，最后到忽略自己是聋人、正视自己是聋人，经历了一番颇为矛盾、痛苦的心路历程。"

🖱 **推荐书籍**
《墙角的小婷婷》

三、特殊儿童人格发展的矛盾

特殊儿童的人格发展既遵循儿童发展的一般规律，又有其独特性，其人格发展的过程中会出现各种矛盾。特殊儿童人格发展的矛盾主要表现为外部矛盾和内部矛盾两大类。

（一）特殊儿童人格发展的外部矛盾

1. 人格发展速度

人们首先要接受和承认特殊儿童的人格发展速度异于普通儿童。其次，成人应该促进特殊儿童健全人格的培养。例如，听障儿童往往表现出冲动、以自我为中心、缺少社交成熟度等特征，这些人格缺陷并非无法弥补的。相反，这只是由听障儿童欠缺高质量的社会互动、沟通和交流的经验造成的人格发展迟滞，是可以通过一定的手段进行重构，进而发展到正常水平的。[②]

---

① 程黎. 特殊儿童早期干预 [M]. 北京：北京师范大学出版社，2012：180–199.
② 贺荟中. 听觉障碍儿童的发展与教育 [M]. 2版. 北京：北京大学出版社，2018：99.

2. 人格发展水平

特殊儿童的人格发展水平往往落后于普通儿童，其人格发展水平与已有其他心理水平或心理状态之间存在矛盾。以特殊儿童的需要为例，特殊儿童的需要与已有心理水平或心理状态之间存在矛盾。特殊儿童的需要有物质方面的，如对食物、水、漂亮的衣服等的需求；也有精神方面的，如学习某种知识或技能，完成一件手工作品，找到归属感与获得爱等。但是特殊儿童需要的发展与其已有心理水平或心理状态之间并不是平衡的，在某些特殊时期，这种不平衡的程度会尤其突出。以智力障碍儿童为例，智力障碍儿童进食无节制问题更突出，易产生肥胖问题，影响其身体健康；在青春期，特殊儿童所表现出的生理性性欲亢进现象，也体现了特殊儿童的需要发展与其心理水平或心理状态之间的矛盾。

3. 人格发展方向

由于特殊儿童身心独特，成人往往会将教育干预局限于儿童本身的局限或障碍方面，而忽略对特殊儿童人格的培养，这就加剧了特殊儿童人格发展的问题。例如，在学校或幼儿园，教师更偏重于儿童认知能力的发展，家长更关注儿童语言能力、动作技能、认知能力的发展，两者都可能忽视儿童良好行为习惯的养成和人格的培养。特殊儿童的人格教育主要包括训练特殊儿童具备社会认可的行为，矫正或消除其不良行为，并逐步培养其正确的情感、态度和价值观，帮助其形成正确的自我概念，形成自尊、自立、自强的人格特征。

4. 人格发展内容

在人格发展内容上，特殊儿童的情感发展缓慢，情绪的调节能力较弱，并且道德发展缓慢，如孤独症儿童难以形成道德感，听障儿童对道德准则的理解比较刻板，智力障碍儿童由于认知能力有限其道德认知发展也较为缓慢等。但是，社会并不会因为特殊儿童的特殊性而降低对其行为规范的要求，这就造成特殊儿童情绪、情感及道德发展和社会要求的不同步。这种矛盾使特殊儿童的外显行为可能出现一系列的问题或者适应困难，并使特殊儿童体验到情绪困扰和不安。

📖 拓展阅读

勇攀高峰，超越自我

姚登峰1岁多，因一次发烧用药不当，就再也听不到声音。懵懵懂懂的他，直到5岁也不会说话。到了入学年龄，姚登峰和普通孩子一起上了当地学校。从第一次听写考试26分、难以和老师交流，到后来通过口型大致猜懂课堂内容，他经历了无数个刻苦自学的夜晚。

18岁那年的高考，姚登峰与重点大学失之交臂，在民政部门的努力下，姚登峰最终被湖北民族大学计算机专业录取。他格外珍惜读书的机会，在大学里，他年年都被评为三好学生，同时，他也下定决心继续深造，为残障人士的康复教育而努力。2003年，姚登峰以专业第一名的成绩考入北京大学攻

🖱 推荐书籍
《登峰：从无声世界走来的清华博士》

读硕士。

从北京大学毕业后，姚登峰来到北京联合大学成为一名特教老师。2012年，姚登峰一边工作一边备考，以第一名的成绩考取了清华大学的博士研究生，并以7A的全优成绩通过博士答辩。博士毕业后的他深感肩负的责任和使命，不忘初心，还是选择回到北京联合大学做特教老师。他说："是人世间的爱改变了我的命运！感恩——报效祖国和社会，成为我生命中不断进取的力量泉源！"

（二）特殊儿童人格发展的内部矛盾

同普通儿童一样，特殊儿童群体间也表现出不同的人格特征，主要表现为人格特征发展的不平衡。例如在气质类型上，不同障碍类型的特殊儿童的气质偏好有所不同，表现出多血质、胆汁质、抑郁质、黏液质等不同特征的气质类型；同普通儿童一样，在性格上表现出内向型、外向型等多种性格倾向。特殊儿童个体内部人格发展中也表现出不同的特征，出现各种内部矛盾，主要体现为各人格因素间发展的不同步。

1. 人格特征发展不平衡

特殊儿童在人格特征发展上表现出不平衡。这种不平衡与其障碍类型及程度密不可分，不同障碍类型的儿童所表现出的人格特征与其障碍特征是相一致的。例如，智力障碍儿童的人格发展与智力障碍程度密切相关，障碍程度越重，对个性发展的影响越明显，中度智力障碍儿童相较于轻度智力障碍儿童存在更多的异常人格特征。

2. 各人格因素间发展不同步

需要、动机、意志、情绪情感、成就，是人格研究中的重要因素。特殊儿童的人格发展各因素之间往往发展不同步，主要表现在如下两个方面：第一，需要发展与情绪、情感发展不同步。以孤独症儿童为例，孤独症儿童往往具有某些独特的兴趣需要（如需要某些玩具），但是由于情绪、情感调节能力发展迟滞，其无法抑制自己的需要，当其需要无法达成时，容易表现出较多的问题行为（如哭闹、尖叫、自伤等）。第二，动机与成就发展不一致。以听障儿童为例，听障儿童总的学习动机、社会取向的成就动机、个体取向的成就动机都显著高于普通儿童，并且自身的内在动机高于外在动机，[1]但是其学业成就水平却普遍低于普通儿童。

---

① 陶新华，朱艳，张卜林. 聋生心理健康与成就动机、行为方式的相互影响 [J]. 心理学报，2007（6）：1074–1083.

约翰·福布斯·纳什

英俊而又十分古怪的约翰·福布斯·纳什的博士论文的重要发现——博弈论，在经济、军事等领域产生深远的影响，短短二十余页的论文使他开始享有国际声誉。但纳什受到了精神分裂症的困扰，使他向学术上最高层次进军的辉煌历程发生了巨大改变。经过十几年的不懈努力，他于 1994 年获得诺贝尔经济学奖，他在博弈论方面颇具前瞻性的工作成为 20 世纪最具影响力的理论之一。

▶ 电影
《美丽心灵》

讨论

对于特殊儿童来说，培养其健全人格与发展其认知能力，哪一方面更为重要？

第二节　特殊儿童的人格培养

扫描二维码
查看本节文
本资源

美国社会学家查尔斯·霍顿·库利说："人类本性最基本的特点就是可教育性。"① 教育按照社会发展需要培养个体的人格；教育是个体社会化的支点，是个体获得真善美的过程；教育促进人格从低层次、低水平向高层次、高水平发展；教育使人具有社会规范系统，为人格发展提供最优的行为结构训练；教育在促进特殊儿童人格发展、培养儿童健全人格方面也发挥着重要作用。

一、特殊儿童的人格教育

采用观察和评定方法了解特殊儿童的人格特点，使用各种教育途径和方法弥补其人格的缺陷，发扬其人格的优势，培养现代社会发展所需的人格特征，形成健全的人格，是特殊儿童人格教育的归宿。

（一）教育目的

特殊儿童的人格特点会影响其心理健康，也会影响教育和康复训练的效果。因此，特殊儿童人格教育的重要性更加突出，特殊儿童人格教育的目的就是培养适应现代社会发展的健全人格。特殊儿童人格教育的具体目标可以包括如下几个方面：

---

① 库利. 人类本性与社会秩序 [M]. 包凡一，王源，译. 北京：华夏出版社，1998：25.

1. 自主坚强

自主坚强的人格主要指：自信，能够认识自己、接受自己和坚信自己；能够确立自己的目标，根据自己的目标选择实现目标的有效途径；独立，依靠自己解决自己的问题，不轻易受他人支配；勇敢，乐于挑战，不怕苦累，不退缩；成就动机强，力争上游，争取成功；责任心强，敢于承担责任，对自己和自己所做之事负责；具有坚持性，做事彻底，有耐心。

2. 博爱宽容

博爱宽容的人格包括：爱人，如同情、关心、帮助他人；爱环境，如爱护环境卫生，热爱大自然，具有环保意识；爱集体和社会；宽容有气量，不过分计较个人得失。在人格教育中，不仅要让特殊儿童体会到来自幼儿园、家庭、社会的关爱，还要让特殊儿童将其内化为关爱品质，在日常生活中对教师、家长、他人表现出关爱行为。[①]

3. 乐观开朗

乐观开朗的人格主要包括：拥有乐观的人生态度；对待挫折和困境时具有积极的态度和方法；有坚定的自信心与执行力。在人格教育中，要关注特殊儿童的特殊心理特征，根据每个特殊儿童的特殊需要因材施教。例如，教师和家长可以利用生活中的事件、以身边的同伴为榜样等引导孩子形成坚毅、勇敢的人格，也可以为特殊儿童创设各种活动机会，如游公园、参观博物馆等，让特殊儿童体会自然之美与艺术之美，帮助其获得积极健康的情绪。

以上目标是人格教育的高级目标，对于不同类型和处于不同发展阶段的特殊儿童，人格教育的目标应该在水平上从低到高有所变化。在特殊儿童个体人格教育目标的制订过程中，遵循可行性和层次性原则。

📖 **拓展阅读**

用明亮的声音，奏响生命的乐章

董丽娜，辽宁大连人，先天弱视，在十岁那年彻底失明。在大连盲聋学校，董丽娜在完成所有义务教育阶段教育课程之余，读完了馆藏的几百本盲文书。毕业后，董丽娜在一家盲人按摩店工作，但她坚信推拿不是盲人唯一的出路。2006 年她辞去工作前往北京求学，以 97.8 分获得普通话一甲证书，获得全国性朗诵大赛二等奖，并成为《丽娜品读时间》栏目主持人。后来，她成功考入中国传媒大学攻读艺术硕士学位。董丽娜的追梦之路漫长且艰辛，但没有因为障碍就停下脚步。

---

① 雷江华. 开展关爱教育应坚持的几个原则 [J]. 现代特殊教育，2008（4）：16–17.

（二）教育原则

1. 渗透性原则

特殊儿童的人格教育应该渗透到教育和训练的各方面与各环节之中，因为人格教育是一个全方位和长时期的过程，任何课程都不能单独实现人格教育的目标。我们应该从人格教育的角度重新考虑教育者、教育环境、课程和教学方法等。例如在幼儿园教育中，各领域的教学内容中蕴含着丰富的人格教育因素，有效利用这一因素将会对儿童的人格发展起到极为重要的作用。许多绘本故事都蕴含着丰富的思想内涵，都可以成为人格教育的好素材，教师可以借助这些材料，声情并茂、以情动人地陶冶特殊儿童的优秀人格。

2. 早期干预原则

发展心理学的研究表明，早期干预不仅能有力地促进儿童智力的发展，而且能对儿童人格的形成和发展产生深远影响。因此，特殊儿童的人格教育也同样需要遵循早期干预的原则。特殊儿童早期人格培养主要是训练特殊儿童具备社会认可的行为，矫正或消除其不良行为，为特殊儿童形成健全的人格奠定基础。早期人格培养涉及情感、态度和价值观，是特殊儿童早期干预的重要环节，将使特殊儿童终身受益。对特殊儿童来说，在早期干预过程中帮助其形成正确的自我概念，形成自尊、自立、自强的人格特征尤其重要。

3. 个性化与社会化相协调原则

人的发展既是自然成长过程，又是社会影响下的社会化过程，特殊儿童的发展亦然。个性化是指随着身心的发展和成熟，个体显现出的与他人相区别的独特的人格特征。社会化的过程是个体形成其所在社会所规定的具有一定共性的行为模式或人格特征的过程。个性化和社会化是人格发展过程中的两个方面，它们相辅相成，互为补充，不可偏废。因此，在特殊儿童的人格教育中，应遵循个性化与社会化相协调的原则，既要重视特殊儿童的社会化，培养社会发展所需的共性的人格特征，又不能忽视特殊儿童的个性化人格特征。

4. 认知教育和社会性发展相结合原则

人格特征既不是单纯的思想观念，也不是单纯的行为方式，而是认知与行为紧密联系的综合体或心理－行为结构。要培养这种内在心理和外显行为表里一致的结构，不仅要从内在思想观念入手进行认知教育，而且要从外在行为方式入手进行行为训练，只有把两种人格教育方式有机结合起来，才能有效地促进特殊儿童人格特征的形成和发展。比如在特殊儿童道德发展的训练中，可以结合生活中具体的实例，在讲解道德观念的同时，强调具体道德行为的训练，使特殊儿童能够形成完善的道德品质。

5. 家庭教育、幼儿园和学校教育、社会教育、自我教育相协调原则

特殊儿童的人格发展是家庭教育、幼儿园和学校教育、社会教育、自我教育互相作用和影响的结果。家庭是社会生活的基本单位，是最早向儿童传播社会经

验的场所。因此，家庭作为特殊儿童成长的重要环境，在其人格发展中具有重要作用。幼儿园或特殊学校是仅次于家庭对特殊儿童的人格发展产生影响的社会集团或组织。在人格的形成过程中，幼儿时期是特殊儿童人格发展的主要时期，幼儿园或特殊学校起着非常重要的作用，师生关系、同伴关系、教师的态度等对特殊儿童的人格发展都会产生重要影响。个人的自我教育同样也起到重要的作用，特别是在自我意识逐渐形成之后，自我对人格结构及人格发展都会起到一定的调节作用。因此，不仅要通过家庭教育、幼儿园和学校教育、社会教育来促进人格发展，而且要通过个体的自我教育来调控和建构人格结构，把外控转化为内控，将人格发展引向自尊、自爱、自强、自我完善和自我实现。

（三）教育内容

不同障碍类型和程度的特殊儿童的人格发展表现出极大的差异，特殊儿童人格发展的个体间差异和个体内差异也大于普通儿童。因此，应针对不同类型、不同程度、不同个体、不同发展阶段的特殊儿童的人格发展特点，选择适合的人格教育内容。但是，总体来说特殊儿童的人格教育仍然围绕人格发展的六大因素来进行，即需要、动机、成就、情绪与情感、意志、自我意识。此外，特殊儿童自我意识的培养也是人格教育的重要内容。

1. 需要的激发

需要是人格发展和形成的基础，是个体至善的原始动因。有了需要，才能产生动机，由此产生行为。但是一个人的需要如果只停留在生存、安全层面上，他的人格行为就只能停留在物质需求上，而人的完善发展只有将精神层面的社会需要变为个体的需要，人才能成为社会需要的人。特殊儿童的需要具有层次低、发展速度慢的特点，因此，激发特殊儿童的需要，特别是高层次、内在的需要，是人格教育的重要内容。比如，激发智力障碍儿童对归属和爱的需要，对培养和发展其社会适应能力是十分有益的。

2. 动机的提升

动机具有唤起行动的功能，具有将活动引向一定目标的指向性功能，对行为具有强化和调整功能。特殊儿童的动机水平一般较低，动机稳定性差，且主要表现为受外部动机的驱使，缺乏内部动机。由此带来的后果是特殊儿童常表现出缺乏坚持性和自觉性、易退缩、挫折忍耐性差等人格特征。因此，特殊儿童人格教育的重要内容包括提升特殊儿童的动机水平，激发其内在动机，提高成就动机、利他动机等，减少攻击性动机等，从而提高其坚持性和自觉性，培养其挫折忍耐性。

3. 成就的教育

特殊儿童普遍表现为学业成就水平低，社会适应性差。因此，在人格教育中，成人需要关注特殊儿童学业成就的提升以及社会适应能力的培养。比如，针对智力障碍儿童的早期交往训练主要是交往尝试的训练；针对智力障碍儿童的社

推荐文献

戴超：特殊儿童数学学习动机的激发策略，江西教育，2021（3）

会适应能力训练应注重交往礼仪、交往动作的训练等；针对听障儿童社会适应能力的训练应与语言训练相结合，注重社交技巧的训练。

4. 情绪与情感的教育

特殊儿童的情绪与情感教育也是其人格教育中的重要内容。特殊儿童消极情绪体验较多，情绪稳定性差，往往因自身缺陷的影响对情绪的理解和表达存在障碍，情感的发展也较为缓慢，在道德感、理智感等高级情感的发展上存在较大问题。消极和不愉快的情绪会导致儿童的心理失衡，导致神经活动失调，对机体健康产生十分不利的影响。道德感、理智感的发展问题，又会引发一系列的行为问题及其他方面的发展问题。因此，在特殊儿童的人格教育中，培养良好情绪，促进情感和道德的发展是一项重要的任务。

5. 意志的培养

除了超常儿童以外，特殊儿童往往表现出消极的意志品质，如具有依赖性和顽固性，易冲动，缺乏主动性和自觉性，自制力差，易受人暗示等。因此，在特殊儿童的人格教育中对意志的培养是十分重要的内容，增强其积极意志品质对于提升特殊儿童的教育康复效果以及促进个体发展具有重要意义。例如，针对视障儿童的意志特点，培养其独立性、果断性、坚定性，增强其自我控制能力；针对智力障碍儿童，培养其主动性、坚持性，提升其勇敢的人格品质。

6. 自我意识的养成

自我意识在人格中具有调控作用，调控个体的心理活动与行为，包括自我认识、自我体验和自我控制。因此，特殊儿童的自我意识的养成要从提高自我认识、形成正确的自我体验、加强自我控制这三个方面开展。首先帮助特殊儿童形成正确的自我认识，正视自己的局限；其次引导特殊儿童形成正确的自我体验，使其对客观事物的认识变成个人需要，体验到积极的情感，调节外在行为；最后引导儿童加强自我控制能力，处理好行为与环境、个人与他人的关系。

（四）教育策略

1. 合理设定人格发展标准

特殊儿童的人格发展是特殊儿童个体内在的需要，不是家长、教师的需要，要根据不同类型的特殊儿童在不同阶段的发展需要进行教育。比如，学前阶段的特殊儿童自我意识的发展尚处于初期阶段、意志水平也比较低，这时要培养起严格的自我控制力的品质是非常困难的，因此，教师和家长需要确定特殊儿童的内在需求尺度，合理设置其人格发展标准。

2. 关注个体人格发展差异

特殊儿童个体间的差异包括不同类型的特殊儿童之间的差异、同种类型的特殊儿童之间的差异。无论属于哪一种，特殊儿童个体间的差异都是非常大的。这就决定了在特殊儿童人格教育中教师和家长要特别关注不同儿童之间的人格特征

● 推荐文献
何静宜：融合环境下特殊需要幼儿社会情感技能干预研究，浙江师范大学，2022

▶ 推荐视频
盲人杨佳的哈佛之路

差异。比如，不同的智力障碍儿童在需要、动机、意志等方面会表现出较大的差异，在制订人格教育的教学计划时，教师和家长要先对儿童的人格状况有深入的了解，以便根据其特点安排教学活动。

特殊儿童的个体内差异主要是指不同人格因素之间的差异。特殊儿童的个体内部的各种能力发展不平衡，同时其人格因素的发展也表现出不平衡的特点，个体内差异较大。例如，有些视障儿童的情绪稳定性比较好，但是成就动机、意志水平比较低。因此，教师和家长应在对儿童各个方面的人格表现进行详细的了解后，制订适合的教育计划。

3. 优化个体人格发展措施

根据弗洛伊德的人格结构理论，自我是在社会的熔炉中锤炼的，自我的特征遵循现实原则，它是在解决与外在不协调问题的过程中发展起来的。自我是人格的一部分，因此人格必然是在自我解决问题的过程中逐渐形成的。[①] 比如，许多特殊儿童由于自我意识发展的局限以及家庭环境的影响存在"自我中心"的人格倾向。在家庭中，如果发生矛盾，家长总是迁就孩子，掩盖矛盾，孩子的自我中心问题不那么凸显，也不会产生问题；但是当孩子进入幼儿园和小学，在与同伴交往的过程中，自我中心的人格特征会导致矛盾的激化，产生各种问题。这些问题正是儿童发展智力、发展人格的机会，家长可以借此机会教育孩子，使他们逐渐摆脱"自我中心"。所以，特殊儿童在人格发展中存在问题并不可怕，良好的人格品质在问题的解决过程中得到培养才最为重要。

二、特殊儿童健全人格的培养

人格发展是特殊儿童社会性发展的重要内容，因此，健全人格的培养成为特殊儿童教育与干预的重要领域。特殊儿童健全人格的培养需要社会、幼儿园、家庭的共同努力。

（一）加强早期干预与指导，奠定人格基础

特殊儿童早期生活环境对其人格的影响很大，因此特殊儿童健全人格的培养应从儿童早期的生活环境入手，教师和训练者指导家长及早对他们进行早期干预，教给家长对特殊儿童应持有的正确态度和应使用的正确的抚养方式，比如：如何适时适量地提供各种适当的刺激，如何帮助特殊儿童及早地学会控制身体和走路，如何激发特殊儿童的内在需要，如何提升特殊儿童的动机，如何提高特殊儿童的情绪稳定性和促进高级情感的发展，如何培养儿童良好的道德感和坚强的意志力，如何促进儿童自我意识的发展等。无数实践经验证明，对特殊儿童的干预越早、越得力，其身体发展、智力发展、人格发展就越接近同龄的普通儿童。

---

① 许惠英. 人格教育论 [M]. 北京：学苑出版社，2000：188.

📖 **拓展阅读**

罗伯特·巴拉尼母亲从小给他的训练

罗伯特·巴拉尼小时候因病膝盖部位永久残疾。从那时起，他母亲只要一有空，就帮他练习走路、做体操。有一次他母亲得了重感冒，尽管发着高烧，她还是下床按计划帮助罗伯特·巴拉尼练习走路。日复一日地练习缓解了由于残疾给罗伯特·巴拉尼带来的不便，母亲的榜样作用更是深深地教育了他。他刻苦学习，学习成绩一直在班上名列前茅。大学毕业后，罗伯特·巴拉尼致力于耳科神经学的研究，终于登上了诺贝尔生理学或医学奖的领奖台。

（二）引导特殊儿童形成正确的自我意识，促进人格发展

特殊儿童对自我的正确认识对构建健全的人格十分重要。学龄前阶段是儿童心理成长和人格养成的关键时期，他们自我调适、自我控制水平较低，自我意识处于萌芽状态，容易受到环境因素的影响形成不健康的心理和性格特点，从而影响他们正确地认识自我。特殊儿童在这方面尤其严重。这就要求教师要关注特殊儿童的自我认知，使他们自尊、自信，促进其个性健康发展。

以视障儿童为例，研究发现，视障儿童自身对视障的接纳情况是其人格构建的内部影响因素。[1][2] 所谓对视障的接纳就是儿童建立对视障的客观认识，意识到自己与普通儿童的不同，视障对自己各方面的影响，以及自己能做什么以及不能做什么等的自我认知。其中儿童对视障接纳的程度和对视障接纳的早晚对其人格构建影响最大。使视障儿童了解视障的原因，目前的视力状况和预后效果，如何克服不良影响，如何充分利用自己的优势等，对培养视障儿童的人格非常重要。因此，教师和家长要引导儿童形成积极而正确的态度，培养正确的自我意识，正视自己的局限，以坚定的意志和顽强的毅力弥补自己的不足。

🔲 **阅读材料**
《盲校义务教育课程设置实验方案》

（三）创设良好的成长环境，塑造健全人格

特殊儿童的人格教育离不开良好的环境创设。

特殊儿童的人格培养贯穿全部活动中，课内和课外的、生活的和学习的、游戏的和劳动的、正式的和非正式的。所有这些活动都是社会性的，特殊儿童的人格教育在这些活动中更为有效。因此，幼儿园或学校应为特殊儿童的人格教育创设良好的环境。如从校园环境到全部的教学工作，体现特殊儿童人格发展的需要；教师在日常教学中将人格教育渗透到各个领域之中；等等。

---

① 钱志亮. 盲童的人格特点及其教育对策 [J]. 心理发展与教育，1998（2）：55-58.
② 李娟，张丽芳，李永在. 父母教育方式、社会支持对盲童孤独感的影响[J]. 心理科学，2002（4）：493-494.

在家庭环境中，教师和训练者要帮助家长提高对儿童人格培养的认识，创设适宜的家庭环境。例如，家长应采用民主的或宽容的教育方式和教育态度，创设良好、宽松的家庭氛围，充分利用日常生活中的各种事件对特殊儿童进行人格教育。以智力障碍儿童为例，家长可以在训练孩子做一些简单家务的过程中，培养孩子的坚强意志等。

在社会环境中，成人应加强特殊儿童与社会环境的互动。[①] 一方面，特殊儿童通过学习，使自己不断地适应周围的社会环境；另一方面，通过各种社会活动如参观访问、社会服务、与普通幼儿园的融合等方式接触和了解社会，增进与其他人的沟通和交流，亲身感受社会对残疾人的关怀，培养关爱他人、热爱社会的感情，增强社会责任感和社会交往能力，这实质上也是让社会了解特殊儿童的过程。特殊儿童参与社会生活使社会意识到特殊儿童的存在，有助于提高全民对特殊儿童的认识，了解他们的需要，进而理解这一群体、关心这一群体、帮助这一群体，使特殊儿童成长的社会环境得到改善，同时有利于特殊儿童健全人格的进一步发展。

（四）落实心理健康教育，培养高尚人格

特殊儿童的情绪外露而易变、情感体验贫乏，易冲动，依赖性强，缺乏恒久性，也会表现出一些心理健康问题，如焦虑、退缩、恐惧、自卑等。例如，特殊儿童有时无法描述自己的心理状态，往往会表现出一些身体症状，如头疼、肚子疼等，而真正的心理健康问题往往会被忽略。这些身体症状大多是由于焦虑而引起的异常生理反应。如果他们的心理问题得不到及时的解决，对其心理和生理的发展都将产生不良影响。因此，对于特殊儿童的心理健康教育不容忽视，针对特殊儿童开展心理健康教育对促进特殊儿童健全人格的养成具有重要作用。

首先，教师要科学认识特殊儿童与普通儿童的心理健康问题表现及心理健康标准的一般性和特殊性，科学地、有针对性地开展心理健康教育活动。其次，要注意采用多种途径和方式引导特殊儿童增强自身的心理调适能力，系统地认识自己的身心发展状况和特点，及时觉察自己存在的心理健康问题，并掌握简单的心理自我保健的方法。另外教师应该多和儿童沟通交流，在发现孩子的不良情绪反应时应加以正确引导；教师还可以通过幼儿园中的各种教育活动渗透心理健康教育，尽量避免将心理健康教育与特殊儿童的学习、生活等割裂开来，真正让特殊儿童将通过接受心理健康教育所获得知识、技能应用于具体的生活情境，自觉地进行心理调适。[②]

在家庭中，家长应该用积极的养育方式对待子女。积极的养育方式可以提高孩子的心理健康水平，而消极的养育方式则容易使特殊儿童产生心理问题。因

① 钱志亮. 盲童的人格特点及其教育对策 [J]. 心理发展与教育，1998（2）：55-58.
② 雷江华. 科学开展特殊儿童心理健康教育 [J]. 现代特殊教育，2009（1）：1.

此，作为特殊儿童的父母，应当敢于面对现实，用正确的态度和方式对待自己的孩子。一方面，家长应该伺机通过言语、表情、动作、身体接触等各种途径向孩子表达"我很在乎你""我们爱你""你对我们很重要"等信息，时刻让孩子了解到家长对他的身心健康、思想品德、兴趣爱好、情绪与行为等各个方面的关注；不失时机地鼓励孩子，让孩子体会到家长对他恰当、热切、真诚的期望。另一方面，也不必事事代劳，过分保护，要真正为孩子的身心健康考虑，当孩子遇到挫折时给予安慰，帮助他分析原因，鼓励他继续努力，引导他树立克服困难的信心。从日常生活中的小事做起，给孩子提供必要的帮助和引导。因为任何的放任自流与过度保护实际上都会对特殊儿童的心理健康产生负面的影响。另外，特殊儿童的家长应明确家庭教育的功能以及特殊儿童的身心发展特点及其特殊要求，以便采取有针对性的教育措施。[①]

除幼儿园、学校和家庭之外，社会对特殊儿童心理健康的影响也不能忽视。比如，社区有关部门和机构应该加强舆论宣传工作，净化社区环境，营造良好的社区心理氛围；社会应该关注、维护、促进特殊儿童的心理健康，丰富和发展以"平等·参与·共享"为核心内容的现代文明社会的残疾人观，从而为幼儿园、学校和家庭心理健康教育提供必要的社会资源，为特殊儿童健康人格的培养营造良好氛围。

讨　论

成长环境对特殊儿童的人格有哪些影响？

技　能　实　训

项目一　培养特殊儿童自我意识的活动设计

一、实训目标

1. 了解特殊儿童自我意识的表现。

2. 能设计培养特殊儿童自我意识的活动。

二、内容与要求

1. 观察特殊儿童自我意识的表现。

2. 根据观察，结合范例，设计一个培养特殊儿童自我意识的活动。

3. 根据活动方案，组织活动。

---

① 赵均. 重庆市特殊儿童心理健康与心理服务的现状及对策研究 [D]. 重庆：重庆师范大学，2009.

三、范例：我是谁

特殊儿童只有不断地自我认识，认识到自己的缺陷，才能以积极的态度对待自身的缺陷；只有发现自身的长处，才能发展自身的长处，取得更好的发展。

1. 活动目标

（1）特殊儿童能认识自我，并以正确的态度对待自身的缺陷。

（2）特殊儿童能发现自身的长处。

（3）特殊儿童学会发展自身的长处。

2. 活动准备

选取一名特殊儿童。

3. 活动过程

（1）我是谁：教师鼓励特殊儿童进行自我介绍，说说自己有哪些优缺点。

（2）同伴眼中的我：同伴说出他的优点。

（3）教师眼中的我：教师说出他值得表扬的地方和还需改进的地方。

项目二　培养特殊儿童良好的情绪与情感的活动设计

一、实训目标

1. 了解特殊儿童情绪与情感的表现。

2. 能设计培养特殊儿童良好情绪与情感的活动。

二、内容与要求

1. 观察特殊儿童情绪与情感的表现。

2. 根据范例，设计一个培养特殊儿童良好情绪与情感的活动。

3. 根据活动方案，组织活动。

三、范例：读绘本

1. 活动目标

（1）特殊儿童认识人的情绪、情感，如喜、怒、哀、乐等。

（2）减少特殊儿童的情绪、情感问题，养成良好的情绪情感。

2. 活动准备

儿童情绪管理绘本。

3. 活动过程

（1）看绘本：教师把绘本资料发给特殊儿童，特殊儿童先自己看绘本。

（2）读绘本：教师教特殊儿童读绘本；如果特殊儿童不理解绘本的意思，教师再给他们讲解。

（3）角色扮演：教师创设模拟情境，特殊儿童做出情绪反应或进行角色扮演。

例如，教师创设"我心爱的玩具不见了"的情境，一个儿童扮演丢失玩

🖱 **推荐书籍**
"我的感觉"系列绘本

具者，一个儿童扮演他的好朋友，他们会有哪些情绪、情感的反应？

（4）"我要做个好孩子"：教师创设模拟情境，引导特殊儿童作出积极的反应。

例如，教师问特殊儿童："你的衣服弄脏了，妈妈批评了你，你会怎么办？"如果他会很生气，教师要引导他学会合理表达和调整自己的情绪；如果他说他能接受妈妈的批评并表示下次不会再弄脏衣服，教师要对他进行表扬，并让全班同学向他学习。

思考与练习

1. 特殊儿童的人格发展遵循哪些规律？
2. 特殊儿童人格发展的矛盾表现在哪些方面？
3. 特殊儿童的人格教育应遵循哪些原则？
4. 如何培养特殊儿童的健全人格？
5. 请结合特殊儿童的人格特点，设计一个培养特殊儿童健全人格的活动方案。
6. 请观察特殊儿童日常的情绪表达，尝试用一定的人格教育策略来培养其情绪控制能力。

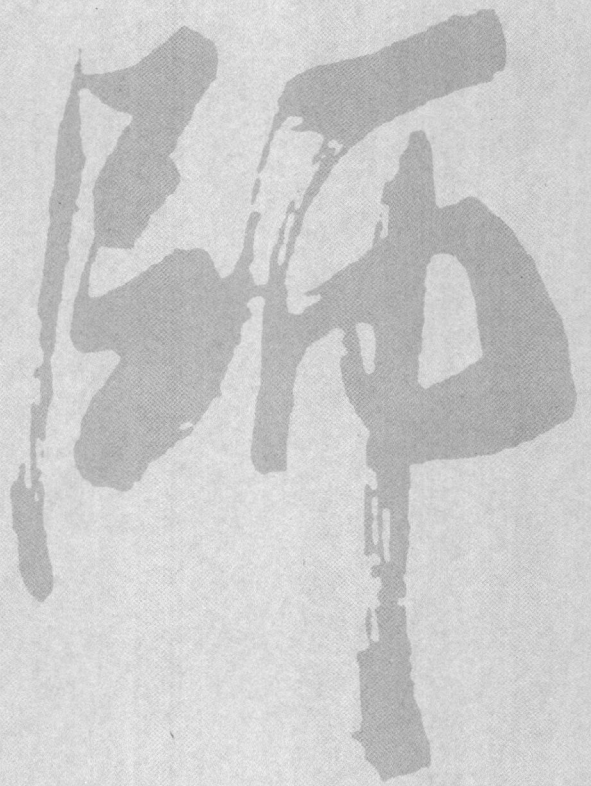

第五章

生理发展障碍儿童的发展与学习

学习目标

☐ 知识目标：

1. 知道生理障碍包括视觉障碍、听觉障碍、肢体障碍、身体病弱等。
2. 了解生理发展障碍儿童的生理、心理发展特征。
3. 理解生理发展障碍儿童的学习特征、学习目标及学习内容。
4. 掌握生理发展障碍儿童的学习策略。

☐ 能力目标：

1. 能针对生理发展障碍儿童的特征采取有效的教学策略。
2. 能为生理发展障碍儿童创设适宜的学习环境。

☐ 情感目标：

1. 能够体会生理发展障碍儿童的心理感受。
2. 能够理解生理发展障碍儿童的适应困难。

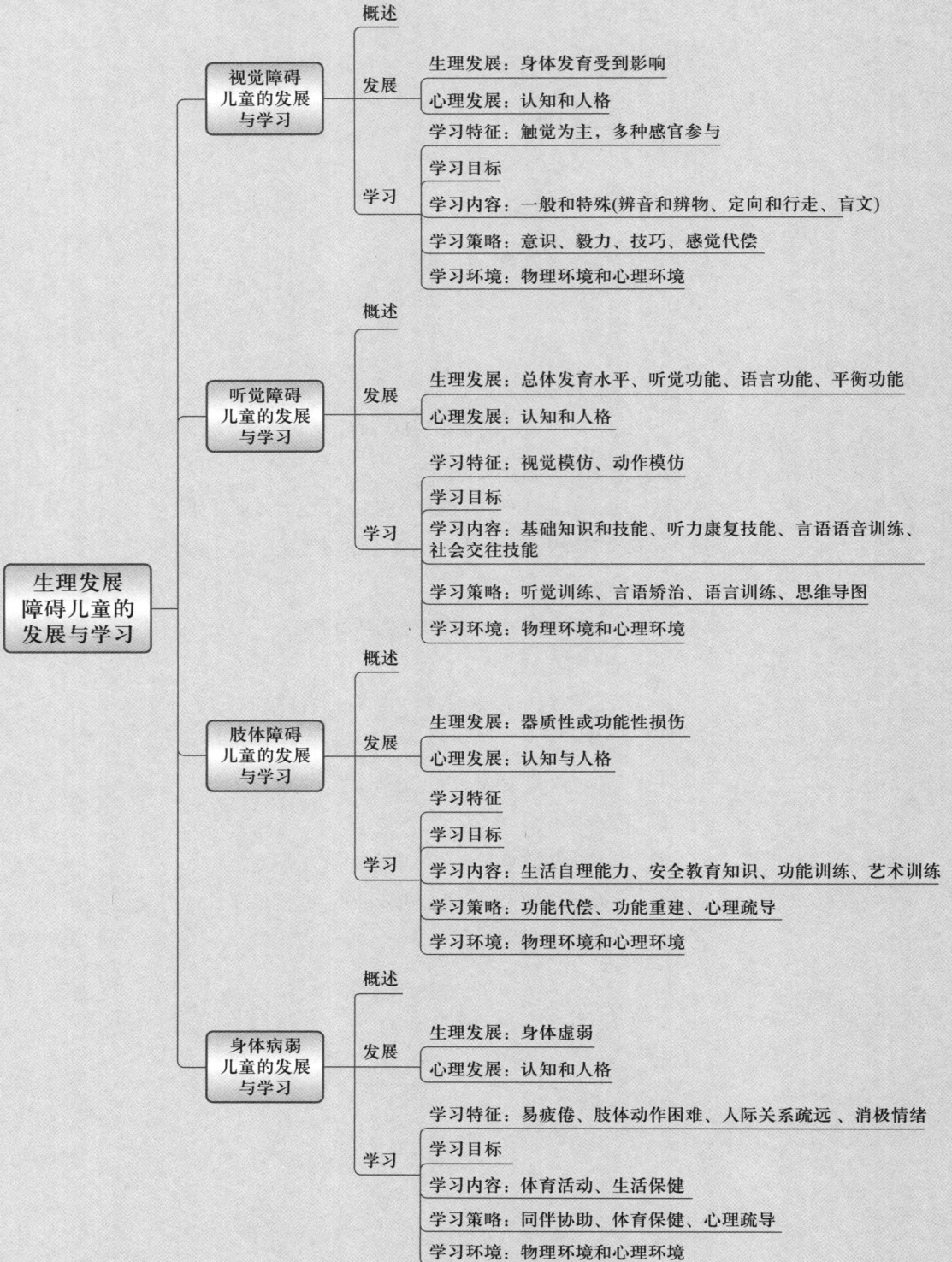

思维导图

视觉障碍儿童的发展与学习
- 概述
- 发展
  - 生理发展：身体发育受到影响
  - 心理发展：认知和人格
- 学习
  - 学习特征：触觉为主，多种感官参与
  - 学习目标
  - 学习内容：一般和特殊(辨音和辨物、定向和行走、盲文)
  - 学习策略：意识、毅力、技巧、感觉代偿
  - 学习环境：物理环境和心理环境

听觉障碍儿童的发展与学习
- 概述
- 发展
  - 生理发展：总体发育水平、听觉功能、语言功能、平衡功能
  - 心理发展：认知和人格
- 学习
  - 学习特征：视觉模仿、动作模仿
  - 学习目标
  - 学习内容：基础知识和技能、听力康复技能、言语语音训练、社会交往技能
  - 学习策略：听觉训练、言语矫治、语言训练、思维导图
  - 学习环境：物理环境和心理环境

肢体障碍儿童的发展与学习
- 概述
- 发展
  - 生理发展：器质性或功能性损伤
  - 心理发展：认知与人格
- 学习
  - 学习特征
  - 学习目标
  - 学习内容：生活自理能力、安全教育知识、功能训练、艺术训练
  - 学习策略：功能代偿、功能重建、心理疏导
  - 学习环境：物理环境和心理环境

身体病弱儿童的发展与学习
- 概述
- 发展
  - 生理发展：身体虚弱
  - 心理发展：认知和人格
- 学习
  - 学习特征：易疲倦、肢体动作困难、人际关系疏远、消极情绪
  - 学习目标
  - 学习内容：体育活动、生活保健
  - 学习策略：同伴协助、体育保健、心理疏导
  - 学习环境：物理环境和心理环境

生理发展障碍儿童的发展与学习

　　生理发展障碍主要表现为儿童发展过程中出现的感觉器官、动作和身体健康等障碍问题。[①] 生理发展障碍儿童包括视觉障碍儿童、听觉障碍儿童、肢体障碍儿童和身体病弱儿童。由于生理发展上的缺陷，这些儿童在信息接受、活动等方面受到限制，这对他们的认知和人格发展产生一定的影响。了解生理发展障碍儿童的身心发展特点和学习特点，有助于准确判断学生的个性化需求，进而促进学生的学习与发展。

故事专栏

　　失明只是一种特征

　　科林·洛出生于 1942 年，3 岁起就失明了。2003—2011 年担任欧洲盲人联盟主席。自 2000 年以来，担任英国皇家盲人协会主席。他曾就读于伍斯特盲人学院、牛津大学以及剑桥大学。

　　在对待视觉障碍的问题上，他认为：如果失明是一种缺陷（或限制）的话（并且确实是），则它也应该同人所具有的很多其他特征一样，被认可和接受。失明只是人的上百种特征中的某一种特征，每个盲人基本上都可以完成职业范围内相应的工作，也会获得（当然，是附有条件的）很多的职业培训和发展机会。

　　思考：我们应该树立什么样的残疾人观？

第一节　视觉障碍儿童的发展与学习

扫描二维码
查看本节文
本资源

　　视觉障碍（以下简称"视障"），又称为"视力残疾""视觉缺陷""视力损伤"等。视觉对一个人的成长有着至关重要的作用，直接影响人的生存和发展。根据 2021 年全国持证残疾人基本状况调查的结果显示，在我国 38 049 193 位持证残疾人中，具有视力残疾证的人士有 4 148 906 人，占持证残疾人总数的 10.9%。

一、视障儿童概述

　　视觉障碍，是指由于各种原因导致的双眼视力低下且不能矫正或视野缩小，以致影响日常生活和社会参与的一种障碍。它分为盲和低视力。值得注意的是，视觉障碍均指双眼而言，若双眼视力不同，则以视力较好的一眼为准，且测试视力值的时候，是以最佳矫正视力为依据的。关于视觉障碍的分类和分级，世界各国都有不同标准，我国 2006 年第二次全国残疾人抽样调查对视觉障碍的分级标

微课：视觉障
碍儿童的概念

[①] 刘晶波. 幼儿园社会领域教育精要：关键经验与活动指导 [M]. 北京：教育科学出版社，2021：212.

■ 阅读材料
世界卫生组织盲
及低视力标准及
2006 年 第 二 次
全国残疾人抽样
调查视觉障碍分
级表

准与世界卫生组织（WHO）的基本一致，即不仅强调对视力进行医学测量，更强调以是否能够参与社会生活来判定是否存在视觉障碍。

视觉障碍的成因，主要分为两类：（1）先天原因。先天原因主要有家族遗传原因、孕期原因（例如：药物中毒、营养不良、难产时胎儿缺氧等）。（2）后天原因。后天原因主要包括眼疾（例如：白内障、青光眼等）、心因性疾病（例如：人的情绪和心理因素）、眼外伤、全身性疾病等。

■ 阅读材料
视障儿童的鉴定
与评估

对于视障儿童，有必要推荐其到国家认定的专门医疗机构进行鉴定和评估，目的在于能给有特殊教育需要的视障儿童提供适宜的服务，包括制订个别化教育计划和提供适当的教育安置。检查内容包括视力检查和视野检查（图 5-1-1、图 5-1-2）。对视障儿童进行鉴定和评估，比较有代表性的流程有美国无歧视评估、徐白仑先生发起的"金钥匙视障教育研究中心"的视障儿童鉴定与评估等。

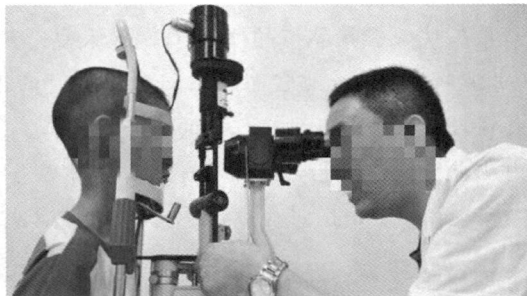

图 5-1-1   儿童视力检测   图 5-1-2   医护人员为低视力儿童检测视力

二、视障儿童的发展

在身体发育方面，视障儿童与明眼儿童并没有明显的差异，但由于视觉缺陷，会出现一些认知发展的问题和心理，并对心理发展过程产生影响。

■ 推荐书籍
《视觉障碍儿童
的发展与教育》
《视觉障碍儿童
的心理与教育》

（一）生理发展

视障儿童身体发展规律与明眼儿童基本一致。但由于视觉缺陷，视障儿童的爬、走、跑、抓握等动作发展较迟缓；无法通过视觉信息来矫正身体动作，从而导致平衡能力差；精细动作发展水平低于明眼儿童。总之，由于不能有效地进行体育锻炼，视障儿童的身体发育会受到一些影响，体格发育等级易低于明眼儿童，而且容易出现摇头、挤眼睛、摆动身体、凝视光源等盲态。如果教养方式不

■ 推荐视频
《跤场争雄》

恰当，对视障儿童过度保护，会使其缺少足够的活动空间，造成活动量不足，从而出现身体发育迟缓、动作笨拙等异常现象。

（二）心理发展

1. 认知发展

（1）感知觉

视障儿童在不同程度上丧失了视觉能力，他们在感知觉方面的特点是，主要

依靠听觉和触摸觉来获得外界信息，听觉和触摸觉异常灵敏，能够捕捉到很多细微的声音等，通过长期的训练，能够"以手代目""以耳代目"。但是视障儿童的知觉发展，相较明眼儿童而言，有许多的局限性，表现在：知觉选择性困难、知觉理解性相对缓慢、知觉欠缺整体性、知觉恒常性不稳定。[①] 茅盾文学奖获奖作品《推拿》的作者毕飞宇讲过这样一个故事：一次推拿后，他和盲人按摩师一同下楼，他扶着盲人的胳膊，为他带路。忽然停电了，楼道里漆黑一片，当他手足无措时，盲人拉起了他的手。盲人的听觉和触摸觉要比明眼人灵敏，当处于黑暗中时，盲人能更好地感知和适应周围的环境。

▶ 推荐视频
《推拿》

（2）注意

视障儿童的视觉缺陷，使其无意注意处于屏蔽状态，因此他们多是运用有意注意来探索世界，通过听觉、触摸觉、嗅觉等其他感官获取有意注意的信息，强化有意注意的能力。[②] 在有意注意的发展过程中，视障儿童的注意分配能力相对较好，可以一边唱歌、一边弹琴等。除此，他们的注意稳定性较好，不容易受到无意注意的干扰。例如，上课时明眼儿童对新鲜的图画、教具感到新奇，可能会因此走神而不能专心听讲，而视障儿童则可以避免视觉干扰，能更好地听讲。但是视障儿童的注意力分散也不容易被教师发现，他们注意力分散主要表现在思想开小差，其干扰源主要来自无关的声响、气味、情绪、疾病等。

（3）记忆

视障儿童的感知觉特点使他们在记忆事物的过程中，无法通过视觉表象进行记忆，从而无法通过类比、归纳等方法提高记忆力。因此，他们主要采取机械记忆的方法，短时记忆较好。例如，视障儿童因为视觉缺陷而缺乏对事物的感性认识，常常需要记住一些需要识记但他们并不理解的东西，如物品存放的位置，衣服颜色与款式、面料的搭配等。

（4）语言

视障儿童的语言发展与明眼儿童并无很大的差异，由于听觉系统良好，他们能够迅速地模仿语言的语音、语调，掌握词语的发声，并愿意同他人展开交流。但他们对于一些复杂的发音，如"si"和"shi"等，较难正确地发音，需要进行额外的训练；在言语的表达上有时候会词不达意、语义不合、与实物不符，例如，由于看不到事物，无法正确使用"肮脏"等抽象词语。在交流过程中，视障儿童常借助表情、手势等来表达，有时夸张的表情或过多的手势会使其表现出某些盲态。

（5）思维

视觉能力的丧失，制约了视障儿童通过视觉表象进行思维的能力，并使其难

① 邓猛. 视觉障碍儿童的发展与教育［M］. 北京：北京大学出版社，2011：70.
② 邓猛. 视觉障碍儿童的发展与教育［M］. 北京：北京大学出版社，2011：73.

以建立完整的触摸觉表象，因此会出现类似"盲人摸象"的情形。视障儿童抽象思维发展缓慢，在概念形成、分类能力、概括与抽象能力、推理能力等方面发展相对薄弱。例如，当人们说道"天上的月亮跟着我走"时，他们就会联想月亮也像自己一样有腿有脚。

2. 人格发展

视障儿童与明眼儿童在人格发展上并无明显区别，但由于视觉缺陷，他们容易产生自卑感，情绪发展不稳定，表现得消极、烦躁、容易冲动等。例如，先天性盲童在意识到自己有视觉缺陷之前，他的情绪发展状况良好，但意识到这个事实之后可能会情绪不稳定。国内一项调查表明盲校小学生中 11.3% 存在心理问题，在"对人焦虑""学习焦虑倾向"问题上最严重。[1] 国外一项研究表明，视障青少年抑郁发生率显著高于明眼青少年。[2] 来自社会各方的偏见还会使视障儿童社会性发展不足，交往意识不强烈，交往能力偏低。当然这些表现并不是视障儿童独有的。

三、视障儿童的学习

对视障儿童而言，视觉障碍出现的时间越早，对儿童的发展越不利。根据关键期发展理论，五岁是儿童智力发展、思维发展、想象发展的关键期，因此，要抓住儿童的发展关键期，就要遵循"早发现、早干预、早治疗"的原则，对视障儿童进行有效教育，使其获得良好的学习效果。

🖱 **推荐书籍**
《盲童早期教育指南》《视障儿童随班就读教学指导》

（一）学习特征

大多数视障儿童观察事物，以触觉为主，同时还有听觉、味觉等多种感官的参与，低视力儿童还倾向使用残余视觉参与观察。受视觉缺陷的影响，事物的直观形象对全盲儿童的吸引力相对减弱，除非这个事物有声音、有气味、有吸引力，对事物直观形象的认识与其所表达的含义可能会有脱节。因此视障儿童的学习需要感官功能训练、定向行走训练、盲文训练等。此外，由于探索环境、模仿旁人能力受限，以及周围人群的期望、态度与行为不良，视障儿童主动学习的动机、习惯、成就等会受到负面影响。

讨 论

过低期望对视障儿童的影响

周围人常会在生活和学习上对视障儿童降低期望，请讨论过低期望对视障儿童的学习动机有什么影响，并尝试举例说明。

---

① 张悦歆，肖书恒. 视障儿童心理健康研究述评[J]. 中国特殊教育，2020（2）: 15-20.
② BOLAT N, DOGANGUN B, YAVUZ M, et al. Depression and anxiety levels and self-concept characteristics of adolescents with congenital complete visual impairment[J]. Turk Psikiyatri Derg, 2011, 22（2）: 77-82.

（二）学习目标

视障儿童的学习目标，应该在遵循明眼儿童学习的一般规律之上，探索出独特的学习目标，以满足其特殊的学习需要。视障儿童的总体学习目标是：遵循儿童的一般学习规律，充分发挥视障儿童听觉、触摸觉上的优势，以直观经验作为学习基础，合理制订学习计划，创设丰富的教育环境，最大限度地满足视障儿童的学习需要；同时，重视儿童学习品质的培养，激发儿童的学习兴趣和求知欲，使他们养成专注、敢于探究、乐于创造的学习品质。

📖 **阅读材料**
《盲校义务教育课程设置实验方案》

（三）学习内容

对于不同年龄阶段的视障儿童而言，学习的内容不尽相同。总体而言，他们的学习内容包括国家规定的一般的学习课程，也包括盲文、定向行走、康复、社会适应等特殊的学习内容，主要涉及健康、语言、社会、科学和艺术。

1. 一般的学习内容

对于低龄视障儿童，以综合性课程为主，以儿童的健康和发展为主要目标，旨在使低龄视障儿童掌握基本的生活技能。教师可以帮助他们通过触摸觉、听觉、味觉等感官区分和认识物体（图 5-1-3 至图 5-1-6），帮助他们形成正确的人生观、价值观。

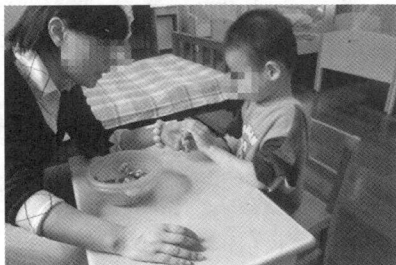

图 5-1-3　触摸觉训练

图 5-1-4　视障儿童在听海

图 5-1-5　滚球训练

图 5-1-6　多感官训练

2. 特殊的学习内容

除了学习一般课程外，幼儿园或学校还安排特殊课程，运用当地特殊教育中心的资源，促进视障儿童更好地成长和发展。

（1）辨音和辨物

在辨音训练方面，可以由简单到复杂，由远及近。例如，对人的辨认：辨认家庭成员、教师、小朋友等；对不同声音的辨认：区分和认识物体，并对声音的来源和方位进行辨认，以提高对环境的适应能力。[①] 在辨物训练方面，主要通过触摸觉来获得物体的形状、性质、大小等。如触摸苹果、梨子、饭碗、盘子、盆子等。在给视障儿童洗澡时，通过往其身上抹沐浴露，使他们感知身体的各个部位。

（2）定向和行走

视障儿童首先要能根据光源、标志物等来进行定向（图5-1-7、图5-1-8）。视障儿童通过训练，可以获得依靠听觉、触觉及嗅觉来判断他们所处位置的能力。例如，利用日常生活中的声音来判断自己所处的位置：听到朗朗的读书声，则可判断附近可能是学校；听到商贩的叫卖声，则可判断附近可能是农贸市场；听到青蛙叫声，则意味着接近了池塘；听到哗哗的流水声，则说明离小河不远了。

推荐视频
《少年中国强》"听风者"盲童刘浩听音辨水杯

阅读材料
盲道上的母爱；浅谈盲生心理地图的建立

推荐视频
课程《定向行走》

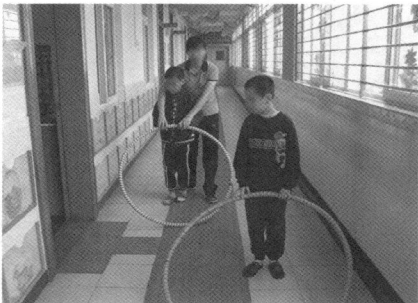

图5-1-7　某学前教育中心盲生学走盲道

图5-1-8　视障儿童练习定向行走

视障儿童还要能够利用盲道、盲杖独自行走，或利用导盲犬等来实现安全行走。在独自行走时，要尽可能地沿边线行走、垂直行走、平行行走，并在行走过程中做好自我防护。在夜间行走时，最好在盲杖上贴上反光纸，并把盲杖敲得响一点，以引起路人的注意。低视力儿童最好也携带盲杖和手电筒等设备。

讨　论

如何看待导盲犬进入公共场所

目前，我国使用导盲犬的人是小众群体，有关法律法规尚不够完善。根据《中华人民共和国残疾人保障法》第五十八条规定："盲人携带导盲犬出入公共场所，应当遵守国家有关规定。"《无障碍环境建设条例》第十六条规定："视力残疾人携带导盲犬出入公共场所，应当遵守国家有关规定，公共场所的工作人员

① 方俊明. 特殊教育学［M］. 北京：人民教育出版社，2005：138.

应当按照国家有关规定提供无障碍服务。"同时，各地区的机场、酒店、铁路系统等部门又都有各自关于导盲犬的使用规范。对于视障人士来说，应对这些纷繁的规定十分疲惫。你对导盲犬进入公共场所有哪些看法是什么？

（3）盲文

盲文摸读（图5-1-9）要循序渐进。视障儿童应学会盲文字母，即能够正确发音、按音节组词、懂得大部分学过的词的含义，并且能够运用正确的姿势摸读和书写盲文。在盲文书写过程中（图5-1-10），视障儿童应养成良好的写字姿势以及书写习惯；抄写或听写能够点字圆正、整洁；书写正确、不漏点、不多点。[①]

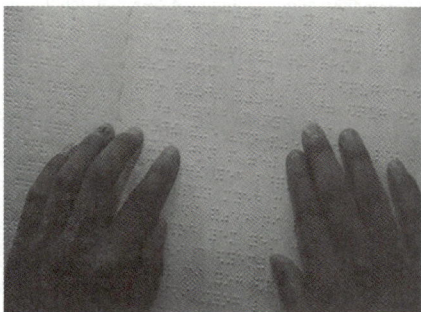

图 5-1-9　盲文摸读

图 5-1-10　练习书写盲文

（四）学习策略

视障儿童与明眼儿童一样，需要通过教育，学会求知、学会做事、学会共处，以及学会生存。如何进行有效的学习？这就是学习策略的问题。

1. 增强主动学习的意识

现代的教育观重视"双主体"教育，即以教师和儿童为主体，充分挖掘儿童的能动意识、参与意识、主动学习意识。视障儿童有时候会表现出自我封闭和消极行为，这就更加需要家长和教师培养他们主动参与的意识。比如，在学习中，及时巩固学习的知识，以免遗忘；遇到不懂的问题，及时向家长和教师寻求帮助。

走上《星光大道》舞台的歌手杨光，8个月大时因视网膜母细胞瘤，双眼视力彻底丧失。但杨光的父母并未就此放弃对他的期望，而是培养他认识世界、自理生活的能力。杨光3岁时，有一天外面下雨，他问妈妈外面是什么声音。妈妈为了鼓励他主动探索、学习，就让他走出去稍微淋了淋雨，蹚了蹚水。杨光知道了雨就是从天上掉下来的水滴，有丝丝凉意。就这样，在妈妈的鼓励下，杨光形成了初步的主动学习的意识，获得了更多的知识和能力。

推荐书籍
《中国盲文》

阅读材料
浅谈盲文对盲人的重要性

推荐视频
《灵魂歌王》

---

① 徐白仑. 视障儿童随班就读教学指导 [M]. 北京：华夏出版社，1996：112.

2. 锻炼学习的毅力

视障儿童在学习过程中会遭遇各种困难，对于刚入园的视障儿童，要培养其学习的毅力，使其养成良好的学习习惯；尤其是随园就读、随班就读的视障儿童，成人要帮助他们摆正心态，与明眼儿童共同学习，不要让他们因视觉障碍丧失学习信心，甚至辍学。

🖱 推荐书籍
《听见》

一级钢琴调律师陈燕先天性失明，学调琴时，她每天十三四个小时都泡在钢琴边，仔细摸，用心记。学调律还必须会修琴，她手拿锤子钉钉子、用刨子刨木头，手上到处都是伤。但是她从未放弃，终于将八千多个钢琴零件熟记于心，并能及时发现影响音准的零件，调出正确的音律。靠着不断学习，她还创造了许多盲人奇迹：调律、写自传、骑独轮车、游泳、骑自行车、滑旱冰、练跆拳道等。教师要培养视障儿童的学习毅力，只有这样才能使他们正确面对困难，保持学习信心，不断取得生活、学习上的成就。

3. 运用学习的技巧

视障儿童在学习的过程中，首先，要善于发挥机械记忆能力强的特点，多储存一些知识，再把储存的知识进行分类、归纳，找出知识点和知识点之间的区别和联系，建立知识的连接点，并形成知识系统。其次，要运用专注力较强的特点，坚持不懈地对某个知识点进行反复咀嚼，以理解和深化知识点的要义。

记忆力就像是人身上的肌肉一样，要不断训练才行。视障儿童由于视觉缺陷不能对事物形成完整的视觉表象，多为机械记忆，所以要采用适当的方法训练和提高机械记忆能力。

4. 运用感觉代偿

🔢 阅读材料
结合视障学生特点，实现补偿教育目标

视障儿童在思维训练过程中应该通过"补偿"视觉上的缺陷，充分挖掘触摸觉、听觉以及其他感官的潜能，并通过增加感性认识和经验、扩大感知范围、提高感知能力等方式来训练思维，发展形象思维和逻辑思维的能力。例如，在教视障儿童认识碗时，可以让他先摸一摸，感知碗的形状、深度、大小等，再敲一敲它，听听声音，结合触摸到的表面的光滑度，来了解它的材质。在这个过程中，告诉视障儿童这是碗，训练其正确发音，并告诉他碗是用来装饭菜的。这样，视障儿童就能在头脑中建立正确的、完整的关于碗的形象。

（五）学习环境

视障儿童要有适宜的学习环境。由于视觉障碍儿童主要的活动区域是家庭和幼儿园、小学，因此要充分考虑到幼儿园的物理环境设置和心理环境创设（图5-1-11 至图 5-1-14 ）。

📹 推荐视频
《安全教育日：教会盲童逃生办法》

在物理环境方面，幼儿园和学校，为了能够给视障儿童提供适宜的学习环境，教师在设置教室环境方面要多加考虑，尽可能减少教室中的障碍物，方便他们行走，同时教室光线、桌椅摆放都要考虑到视障儿童的需要。另外，园内要设置各种标志以供他们定向和行走。例如：草坪的边缘、人行横道的边缘、大楼入口处等要设置明显的标志以供视障儿童触摸。[1]

图 5-1-11　视障儿童图书角

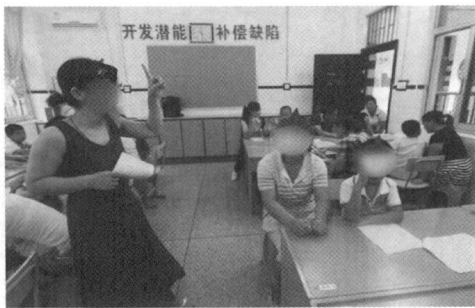

图 5-1-12　父母陪伴低龄视障儿童在教室

图 5-1-13　无障碍楼梯

图 5-1-14　绘画盲道呼唤公众关注盲人

在心理环境方面，首先，教师要形成正确的儿童观和教育观。其次，要积极帮助视障儿童客观认识自己、接受自己，形成积极乐观的生活态度，帮助视障儿童形成良好的情绪和个性。除此之外，要在班级内营造融洽的氛围，使明眼儿童和视障儿童能够平等看待对方，接纳对方，互相帮助，共同成长。

讨　论

如何引导盲人？

电影《闻香识女人》中有许多帮助盲人时应注意的礼仪细节。比如，片中因为查理不经意间碰到盲人斯莱德中校，中校愤怒地训斥查理，告诉他走近时要打招呼，不要突然大声喊他，使他受到惊吓；斯莱德中校还告诉查理，走路时应该是他握着查理的右上臂，而不是查理拉着他走。在与中校的接触中，查理学会了细心而周到地提醒中校，如在台阶边、拐弯处和进车门前加以关照和特别提醒。斯莱德中校在与唐娜小姐跳探戈舞之前，让查理将酒店舞池周边情况详尽描述给他听，中校将环境了然于心，跳舞时自然潇洒自如。

引导盲人的礼仪和技能在影片中得到了体现。那么在生活中，教师应该怎样

① 钱志亮. 特殊需要儿童咨询与教育 [M]. 北京：北京师范大学出版社，2006：144.

对待视障儿童，在帮助他们的同时，又不伤害他们的自尊心？

```
┌─────────────────────────────────────────────┐
│                 技 能 实 训                   │
└─────────────────────────────────────────────┘
```

项目一 视障儿童感知觉简单训练

一、实训目标

1. 了解视障儿童的感觉代偿特点。

2. 提高设计视障儿童感觉训练活动的能力。

二、内容与要求

1. 制造生活中常遇到的各种声音，设计训练视障儿童的听觉活动。

2. 思考并讨论如何将视障儿童的视觉训练与语言训练有效结合。

三、范例：用手认识洗澡用品

1. 活动目标

（1）能够完整触摸洗澡用品，感知用品的物理特点。

（2）能够说出触摸物品的名称。

（3）能够说出触摸物品的基本功能。

2. 活动准备

准备洗澡用品：洗发水、澡巾、沐浴露、浴花、浴巾。

3. 活动设计

（1）情境导入

教师用语言导入，告知儿童要学习认识洗澡用品。

（2）触摸物品，学习名称，了解用途。

按照洗澡顺序，让儿童一一触摸洗澡用品：洗发水、澡巾、沐浴露、浴花、浴巾。教师用语言指导。

教师：洗澡时，我们会先洗头发，是不是？

儿童：是。

教师：洗头要用什么才能洗干净呢？

儿童：洗发水。

教师：对，我们先摸一摸洗发水的瓶子。

（儿童摸洗发水瓶子，并用语言形容摸到的瓶子。）

教师：瓶子是用来装东西的，可以装洗发水，还可以装其他东西，那洗发水有什么特点呢？我们来打开闻一闻。

（教师指导儿童打开洗发水瓶盖并用鼻子闻，儿童能够用"香"等词语来形容。）

教师：再来摸一摸这香香的洗发水好不好？

儿童：好。

（教师指导儿童倒出少量洗发水在手心，并用另一手指尖触摸，儿童能够用"滑滑的"等词语来形容。）

按照洗澡顺序，依照以上方法让儿童触摸认识澡巾、沐浴露、浴花、浴巾。

（3）练习

教师拿出一种洗澡用品，儿童触摸并能够说出名称及用途。

项目二 "蒙眼"活动体验

一、实训目标

1. 感受视障儿童生活的不便。

2. 在班级中营造接纳视障儿童的氛围。

二、内容与要求

1. 准备生活中视障儿童经常触摸的物品、经常听到的声音，以此设计完整的物品分辨活动，让明眼儿童和视障儿童共同参与。

2. 思考并讨论：如何促进明眼儿童和视障儿童的相互了解？

三、范例：假如失去十分钟光明

1. 活动目标

（1）明眼儿童通过活动体验黑暗的世界，切身感受视障儿童生活与学习中的不方便以及内心的需要，从而更加关爱视障儿童，了解他们的需要，懂得如何教育他们。

（2）学生熟悉活动流程，提高设计活动的能力。

2. 活动准备

（1）道具准备：眼罩、钥匙、盲杖、计时器、奖品若干。

（2）人员准备：主持人兼裁判员一名，计时员两名，协调员两名，体验者若干。

（3）宣传准备：活动前通知参与人员活动的时间和地点。

3. 活动设计

（1）找钥匙

① 主持人兼裁判员讲明活动规则：在体验区内，请体验者戴上眼罩遮住眼睛，将钥匙从合适高度自然坠落到地面，体验者根据钥匙落地的声音来判断方位，并俯身将钥匙摸索到、捡起来，用时最短者胜利。

② 进行活动（图 5-1-15）。

③ 主持人兼裁判员宣布成绩并赠

图 5-1-15 找钥匙

送奖品。

④ 感受分享：主持人请体验者与大家分享活动体验。

（2）盲杖体验

① 主持人兼裁判员讲明活动规则：在体验区内，请体验者戴上眼罩遮住眼睛，依靠盲杖，从起点到达规定终点，用时最短者胜利。

② 进行活动，两名协调者要保证体验者的安全（图5-1-16、图5-1-17）。

图 5-1-16 盲杖体验1　　　图 5-1-17 盲杖体验2

③ 主持人兼裁判员宣布成绩并赠送奖品。

④ 感受分享：主持人请体验者与大家分享活动体验。

第二节　听觉障碍儿童的发展与学习

扫描二维码
查看本节文
本资源

听觉障碍儿童（以下简称"听障儿童"）由于听觉缺损，身心发展有异于健听儿童，他们的学习也存在很大的特殊性。了解听障儿童的身心发展特点和学习特点，有助于教师根据听障儿童的特殊需要和能力水平调整教学活动，促进听障儿童的学习，使他们能够顺利地实现个体和社会性发展。

一、听障儿童概述

微课：听觉障碍儿童的概念

听觉障碍也称为听力残疾、听力障碍、聋、听力损失等，我国2011年颁布的《残疾人残疾分类和分级》规定：听觉障碍是指由于各种原因双耳存在不同程度的永久性听力障碍，听障儿童听不到或听不清周围环境声及言语声，以致影响日常生活和社会参与。根据听力损伤的程度，可以将听觉障碍分为聋和重听；根据听力损伤的部位，分成传音性听觉障碍、感音性听觉障碍、混合性听觉障碍；根据听觉障碍发生的时间，可以分为先天性听觉障碍和后天性听觉障碍。

听觉障碍的出现率也称为流行率，是指在某特定时间内一定人口中已存在的听觉障碍人数的比例。根据世界卫生组织 2021 年颁布的首份《世界听力报告》估计，目前全球近 77 亿人中约 15 亿人患有不同程度听力障碍，其中中度及以上听障人士近 4.3 亿人，近 3 400 万为听障儿童。我国每年新诊断出的听障、语障儿童 2 万~4 万人。

听障儿童的评估是专业人员运用一定的设备和方法，了解听障儿童的听力状况，判断听觉障碍的性质、程度和部位的一项测验。听觉障碍评估一般应由听力学家指导进行，教师可将听障儿童推荐到国家认定的专门机构进行评估。评估一般包括筛选和诊断两个阶段。在筛选阶段，父母可以通过观察来鉴别儿童是否存在疑似听障的常见症候，如经常感冒、喉痛或扁桃体发炎；他人发出言语指令时常要他人再说一遍或发出疑惑声；常侧头倾听他人讲话或在听的同时更注意看人讲话；构音困难、语音含混不清或声调贫乏；观看视听作品时音量过大等。随后再由专业人员对疑似听障儿童进一步诊断，以确定其是否患有听觉障碍以及障碍的性质、程度与部位等（图 5-2-1）。诊断一般包括纯音测听、言语测听、音叉测听、游戏测听、耳声发射测验、多频听觉稳态诱发电位（multiple auditory steady-state responses，MASSR）等方法。游戏测听趣味性较强、MASSR 可在睡眠状态下实施，对受测者理解能力和配合度的要求低于纯音测听和言语测听，更为适合婴幼儿和其他难以施测儿童的听力测查。

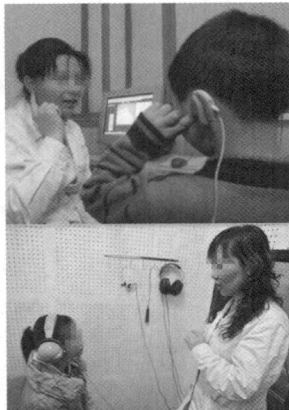

图 5-2-1　听力检查

二、听障儿童的发展

听障儿童的发展整体与健听儿童较为类似，只是听觉障碍影响了其认知的有序发展，并进一步影响了其心理发展。

（一）生理发展

听障儿童的生理发展与健听儿童相比并无多大差异，但早期的研究也显示，听障儿童的身体形态总体发育水平（如身高、体重、胸围和肺活量等）不如健听儿童。[①] 由于听力损伤，听障儿童的语言发展受到影响，可能出现说话发音不清、严重口吃等障碍。同时由于内耳与人的平衡功能有关，如果听觉障碍发生在内

---

① 何素勤，周华涛，王福军，等. 聋哑学生心身健康状况及相关因素研究[J]. 中国校医，2000（6）：408-410.

耳，有可能导致身体的平衡能力较差，容易摔倒。

（二）心理发展

1．认知发展

（1）感知觉

听障儿童的听觉功能受到不同程度的损伤，难以或无法与健听儿童一样通过听觉通道感知外界信息，由此导致他们在感知觉方面表现出不同的特点。与健听儿童相比，听障儿童的感知活动贫乏，范围狭窄，知觉缺乏整体性；知觉选择性存在缺陷，感知主次不清。例如，听障儿童如果没有早期的语言学习，他们无法清晰地明白"更大"和"更小"两个词语，不能比较大小。但听觉以外的感知觉，如视觉、触觉、言语运觉得到增强。

（2）注意

听障儿童与健听儿童相比，信息主要来自视觉刺激，听障儿童的无意注意优于有意注意，有意注意发展相对缓慢，其注意更多地受客观环境的影响，具有较大的盲目性和随意性，注意稳定性差，容易因视觉器官的疲劳而出现注意分散、注意分配困难的问题。例如，一个佩戴了助听器的听障儿童尽管可以比较清楚地听到声音，但是在听别人说话时，依然会专注地看着对方的口型、表情、动作，而很难做到一边看电视，一边听旁人说话。

（3）记忆

听障儿童感知觉的特点，决定了他们的记忆以形象记忆为主，并且由于语言活动受限，听障儿童的理解记忆往往处于弱势地位。他们的形象记忆优于抽象记忆，对于直观形象的东西，他们记得快，保持得好，也容易回忆起来，但是对于语言文字材料的记忆则相对困难一些，记得慢，忘得快。[①] 例如，听障儿童在学习词句的时候，如果辅以图片或者实物，他们会记忆得更加牢固，且看到相同的事物后，会比较容易联想到相关的知识。

（4）语言

听障儿童在有声言语和语音信息的正常获取上面临诸多困难，在语言发展上总体上表现出发展滞后、构音异常、发音不清、韵律不畅或平缓、词汇量较少等特点。例如，让听障儿童描述一幅画的内容，其表达极可能缺乏流畅性和丰富性。听障儿童的语言发展还受其听力受损程度、听力康复、语言训练和语言环境等多种因素的影响。若为正值语言发展关键期的听障儿童提供有效的听力、言语康复服务和良好的言语刺激环境，极有可能促进其有声言语的正常发展。此外，成人在必要时还需要针对听障儿童的特点，发展其手语、笔谈等非言语沟通方式以最大限度适应其学习与生活需要。

微课：听障儿童的感知觉

---

① 方俊明，雷江华．特殊儿童心理学［M］．2 版．北京：北京大学出版社，2015：64．

（5）思维

思维是以语言为基础的。健听儿童的思维发展经历三个阶段：动作思维、形象思维和抽象思维。由于听觉障碍阻碍了儿童语言的发展，所以听障儿童思维在发展过程上表现出直观分析更为容易、逻辑和综合分析较为困难的特点；在发展阶段上较多停留在形象思维阶段；在发展形式上表现出概念的概括性不强，范围不清，具有很强的形象性等特点。从思维过程来看这种具体形象性主要以事物的外部特征作为概念的依据。例如，在听障儿童看来，"儿子"一定是个小孩，"爸爸"则是长胡子的，如果谈及某人的儿子是个长胡子的大人，他们就会感到惊讶，因为他们所理解的"儿子"就是如他们自己一般的形象，而没有形成关于"儿子"的抽象概念。

2. 人格发展

听障儿童与健听儿童在人格发展上并无明显区别，但听障儿童由于听觉障碍，其个性与健听儿童相比，概括地说，易存在以下特点：（1）情感体验不深。由于听障儿童的认知水平局限，与健听儿童相比，他们的情感体验不深，而且愈是高级的情感，他们愈难以体验。（2）易受暗示，缺乏独立性和稳定性。听障儿童由于知识经验的贫乏，对事物的认识肤浅，在人格方面表现出易受暗示、易改变主张，缺乏独立性和稳定性等特征。（3）孤僻、自高自大。（4）自卑、自私、急躁、猜疑心重等。

▷ 推荐视频
手语诗表演《我的梦》

三、听障儿童的学习

除听觉外，听障儿童与健听儿童在身心发展上基本一致。对他们的教育与对健听儿童的教育有一定的共性。健听儿童的教育目标、原则、方法等一般都适用于听障儿童。但是，由于听力损失，听障儿童在接受教育方面产生了一些特殊的需求。

● 推荐书籍
《让孩子远离听力障碍》

（一）学习特征

在学习方式上，听障儿童在学习时更多依赖视觉模仿和动作模仿，而缺乏以言语为中介的抽象学习。在学业水平上，总体来看，听障儿童的学习成绩一般落后于健听儿童，学业成就水平较低。原因可能是：（1）听障儿童比健听儿童得到的语言和语音信息刺激要少很多；（2）有很多家长和教师对听障儿童的期望值过低；（3）教师没有很好地利用听障儿童的视觉和触觉学习的优势；（4）听障儿童自信心不强等。

● 推荐书籍
《聋童早期教育指南》

（二）学习目标

听障儿童的学习目标主要包括以下几个方面：（1）在听觉训练、言语矫治、语言训练的基础之上，掌握基本的科学文化知识和技能，为日后的学习奠定良好的基础；（2）掌握基本的沟通与交流的方式和技巧，能够恰当使用口语、手语（图5-2-2）、书面语、手势动作和表情与他人交往，培养主动交往的意识，增

▦ 阅读材料
让聋哑儿童生活在希望中

强自我表达能力；（3）掌握基本的生活技能，养成良好的生活习惯，增强社会适应能力；（4）培养良好的心理素质，学会控制和表达情绪，增强自信心；（5）开发视觉潜能，培养一定艺术爱好等。

图 5-2-2　一些文明用语的手语标志

（三）学习内容

听障儿童的学习内容应该与他们的发展及特殊需要相适应，一般来说，健听儿童的课程和活动，也适用于听障儿童，其关键是要解决语言沟通的问题，为此，还应该为听障儿童设置一些语言康复课程。

1. 基础知识和技能

听障儿童与健听儿童一样，需要学习基本的科学文化知识，获得日常生活所需的基本技能，例如，掌握"数"的概念，能够区别大小、多少、高低，可以辨别不同的颜色，知道什么是正方形、三角形等。基本知识的掌握有利于听障儿童认识周围世界，建立基本的认知基础。

2. 听力康复技能

对于佩戴了助听器或者植入了人工耳蜗的听障儿童，依然要加强听觉训练，进而充分利用其残余听力。听觉训练的任务是使听障儿童在助听器选配得当的情况下，提高听觉对声音特性（如声音的有无、大小、高低、长短、远近等）的注意、辨别、记忆和理解功能。

3. 言语语音技能 [①]

听障儿童的语言训练是从建立语音意识开始的，然后通过言语矫治来训练正确发音，并逐步积累词汇，在边学边用的过程中加深理解，加以巩固，继而在交往和使用的过程中发展他们的语言。听障儿童言语语音训练的主要内容包括呼吸训练、发声训练、构音训练、词语训练、句子训练以及语言交际训练等。

---

① 雷江华. 学前特殊儿童教育［M］. 2 版. 武汉：华中师范大学出版社，2019：94-95.

4. 社会交往技能

发展听障儿童的语言等能力最终是为了促进他们更好地融入社会，获得社会性发展，因此，社会交往技能的培养对于听障儿童来说非常重要。听障儿童应该学会用综合性的沟通方式，包括手语、口语、书面语等，与家人、同伴、教师进行交流，准确地表达自己的意愿和情感，让对方理解自己的感受和需求，同时要培养主动交流的意识，积极参与集体活动，增强社会交往技能。

阅读材料
聋儿交往能力的培养

讨 论

在听障儿童的早期阶段，是应该积极发展口语能力，还是应该利用儿童的视觉功能，侧重手语学习？

观点 1：听障儿童最终需要融入社会，应该在佩戴了助听器或者植入了人工耳蜗后尽早开始听力训练，使他们开口说话，过分依赖手语交流会限制他们口语能力的发展。

观点 2：听障儿童由于听力损失，进行口语交流存在困难，应该充分利用他们的视觉代偿功能，促进他们的手语学习。

观点 3：口语和手语能力对于听障儿童来说都很重要，应该在注重二者共同发展的基础上，根据儿童的听力受损程度，有针对性地侧重口语或手语的学习，彼此促进。

在你看来，你比较赞同上述哪一种观点？为什么？

拓展阅读

邰丽华：无声世界的领舞者

作为雅典奥运会闭幕式上舞蹈表演《千手观音》的聋人领舞者，邰丽华和队友以令人震撼的美丽征服了海内外观众。在此之前，她与众多残疾姑娘一样，经历过常人不能理解的痛苦。邰丽华说："音乐是舞蹈的灵魂，对聋哑人来说，听不到音乐是最大的困难。刚开始学习舞蹈时，因为听不见、节奏感不行，特别着急，只能反反复复地练习。"经过长期刻苦的练习，邰丽华成为著名的舞蹈家，代表我国同多国开展艺术交流活动，邰丽华及其艺术团精缩的舞剧、音乐剧、京剧，以及手语诗、手语舞蹈等新的艺术形式被誉为"向世界展示中国的特殊名片"。同时她还为聋人创办艺术学校，希望这些孩子可以和普通人一样，不仅可以从事艺术表演，还可以选择自己擅长并喜欢的工作。当被问及人生真谛时，她说："其实所有人的人生都是一样的，有圆有缺有满有空，这是你不能选择的。但你可以选择看人生的角度。多看看人生的圆满，然后带着一颗快乐感恩的心去面对人生的不圆满！"

推荐视频
千手观音

推荐书籍
《听障宝宝做游戏：听力、发音、语言康复部分》

（四）学习策略

1. 听觉训练策略

📖 阅读材料
人工耳蜗术后听觉训练；聋儿听力训练的十个方法

📖 阅读材料
聋儿语训中的言语呼吸训练法；语言训练之口舌操训练

🖱 推荐书籍
《听障儿童听觉语言康复研究与实践》

对听障儿童开展听觉训练的目的是最大限度地开发听障儿童的残余听力，尽量减少听力缺损给儿童带来的不良影响，使他们养成使用听觉的习惯，培养感受、辨别、确认和理解声音的能力。在学习过程中，要了解助听器等辅听设备和技术的使用效果，尽量把辅助设备调试到最合适的状态。根据听觉发展的阶段性特征，对听障儿童的听觉训练大致可以分为以下几个阶段。（1）声音的察觉：在此阶段可以利用游戏、音乐等来刺激儿童的听觉系统，增强他们对于环境音、语音等声音的敏感和感知度；（2）声音的辨别：用不同大小、长短、快慢以及不同语气的声音训练儿童对声音特性的辨别能力；（3）声音的记忆：加强听障儿童对声音特性的复述，使其在头脑中形成深刻的表征；（4）声音的理解：在此阶段，可以充分利用生动活泼的游戏和活动情境，结合儿歌、视频、图片等资源，促进听障儿童对声音的理解。

2. 言语矫治策略

微课：听障儿童的言语矫治训练

听障儿童言语方面的问题，一般不是器质性问题，多为功能性问题。"言语矫治"工作的实质，就是帮助他们掌握发音要领。发音要领指的是发音部位和发音方法。帮助听障儿童掌握发音要领的方法主要包括言语动力器官训练的"呼吸操"，构音器官训练的"舌操""口腔操"，以及运用相关仪器和技术辅助的个别矫治方法等。

讨　论

在对听障儿童进行听觉训练时，部分教师和家长会用手遮挡嘴型，以避免儿童依靠视觉的帮助来理解话语意思，忽略听到的信息，从而弱化听觉训练的效果。对此你有什么看法？

3. 语言训练策略

🖱 推荐书籍
《言语康复系列丛书（托班、小班、中班、大班）》《咿呀学语——聋儿早期康复教育系列丛书》《聋儿康复启蒙课堂》《听觉语言障碍康复百问》

语言训练是听障儿童发展与学习中至关重要的一环，也是听觉训练与言语矫治成果得以巩固与发展的重要手段。听障儿童语言训练的重点是：强化口语，学词学句，学段学篇，说写并举，多元沟通方式并行。学习材料应尽量结合听障儿童的生活实际与经验，学习安排应小步递进、稳步发展，通过系统的词句训练和师幼互动、同伴互动，帮助听障儿童建立基本的词语库、句子库，使他们形成通过口语进行沟通和交流的能力，切实提高语言能力与认知水平，促进其社会性发展。[①]在语言训练过程中，尽量丰富学习和训练内容，使用多元化的学习活动形式（图5-2-3），让训练生动活泼而有趣，以此提升和维持听障儿童的参与动机。

---

① 黄昭鸣，周红省. 聋儿康复教育的原理与方法：HSL 理论与 1+X+Y 模式的构建与实践 [M]. 上海：华东师范大学出版社，2006：5.

图 5-2-3　语言训练

讨　论

　　俗话说"十聋九哑"，社会普遍认为聋人听不到外界的声音，语言能力容易丧失。对此你有什么看法？

4. 思维导图策略[①]

　　思维导图是一种将发散性思考具体化的方法，借由文字、颜色、图像、符号等，在各个知识点中心之间建立连接，使整体学习内容结构清晰、相互联系，帮助儿童记忆、增进儿童的创造力，也让学习过程更加轻松有趣，学习形式更加生动活泼。由于听力损失，听障儿童在理解和掌握口语、书面语方面存在困难，利用思维导图这种"知识可视化"的学习方式，可以有效地促进听障儿童对词语、句子、数字等知识的理解。例如，在一个圆圈中画出一条竖直的线条，让听障儿童充分发挥想象，尽可能多地说出这条直线可以表示什么（如数字1、筷子、感叹号等），并将这些相关的知识点用发散的分支线条与圆圈相连接，发展听障儿童思维和想象力，并加深其对这些知识点的记忆与理解。

推荐文献
周嘉腾、郭思郢、徐浩南，等：聋校语文说明文思维导图教学策略研究，现代特殊教育，2020（10）

📖 拓展阅读

挑战"沟通魔咒"的听障博士

　　对郑璇来说，世界格外安静：没有泉的叮咚，没有松的吟唱，没有热恋青年在夕阳下的喃喃细语。但凭借着先进的助听技术、完好的视觉、父母所倾注的爱，以及自身不服输的韧劲儿，郑璇打破了所谓的"沟通魔咒"，成为我国第一位自主培养的语言学专业的听障博士。

　　在武汉大学汉语言文字学专业攻读硕士学位期间，郑璇发现语言沟通问题是听障人士所有障碍的源头。"直觉告诉我，手语是一个让我觉得自如和亲切的世界，我想要去寻找我的同类人。"经过一年多的准备，郑璇成功考取复旦大学手语语言学博士生，师从将西方手语语言学理论介绍至中国的第一

① 高宇翔. 思维导图在聋校语文教学中的应用 [J]. 现代特殊教育，2012（7）：85-86.

人——龚群虎教授。她立志把手语语言学的研究成果应用到听障教育上，把理论转化成生产力。

郑璇希望："在不久的将来，沟通不再是聋人的魔咒。无论是使用口语还是手语的聋人，都可以享受良好的无障碍环境，都可以获得自己的最大化发展……"为此，她希望自己成为健听人和听障人士两者间的"语言桥"架设者和文化大使。这将是一条漫长但充满希望的路。

（五）学习环境

在物理环境方面，成人应该充分考虑听障儿童的特殊需要，给予听障儿童更多的关怀和保护。例如，贴有文字、图画的提示卡片等（图 5-2-4）。同时，可以通过辅听类设备和技术（如助听器、人工耳蜗、语音识别技术等）和辅助沟通设备（如沟通板、语音输出设备等）来辅助听障儿童进行语言康复，促进他们的学习和发展（图 5-2-5）。

阅读材料
听力辅助技术

图 5-2-4　洗手程序图

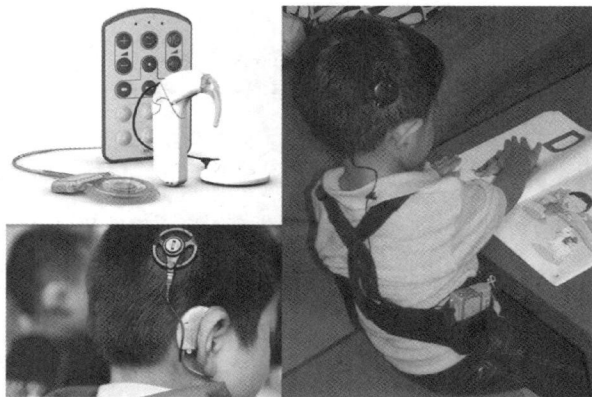

图 5-2-5　人工耳蜗

听障儿童在听力语言上的困难很容易对其心理和行为产生不利的影响，出现自卑、孤僻、畏缩、任性、冲动、过分依赖、自我中心等情绪发展障碍。在学习环境创建中，不仅要创建有利于他们学习和生活习惯养成的良好物理环境，还要营造包容、和谐、平等的心理环境，引导健听儿童正确认识听障儿童，主动与听障儿童交往，建立融洽的师生和生生关系，让听障儿童感受温暖和爱护，增强他们的自信，提高他们的社会参与能力，为他们健康的心理发展创造良好的环境。

技 能 实 训

项目三 察觉和分辨声音

一、实训目标

1. 能根据听障儿童的特点设计声音分辨活动。

2. 能利用实物、音频等现有资源设计活动。

二、内容与要求

1. 准备各种与动物相关的音频和图片，并学会模仿这些动物的不同叫声。

2. 根据上述利用乐器分辨声音的活动，设计一个根据动物叫声进行辨音能力训练的活动。

三、范例：美妙的声音乐园[①]

1. 活动目标

（1）训练儿童察觉同一种乐器发出的高低不同的声音。

（2）训练儿童分辨不同乐器发出的不同类型的声音。

（3）培养儿童对乐器的兴趣，增强儿童对声音的敏感度。

2. 活动准备

（1）各种便捷的乐器，如鼓、铃铛、哨子、木鱼、口琴、三角铁等。

（2）对应的乐器图片。

3. 活动设计

（1）教师拿出准备好的乐器及对应的图片（图5-2-6），依次展示给儿童，引起他们的注意，告诉儿童不同乐器的名称，并与图片相匹配。

（2）教师依次击打或者吹奏乐器，每一个乐器重复演奏多次，并引导性地询问儿童有没有发现声音的不同。

（3）背对儿童击打或者吹奏乐器，让儿童根据听到的声音，选择乐器的图片，如果选择正确，则儿童可以得到一次演奏乐器的机会，并选择下一名猜乐器的儿童，如此传递下去。

---

① 陈军. 言语康复：托班（上）[M]. 厦门：厦门大学出版社，2013：6-7.

鼓　　　　　　　铃铛　　　　　　哨子

木鱼　　　　　　口琴　　　　　　三角铁

图5-2-6　乐器

（4）让儿童选择自己喜欢的乐器演奏。

4. 活动拓展

教师准备日常生活中熟悉、常见的声音音频放给儿童听，训练儿童对声音的分辨能力。如大自然中的声音、动物的声音等，并准备相应的图片进行听音与辨音的游戏（图5-2-7）。

小朋友，请你根据听到的内容选择符合情境的图，在下面的（　）里画"✓"。

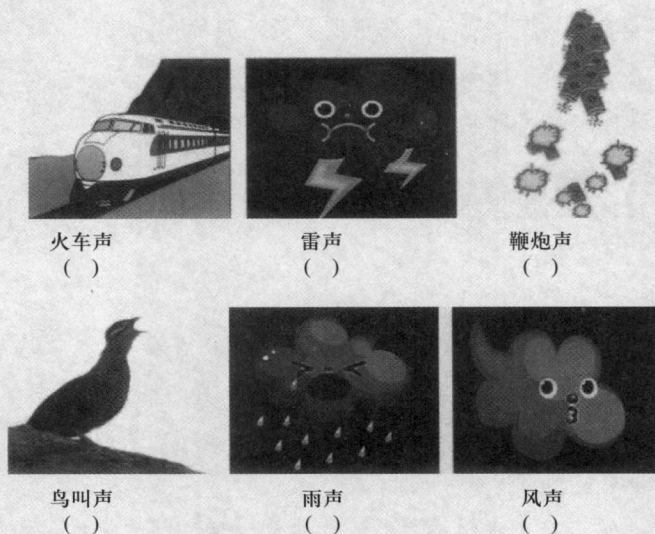

火车声　　　　　雷声　　　　　　鞭炮声
（　）　　　　　（　）　　　　　（　）

鸟叫声　　　　　雨声　　　　　　风声
（　）　　　　　（　）　　　　　（　）

图5-2-7　听一听、辨一辨

项目四　语音模仿和儿歌朗诵

一、实训目标

1. 培养学生根据听障儿童的发展及学习特点设计语言训练活动的能力。

2. 培养学生利用儿童读物等现有资源设计活动的能力。

二、内容与要求

1. 准备与童话故事相关的图片、玩偶、音乐或者视频。

2. 根据上述利用儿歌培养语言能力的活动，设计一个根据童话故事进行语言训练的活动。

三、范例：小狗吓一跳 [①]

1. 活动目标

（1）训练儿童模仿不同的声音。

（2）训练儿童正确、清楚地说出词语，并学会朗诵简单的儿歌。

（3）培养儿童的主动交往意识和自我表达能力。

2. 活动准备

（1）狗、鸭、猴子、猫、老鼠、老虎的布偶玩具、头饰和手偶。

（2）轻音乐以及儿歌的音频。

3. 活动设计

（1）教师放音乐，给儿童展示实物玩具：狗、鸭、猴子、猫、老鼠、老虎布偶，并伴随儿歌做出不同动作，引起儿童的注意，调动儿童的情绪。

小狗吓一跳

小狗蹦跶跶，它去找小鸭。

小鸭河里游，它去找小猴。

小猴练爬高，它去找小猫。

小猫抓老鼠，它去找老鼠。

老鼠嗷嗷叫，小狗吓一跳。

（2）教师请儿童认一认、说一说所示动物的名称。

教师问："它是谁？"儿童能够在辅导教师的帮助与提示下回答："它是狗。""狗怎么叫？听一听。""汪汪汪"，教师引导儿童模仿狗的叫声。

教师继续变换实物玩具，问儿童"它是谁"，继续引导儿童正确、清楚地说出玩具动物的名称。

（3）教师拿出手偶，结合儿歌内容，用手势、身体动作及表情演示动物的形态，并引导儿童模仿教师的动作和表情。

（4）教师出示儿歌中对应动物的头饰，让儿童自己选择一个头饰。教师问："你想当什么动物啊？"引导儿童再次说出动物的名称。儿童挑选头饰后，教师问："你是谁啊？是怎么做的呀？"引导儿童回忆并模仿动物的叫声和动作。教师给出口令"小狗蹦跶跶……"引导儿童完成相应的动作，同时说出对应的儿歌语句。

----

① 梁巍，王丽燕，龙江. 聋儿康复实用教案汇编［M］. 北京：中国社会出版社，2007：63-65.

（5）将儿童分组，进行角色扮演，伴随儿歌相互配合做出连贯的动作，并且能够清楚地朗诵儿歌。

4. 活动拓展

教师结合下面的材料，训练儿童正确清楚地朗读儿歌，并引导儿童在理解儿歌内容的基础上，自主地进行语音和动作模仿，进一步激发儿童的学习热情，给予儿童自我表达的机会，增强他们的自信心，同时促进同伴间的交流，培养主动交往的意识。

我爱我家的小动物

我爱我的小羊，小羊怎样叫？

咩咩咩，咩咩咩，咩咩咩咩咩。

我爱我的小猫，小猫怎样叫？

喵喵喵，喵喵喵，喵喵喵喵喵。

我爱我的小鸡，小鸡怎样叫？

叽叽叽，叽叽叽，叽叽叽叽叽。

我爱我的小鸭，小鸭怎样叫？

呷呷呷，呷呷呷，呷呷呷呷呷。

第三节　肢体障碍儿童的发展与学习

扫描二维码查看本节文本资源

除了肢体残缺、畸形、运动失调等外显特征，部分肢体障碍儿童还可能伴有听觉、视觉、认知、言语方面的障碍，这对肢体障碍儿童的生活与学习产生十分不利的影响，同时也会给其家庭带来沉重的经济和心理负担。对肢体障碍儿童进行教育有助于儿童康复，提高他们的生活质量。

一、肢体障碍儿童概述

微课：肢体障碍儿童的概念

根据不同的标准和需求，肢体障碍的概念和分类也有所不同。下文中有关肢体障碍儿童的概念主要采用 2011 年我国颁布的《残疾人残疾分类和分级》中对于肢体障碍这一类型的界定和分类标准。

阅读材料
肢体障碍儿童的分类；肢体障碍儿童的成因

《残疾人残疾分类和分级》规定：肢体障碍是指人体运动系统的结构、功能损伤造成的四肢残缺或四肢、躯干麻痹（瘫痪）、畸形等导致人体运动功能不同程度丧失以及活动受限或参与的局限。肢体残疾主要包括：（1）上肢或下肢因伤、病或发育异常所致的缺失、畸形或功能障碍；（2）脊柱因伤、病或发育异常所致的畸形或功能障碍；（3）中枢、周围神经因伤、病或发育异常造成躯干或四

肢的功能障碍。根据 2021 年度全国持证残疾人基础库主要数据，我国 38 049 193 名持证残疾人中，肢体残疾人为 20 374 666 名，占持证残疾人总数的 53.55%。

肢体障碍分为原发性障碍和继发性障碍。原发性障碍指直接由某种疾病或情况引起的障碍；继发性障碍指由与疾病相关的病情间接引起的障碍，如关节挛缩等。总体看来，导致儿童肢体残障的因素众多，包括先天性疾病或发育障碍、疾病因素、伤害因素、其他因素等。而肢体障碍儿童最主要的致残原因是脑性瘫痪、发育畸形、外伤、其他先天性疾病或发育障碍以及其他原因。[①]

对肢体障碍儿童的评估，不仅可以了解儿童的整体状况，为制订有关的训练与教育计划提供依据，而且可以判定所实施的训练与教育方案的效果，为进一步修订训练与教育方案提供依据。教师、家长和照料者都有责任对儿童进行观察，观察儿童是否有偏好某种感觉的情况，如儿童与人交往时是否主要依靠视觉、听觉或触觉来进行，儿童在运动时是否表现出姿势异常、经常受伤或逃避需要身体反应的游戏活动等，通过这些观察，可以初步判断儿童是否存在肢体障碍。[②]

在此基础上，教师、家长要求助于专业机构、医院对儿童进行检查，以确定儿童是否存在肢体障碍以及肢体障碍的类型、程度等，主要包括：一般性检查，如身高、体重、心肺功能、营养状况以及眼科和耳鼻喉科的常规检查；骨外科检查，重点针对肢体障碍儿童的骨骼与肌肉的结构和外形进行检查；神经病学检查，以了解神经系统功能与结构，如颅脑 CT 检查、脑电图检查等；康复医学检查，如肌力、关节活动度、感觉功能、日常生活活动等；心理方面的检查，重点检查影响肢体障碍儿童的行为表现与学习的各种要素，如动作发展、知觉功能、智力、情绪以及社会适应能力等。[③]

二、肢体障碍儿童的发展

肢体障碍儿童的发展主要包括生理发展和心理发展两个部分。由于肢体障碍儿童本身的活动受限，因此其在生理发展上存在一些不同于普通儿童的特点，同时在心理发展上也呈现出自身的独特性。

（一）生理发展

虽然不同类型和程度的肢体障碍儿童的生理特征各异，但由于四肢或躯干等部位的器质性或功能性损伤，肢体障碍儿童的身体素质整体偏低，常表现出运动障碍、姿势异常等多种症状。例如，肢体障碍儿童往往难以协调自身姿势独立完成行走、起坐、翻滚等活动，严重者甚至无法采取正确方式进食。同时，以上运

① 刘民，栾承. 中国 0—14 岁肢体残疾儿童致残原因分析 [J]. 中华流行病学杂志，2008（11）：1083–1086.
② 雷江华. 学前特殊儿童教育 [M]. 2 版. 武汉：华中师范大学出版社，2019：97.
③ 南登崑. 肢体残疾儿童的教育与训练 [M]. 北京：华夏出版社，1995：47–48.

动障碍也反向作用于肢体障碍儿童的身体机能发展和大脑功能发育，进而影响个体的整个发育过程，并对其日常功能性活动参与造成不同程度的限制。以脑瘫儿童为例，由于脑部中枢神经系统受损，此类儿童在运用大脑控制身体肌肉方面往往存在困难，难以维持身体平衡，或伴有咀嚼、吞咽、言语等障碍，在运动发展的各个阶段可能出现不同程度的延缓甚至停滞。

（二）心理发展

1. 认知发展

（1）感知觉

由于身体缺陷，肢体障碍儿童的感知觉和运动能力存在一定的障碍。很多肢体残疾儿童伴有感知觉障碍，包括视觉、听觉、触觉、位置觉等。这会使他们对外界刺激的感知能力下降甚至缺失，但同时，由于肢体障碍儿童经常会伴随身体疼痛，所以他们的疼痛敏感性要高于普通人。例如，脑瘫患者李传杰，在练习电子琴时，只能用脚趾敲击琴键，可是由于神经中枢不受控制，他每一次练习都非常费力，常常练习完一曲便大汗淋漓。而且冬天李传杰还要忍受着双脚的寒冷。但他因为自己的梦想坚持了下来。

（2）注意

肢体障碍程度较轻的儿童通常注意力相对较好；而那些肢体障碍程度较重，经常伴随身体疼痛和其他疾病的儿童，他们的注意力较为分散，难以专注从事某项活动，习惯于随"兴"而动。例如，某缺失双前臂儿童，在普通教室与其他儿童一起学习书写时，由于自身生理缺陷，只能用双臂夹住笔进行书写，并且书写时需要将头埋在双臂之间，以保证书写规范。然而此种书写方式需要耗费比其他儿童更长的书写时间，书写过程中也需要消耗大量体力，该儿童很难全神贯注于随后的学习活动。

（3）语言

▦ 阅读材料
对脑瘫儿童进行
"呼之应答"的
有效方法

大多数肢体障碍儿童，尤其是在学语后由于后天原因导致肢体障碍的儿童，他们的语言发展与普通儿童并无太大差异。但有的肢体障碍儿童（如脑瘫儿童），他们的语言发展缓慢，经常会出现无法控制的自言自语。并且，由于肢体病痛等原因，有些肢体障碍儿童在公共场合有时无法控制语言，会出现突然发声等情况。

（4）思维

▦ 阅读材料
对脑瘫儿童进行
认知训练的方法

思维的发展依赖语言、表象或动作的发展。语言发展缓慢的肢体障碍儿童，如果长期因病不能上学，或伴有智力低下或视觉障碍、听觉障碍等，其表象和动作发展也落后于普通儿童，思维发展缓慢，形象思维多于抽象思维；如果肢体障碍儿童从小获得积极的鼓励与教育，其思维往往也可以得到很好的发展。例如，从小就因脑瘫而失去独立行走能力的蒲植，其父母发现他的记忆力与思维能力特别好，便注重对他的思维能力的培养，激发蒲植对围棋的兴趣。

2. 人格发展

肢体障碍儿童由于肢体的器质性缺失或功能性损伤，以及疾病的反复发作而经历诸多挑战和不幸，如肢体疼痛、运动障碍、外显的体型异常、社会污名等。这些因素很可能使其产生心理和社会调试方面的问题，进而形成动机不强、缺乏自尊心和自信心、依赖性强、情绪稳定性较弱、抑郁和焦虑等人格特质。但肢体障碍儿童的人格发展在很大程度上还取决于外界对肢体障碍的反应。如果社会大众和父母等人的残疾观以及观念影响下的行为表现是负向的，那么肢体障碍儿童则面临更为严重的社会污名，并由此产生强烈的自我污名，进而在人格发展上更趋于消极。而那些接受社会和家庭积极反应与支持的肢体障碍个体则更可能发展出向上的人格特质，如尼克·胡哲。

推荐文献

霍力岩、刘睿文、龙正渝：残障学生坚毅品质培养——坚毅理论的内涵、特点及其启示，中国特殊教育，2021（11）

📖 拓展阅读

尼克·胡哲的励志故事

尼克·胡哲（图5-3-1）出生于1982年12月4日。他一生下来就没有双臂和双腿，这种罕见的现象医学界称为"海豹肢畸形"。胡哲只在左侧臀部以下的位置有一个带着两个脚指头的小"脚"。父母对这一病症发生在他身上感到无法理解，多年来到处咨询医生也始终得不到医学上的合理解释。

尽管胡哲身体残疾，但是父母并没有放弃对儿子的培养，并且希望他能像普通人一样生活和学习。胡哲说："父亲在我18个月大时就把我放到水里学习游泳。"胡哲6岁时，父亲开始教他用两个脚指头打字。母亲还发明了一种特殊塑料装置，可以帮助他拿起笔。

图5-3-1 尼克·胡哲

后来，父母把胡哲送进当地一所普通小学就读。没有父母陪在身边，胡哲难免受到同学欺凌。他回忆说："8岁时，我非常消沉。我冲妈妈大喊，告诉她我想死。"10岁时，他有一天试图把自己溺死在浴缸里，但是没能成功。在这个期间，父母一直鼓励他学会战胜困难，他也逐渐交到了朋友。直到13岁那年，胡哲看到一篇刊登在报纸上的文章，介绍一名残疾人自强不息，给自己设定一系列伟大目标并完成的故事。他受到启发，决定把"帮助他人"作为人生目标。如今，回想起那段备感艰辛的学习经历，胡哲认为这是父母为让他融入社会作出的最佳抉择。他说："对我而言那段时间非常艰难，但它让我变得独立。"

通过自己的不懈努力，胡哲获得了"会计"和"财务规划"双学位，并于2005年被提名"澳大利亚年度青年"。他为人乐观幽默、坚毅不屈，热爱鼓励身边的人，在三十出头时就接触逾百万人，激励和启迪他们的人生。

推荐文献

关文军、颜廷睿、邓猛．社会建构论视阈下残疾污名的形成与消解，中国特殊教育，2017（10）

推荐书籍

《人生不设限》
《永不止步》

三、肢体障碍儿童的学习

由于活动受限，肢体障碍儿童在学习特征、学习目标、学习内容和学习策略上与普通儿童存在一定差异。必要的时候，肢体障碍儿童还需要借助一定的辅助器具，以便更好地进行学习和生活。

（一）学习特征

一般情况下，多数肢体障碍儿童的智力状况和听觉、视觉等感官功能与普通儿童较为相似，两者在学习特征上并没有太多实质性的差异。但部分儿童因中枢神经系统损伤而诱发肢体障碍，严重者甚至需要长期治疗，由此对其课堂出勤、学习资源利用方式以及学业成就造成不同程度的负面影响。例如，某些脑瘫儿童由于需要长期康复训练而延迟入学；某些手部功能受损的肢体障碍儿童需要发展以口或脚等其他身体部位代偿的书写方式等；某些神经性损伤的肢体障碍儿童则可能因为并发智力障碍与认知障碍而在学业水平上落后于普通同龄儿童等。

（二）学习目标

肢体障碍儿童的学习目标主要包括以下几个方面：（1）重建残肢功能并开发健肢代偿功能，最大限度地减轻和克服肢体障碍对生活和学习带来的负面影响；（2）灵活运用假体、矫形器和各类适应装置，以便扩大活动范围，提高自身学习与生活自理能力，如平稳行走、灵活运用文具、自主坐立或进食等；（3）具有主动交往的意识，善用丰富适宜的沟通方式适度地进行自我表达，进而形成积极的人际关系，实现社会融合；（4）发展听、说、读、看、写等技能，掌握相应的科学文化知识；（5）树立正确的世界观、人生观和价值观，发展多元兴趣爱好，养成积极面对挫折的优良品质。

（三）学习内容

为了达到上述目标，对肢体障碍儿童可设计以下学习内容，以弥补肢体残障的不足，为肢体障碍儿童的后期发展奠定基础。

▦ 阅读材料
如何对脑瘫儿童进行生活自理能力的训练；脑瘫儿童家庭训练之用镊子夹食物；脑瘫儿童家庭训练之喝水

1. 生活自理能力

对于肢体障碍儿童而言，生活自理能力方面的教育既是对其进行康复训练的活动载体，也是促进其将来独立参与家庭、学校、社会生活的基本环节。相关学习内容应来源于生活，教师通过对洗漱、穿脱衣服、系鞋带、进食、如厕等自理能力的训练，促进其大动作与精细动作发展的同时，使其逐步养成健康的生活与卫生习惯以及独立自主的意识，为将来独立生活和融入社会奠定基础。

2. 安全教育知识

让肢体障碍儿童懂得日常生活中有哪些不安全的因素，如过街时要注意来往车辆及交通信号，上下楼梯时要小心，在雪地里行走时要注意别滑倒。另外，要教育他们安全地使用一些设施，如电闸开关、燃气开关等，通过安全教育增加他们的自我保护能力，防止意外伤害。[①]

3. 功能训练

功能训练对肢体障碍儿童功能补偿与代偿至关重要。功能训练能够帮助肢体障碍儿童掌握控制自身身体的要领和方法，同时能够不断促进其身体感知觉的发展，尤其是知觉功能和运动功能的发展，并增强他们的运动协调能力和身体素质，为他们参与其他活动打下基础。

4. 艺术训练

肢体障碍儿童的艺术训练主要包括音乐与美术。艺术训练可以发展他们对音乐、图画的欣赏、理解能力，同时也使他们掌握一定的演唱、弹奏、画画及制作的基本知识和技能技巧。例如，被誉为"脑瘫音乐达人"的李传杰，在出生三个月之后就被诊断为先天性小儿脑瘫，然而他凭借异于常人的毅力，可以用脚趾熟练地弹奏上百首乐曲。可见，发展肢体障碍儿童的艺术才能，对于丰富肢体障碍儿童的人生、成就其人生价值有着非常重要的作用。

（四）学习策略

1. 功能代偿

对于许多后天致残的肢体障碍儿童而言，顺利度过适应期之后，最重要的任务就是通过身体代偿功能开始新的生活。目前，越来越多肢体障碍人士书写着令人惊异的功能代偿案例。例如，被誉为"断臂天使"的雷庆瑶，3岁时因触电永远失去了双臂。凭着超常的毅力，雷庆瑶学会用双脚打理自己的日常生活——穿衣、写字、做饭、吃饭、缝补衣裤，还学会了打字、游泳、骑自行车，用脚写字（图5-3-2）、画国画等。

2. 功能重建

失去的肢体无法再生，肢体障碍儿童要适应丰富的社会生活和复杂的学习任务，必须不断地将尚健全肢体的代偿作用与残肢的剩余功能重新组合，使它们协调动作。这种功能上的重建，一方面需要肢体障碍儿童自己摸索努力，另一方面也需要教师给予教育上的帮助，通过有目的、有计划地训练使功能重建的过程尽可能加快。[②]例如，断臂钢琴王子刘伟（图5-3-3），10岁时因触电意外失去双臂，12岁学习游泳，14岁在全国残疾人游泳锦标赛上获得两金一银的成绩，16岁学习打字，19岁自学钢琴，仅用一年即可弹奏钢琴曲《梦中的婚礼》，并成功挑战吉尼斯世界纪录，成为全世界用脚打字速度最快

图5-3-2　用脚写字的雷庆瑶

阅读材料
脑瘫儿童家庭康复训练计划之蹲走

推荐视频
《电视的力量——我的梦想我的舞台》

推荐书籍
《活着已值得庆祝》

---

① 方俊明. 特殊教育学［M］. 北京：人民教育出版社，2005：273.
② 朴永馨. 特殊教育学［M］. 福州：福建教育出版社，2014：230.

图 5-3-3　双脚弹钢琴的刘伟

的人。

3. 心理疏导

不管是先天肢体障碍儿童还是后天肢体障碍儿童，在发展的某一个阶段都会或多或少地出现以自卑为主要特征的心理适应期，他们会认识到自己和其他人的不同，持续追问为什么，这时建立心理自信是非常重要的。近现代著名肢体障碍人士的事迹和其他自立自强的人物事迹，都有助于肢体障碍儿童顺利走完心理适应期。

（五）学习环境

学前期是肢体障碍儿童获得发展的关键期，依据肢体障碍儿童的障碍程度，我国目前主要有以下四种类型的安置方式，即普通幼儿园／学校、幼儿园／学校中的特殊班级、特殊学校的融合班级、医院与康复机构。从物理环境来看，绝大多数轻度、中度肢体障碍儿童主要在普通幼儿园／学校接受教育；伴随智力障碍的肢体障碍儿童有可能会被安置在特殊学校的融合班级中；而那些程度较重的肢体障碍儿童，就可能在医院与康复机构一边接受康复治疗、训练，一边学习。

不论是何种教育安置形式，在物理环境的创设上都应该坚持最少受限制原则，从学习与生活的方方面面为肢体障碍儿童创设最为便利的无障碍环境。例如，开设轮椅坡道与升降电梯以帮助肢体障碍儿童出行；设计圆角桌椅和软面墙壁以避免跌倒对肢体障碍儿童的二次伤害；提供各类辅助技术（图 5-3-4、图 5-3-5）帮助肢体障碍儿童进行功能训练；等比例缩小球场或定制减重版体育器材以适宜体弱儿童的运动需求等。

阅读材料
肢体障碍儿童学习的环境调整与辅助技术；脑瘫儿童常用康复器材

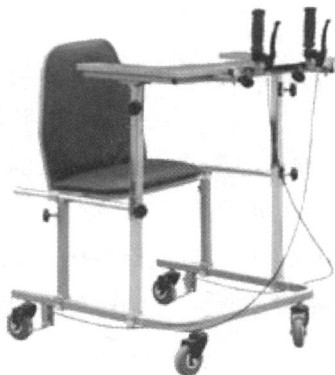

图 5-3-4　辅助步态训练器

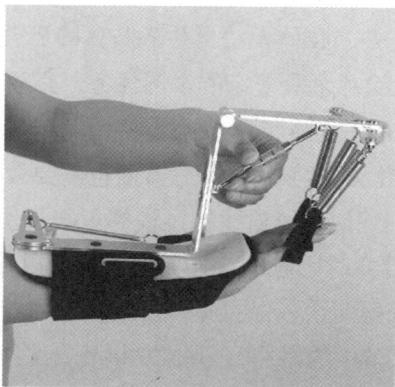

图 5-3-5　手指康复训练器

由于存在不同程度的、或外显或内隐的生理缺陷，肢体障碍儿童的日常活动和社会参与面临着诸多限制，易出现自卑、社交回避与退缩、冲动、情绪化等倾向。故除了以上无障碍物理环境的创设，教师还应结合肢体障碍儿童生理与心理特点为其创造开放包容、向上向善的心理环境。一方面，加强对肢体障碍儿童的心理健康教育与卫生教育，使其养成积极的生活态度，增强其对沟通板、拐杖、轮椅等适应性生活装置的运用能力，减轻肢体障碍对其生活、学习、社交等方面的影响。另一方面，通过肢体障碍宣讲、融合游戏等形式的融合教育活动，端正普通儿童对肢体障碍儿童的态度，使其平等看待肢体障碍儿童，掌握适宜的沟通方法，并在必要时为其提供帮助。在这些工作的基础上，实现肢体障碍儿童与普通儿童的双向促进与完善。

讨　论

在促进肢体障碍儿童的人际沟通方面，有人认为应该从重视肢体障碍儿童的心理环境建设、加强其人际交往能力着手，有人认为应该从提升普通儿童及社会环境对于肢体障碍儿童的接纳程度做起。对此你有什么看法？

技 能 实 训

项目五　肢体障碍儿童关节活动度的维持与改善训练

人体全身的骨骼依靠关节相连。关节由于其所处的部位和担负的功能不同而具有不同的性质、形态和结构，一旦由于疾病、外伤等因素影响了关节的功能，就会严重地妨碍人体的正常运动。关节活动度维持与改善训练是防止关节发生功能受限所采取的预防措施。

有些肢体障碍儿童，由于周围神经麻痹、偏瘫、脑瘫、截瘫等原因，关节附近的皮肤、皮下组织和肌肉容易出现粘连，或者关节由于长期不活动而出现关节活动受限。因此，教师需要了解关节活动度维持与改善的相关训练知识，利用关节活动度维持与改善技术，有效地缓解肢体障碍儿童的关节挛缩状况。

一、实训目标

通过对肢体障碍儿童进行辅助主动运动的训练设计，提高为肢体障碍儿童拟订关节活动度训练活动方案的能力。

二、内容与要求

1. 请根据范例，设计针对肢体障碍儿童关节活动度维持与改善的个别训练方案。

2. 根据训练方案，定期、定时为肢体障碍儿童开展关节活动度训练。

三、范例：徒手、被动关节活动度维持与改善训练

1. 训练目标

教师对肢体障碍儿童进行辅助运动的训练，以维持儿童关节活动度，防止关节挛缩或粘连。

2. 训练准备

（1）儿童在着装方面做好准备，尽量穿宽松舒适、便于活动的衣物。

（2）准备高度适中的操作床，让儿童在床上仰卧。

（3）在开始训练前，引导儿童做热身活动。

（4）清洁双手，保证卫生。

3. 训练方法

肢体障碍儿童容易出现挛缩的关节主要在于肩关节、肘关节、腕关节、掌指关节、髋关节、膝关节、踝关节，因此，教师可针对以上几个关节做训练。

（1）肩关节训练。

在进行肩关节屈伸旋转训练时，教师一手握肢体障碍儿童的腕关节，另一手扶持其肘关节，辅助其分别完成肩关节的屈曲、伸展及旋转训练；禁止对关节进行强硬牵拉（图 5-3-6）。对偏瘫儿童的肩关节活动程度可适当降低。

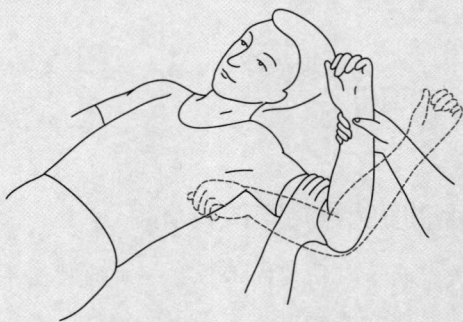

图 5-3-6　肩关节活动度的维持训练

（2）肘关节训练。

在进行肘关节屈伸旋转训练时，教师一手握其腕关节上方，另一手扶持其手关节，辅助其分别完成肘关节的屈曲、伸展及旋转训练；禁止对关节进行大幅度牵拉。对偏瘫儿童的肘关节活动程度可适当降低。

（3）腕关节训练。

在进行腕关节旋转训练时，教师一手固定肢体障碍儿童的前臂，另一手四指握其掌面，拇指在其手背侧，完成腕关节前后左右不同方向的旋转。在训练过程中，注意循序渐进，禁止对腕关节进行大幅度旋转。

（4）掌指关节训练。

在进行掌指关节活动训练时，可以四指同时训练，也可单个手指训练。教师一手在儿童的手指掌面侧固定，另一手四指在儿童手的背侧，拇指在儿童手掌侧使掌指关节完成屈伸运动。在训练过程中，注意循序渐进，禁止对掌指关节进行大幅度旋转。

（5）膝关节、髋关节训练。

在进行膝关节活动训练时，儿童应呈仰卧姿态。教师一手托其膝关节后方（腘窝），另一手托其足跟进行髋、膝关节的屈伸（图5-3-7）。然后在髋关节屈曲状态下完成膝关节伸展，最后完成髋关节伸展。在训练过程中，注意循序渐进，禁止对膝关节、髋关节进行大幅度拉伸。

（6）踝关节。

在进行踝关节活动训练时，儿童应呈仰卧姿态。教师一手固定其踝关节上方，另一手握其足跟。在牵拉跟腱的同时，教师利用前臂内侧推压

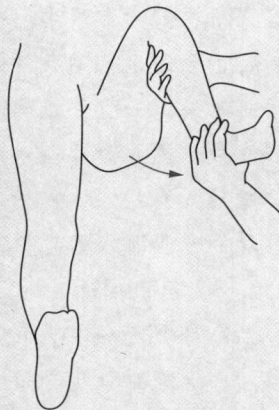

图5-3-7　髋关节活动度的维持训练

儿童的足底（图5-3-8）。跖屈时，教师将固定其踝关节上方的手向下移，在下压足背的同时，另一手将足跟上提（图5-3-9）。在训练过程中，注意循序渐进，禁止对踝关节进行大幅度提拉。

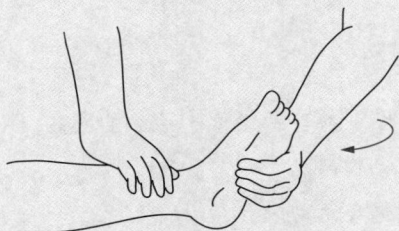

图5-3-8　踝关节内翻训练手法

图5-3-9　踝关节外翻训练手法

4. 注意事项

（1）对于关节挛缩程度较重的肢体障碍儿童，教师应对其进行各个关节的训练，避免遗漏。

（2）进行徒手被动关节活动度维持与改善训练时，手法要平稳、缓慢，速度以上肢默数3~5秒、下肢默数5~10秒为宜，绝对禁止快速、粗暴的手法。

（3）训练项目要尽量集中，避免频繁变动体位。

（4）对于肢体瘫痪的儿童，要充分考虑到肌肉对关节的控制力不足的问题，防止出现超关节活动范围的活动，造成关节周围软组织损伤。

（5）每日尽量保持1~2次的训练，每次各关节训练重复5~10遍即可。

项目六　肢体障碍儿童重心移动训练

站立对于普通儿童来说，是最为基本的动作；然而对于有些肢体障碍儿

童来讲，却异常艰难。有些肢体障碍儿童站立困难，但可以步行，然而此种步行由于缺乏基本条件的保证，往往表现为异常步态，异常步态无疑增加了矫正难度。并且不正确的站立方式，会导致关节及肌肉损伤，还极易跌倒造成事故。因此教师在对于肢体障碍儿童的针对性训练计划中应充分地考虑肢体障碍儿童站立的重心训练，并予以认真的指导，为儿童今后进行步行或者移动的专业训练奠定坚实的基础。

一、实训目标

1. 参照范例中儿童重心左右移动的训练，为肢体障碍儿童设计重心前后移动的训练活动方案。

2. 能为肢体障碍儿童拟订站立训练活动方案。

二、内容与要求

1. 请根据范例，设计针对肢体障碍儿童重心前后移动的个别训练方案。

2. 根据训练方案，定期、定时为肢体障碍儿童开展重心前后移动训练。

三、范例：重心左右移动训练

1. 训练目标

教师通过重心左右移动训练，让儿童习得自主掌握身体平衡的能力，为正常步行训练打好基础。

2. 训练准备

（1）儿童在着装方面做好准备，尽量穿宽松舒适、便于活动的衣物。

（2）教师准备平行杠、矫正镜、座椅等物品。

（3）在儿童开始训练前，引导儿童做热身活动。

（4）教师清洁双手，保持卫生。

3. 训练方法

（1）教师指导儿童从骨盆开始运动，伴随着骨盆向侧方移动，支撑侧躯干伸张，同侧髋关节外侧肌群充分收缩。非支撑侧下肢放松，抬起时躯干几乎不引起运动。

（2）支撑侧体重负荷不充分时，另一侧不能抬起。

（3）一侧重心活动训练后，转向另一侧进行训练。

4. 训练要点

（1）骨盆稍微向将要成为支撑侧的方向移动（假设为左侧），另一侧下肢（右侧）仍维持负荷状态。练习左侧躯干伸张，右侧短缩，右侧下肢的负荷随着骨盆的牵拉逐渐减少。

（2）骨盆被支撑侧（左侧）髋关节外侧肌群和另一侧躯干的侧屈肌群牵拉，将骨盆固定，防止出现向下方的倾斜与旋转。

（3）非支撑侧（右侧）下肢抬起，并可以在空间自由活动，也就是说，可以将抬起的下肢维持在随意运动的状态下。

（4）教师要选择适当的移动量，使具有不同控制能力的儿童，通过适应骨盆移动量的变化，达到提高控制能力的效果。

（5）在判断支撑腿（左侧）能否充分支撑体重时，要求儿童在头和躯干维持现有姿势不动的情况下，慢慢将右腿抬起。

5. 注意事项

（1）骨盆的移动次数不要过多，移动程度不要过大。

（2）一侧下肢负荷时，头部和躯干不要向支撑侧倾斜。

（3）防止疲劳。在训练时，教师注意对于儿童的保护，如发现超负荷训练时，应适时停止训练。

第四节 身体病弱儿童的发展与学习

一般而言，身体病弱儿童由于身体健康问题，其在生理、心理、学习等方面的发展异于普通儿童，他们在学习中有特殊的教育需求。为了保证身体病弱儿童得到适合其发展的教育，教师需要了解各类身体病弱儿童的发展特点、掌握处理紧急病况的措施，掌握合理的教育教学策略，以调动幼儿园或学校、家长、儿童同伴等多方面的力量，为身体病弱儿童的发展与学习创造有利的环境。

扫描二维码查看本节文本资源

微课：身体病弱的概念

一、身体病弱儿童概述

身体病弱儿童是指长期患有慢性疾病，体质虚弱，并因此需要特别照顾与教育的儿童。这类儿童通常不存在感官性生理限制和障碍，貌似普通儿童。我国还没有从立法上将身体病弱儿童列为特殊教育对象，对身体病弱儿童也没有明确的定义。但也有一些国家和地区都已经把身体病弱儿童列为特殊教育的对象，并对身体病弱儿童的定义做了具体的规定。例如，美国《残疾人教育法》将身体病弱界定为：由慢性或急性的健康问题，如心脏病、肺结核、风湿热、肾炎、哮喘、镰状细胞贫血、血友病、癫痫、铅中毒、白血病或糖尿病等，导致的缺少活力并对个人的教育成就有不良影响的状况。根据不同的标准，一般将身体病弱儿童分为慢性疾病者、身体羸弱者、罹患短期不易治疗的疾病者几类。其中，导致儿童身体病弱的常见疾病包括先天性心脏病、哮喘病、癫痫病等。据美国数据调查表明，身体病弱儿童的出现率呈递增趋势。教师可以通过了解身体病弱儿童产生的原因以及掌握相应的评估方法来更好地了解身体病弱儿童并选择适合身体病弱儿童的教学策略。

阅读材料
身体病弱儿童的分类

推荐书籍
《特殊儿童教育诊断与评估》

📖 拓展阅读

女孩患糖尿病自己注射药物 3 年

江苏女孩小雨，患糖尿病，每天都需要自己注射药物（图 5-4-1），注射时曾被教师误会在玩针头。据相关资料表明，糖尿病的患者呈现"低龄化"趋势。超重与肥胖也是儿童和青少年发生糖尿病的主要危险因素。引发糖尿病的因素很多，主要与遗传因素和生活方式有关。比如，缺乏运动、不健康的饮食（高热量的碳酸饮料和油炸食品等）、吸烟、酗酒等不良生活方式都可能引发糖尿病。2012 年发表在《美国临床营养杂志》上的一项研究称，每天只要吃两片培根肉、一个热狗或一份熟肉，就会大大增加人们

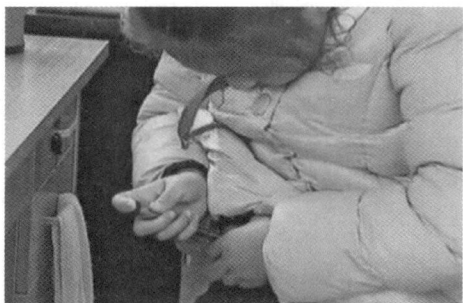

图 5-4-1 小雨

患 2 型糖尿病的风险。研究还发现，如果用坚果、低脂乳制品、全麦蛋白质，以及鸡肉、鱼类等"白肉"取代红肉，就能明显降低患糖尿病的风险。

二、身体病弱儿童的发展

身体病弱儿童由于长期存在的健康问题，生理发展上会出现一些与普通儿童不同的表现，其心理发展过程也会受到生理发展的制约，出现一些落后或不足的表现。

（一）生理发展

身体病弱儿童因疾病因素，生理上会出现若干反应，但也有少部分儿童无明显特征，主要是因疾病的种类与严重程度不同而有不同的变化。常见的特征有：身体虚弱，精神不佳，容易疲劳；胃口差，食欲不佳；有部分身体病弱儿童身体异常肥胖、瘦弱或发育不良；因身体病弱产生肢体活动的障碍；经常需要忍受身体的疼痛；因疾病或治疗因素，而产生外貌、身体上的改变，如身体水肿、月亮脸、掉发，身体有异味等。

（二）心理发展

1. 认知发展

除了因身体疾病造成的体能不足以外，大部分身体病弱儿童在智力发展上是正常的，其认知发展也与普通儿童无明显差异。但是，身体病弱儿童由于体弱多病，容易产生注意力不集中、注意持久性差、情绪不够稳定等问题，这些可能会对他们的认知能力发展产生一些负面影响。

2. 人格发展

身体病弱儿童在人格发展方面一般更容易表现出以下特征：（1）学习动机

与成就动机低。父母和教师常因身体病弱儿童的身体状况，而对其学习成就抱有较低的期望值，使得身体病弱儿童的学习动机与成就动机也较低。（2）消极的情绪与情感体验。由于身体病弱儿童的饮食和作息等受到多方面限制，其生活起居和活动无法自由进行，而易产生烦躁不安的心情；或因为他人的好奇眼光、取笑，容易产生自卑或自我贬低的现象；或因为意识到自己的疾病可能会导致死亡而产生焦虑和恐惧的心理。总之，身体病弱儿童在心理调适的过程中会经历许多挣扎，可能的情绪反应包括焦虑、否认、忧伤、沮丧、愤怒、攻击、无助等。（3）意志力薄弱，自制力较差。身体病弱儿童在学习和生活中常碰到各种困难，很难通过自己的努力全部解决，常常会产生挫败感，长期积累的负面情绪使得身体病弱儿童意志力薄弱，自制力比较差。如果周围的人认为他们很无助，处处需要帮助，儿童就容易养成依赖的性格；如果其他人能够把他们当作有一定限制的人，而在其他方面和其他人没什么区别，儿童就会受到鼓舞而成为独立的人。[1]（4）独立性缺乏，自我封闭性强。身体病弱儿童因需接受长期照顾，对家长过度依赖，家长也常会给予过度的保护，导致儿童缺乏独立意愿，很难独立自主完成任务。另外，疾病会造成身体外观及功能的改变，身体病弱儿童会担心同学异样的眼光，有时因不佳的自我形象，产生自卑心理，从而自我封闭，甚至脱离群体，容易形成孤僻、退缩等不良人格特征。

三、身体病弱儿童的学习

身体病弱儿童在学习内容的安排以及学习目标的确定上都不同于普通儿童，需要在学习环境和学习策略上给予支持。

（一）学习特征

不同的病因、不同的病情程度以及不同的生活环境都会影响身体病弱儿童的学习表现。因此，在对身体病弱儿童进行教育时，要综合考虑个体的具体情况。不过，一般来说，身体病弱儿童在学习方面呈现以下特征：上课时因容易感到疲倦而趴在桌子上；在走路、提重物、体能训练等肢体动作方面存在困难；可能会因为缺乏与同伴的互动而造成人际关系的疏远；可能会因为自己的病情而产生自怨自艾的情绪，给自己找借口而放弃学习或消极学习；可能会因为家长、教师的低要求而产生较低的学习动机。

（二）学习目标

身体病弱儿童的学习目标主要包括四个部分：（1）养成正确的生活观念和自强不息的精神，最大限度地发挥个人潜能；（2）在游戏活动中，体验学习的愉悦感，逐渐培养自己的自信心和成就感，体现自我价值；（3）在学习过程中，逐渐培养自己克服困难的坚强意志，同时也增强与疾病作斗争的信心，锻炼意志，消

📖 推荐文献
杨欢、张胜：绘本主题活动干预对幼儿自信心发展的研究，陕西学前师范学院学报，2022（06）

---

[1] 考夫曼. 特殊教育导论 [M]. 肖非，等译. 北京：中国人民大学出版社，2006：509.

除病弱感、自卑感，保持情绪稳定以适应环境；（4）了解相关的体育活动和保健知识，掌握一些基本的生活保健技能等。身体病弱儿童的学习目标因病情不同而不同，教师需根据儿童的具体情况帮助其完成学习目标。

（三）学习内容

一般而言，存在某种身体健康问题的儿童，其学习内容与普通儿童没有太大区别。但由于其存在的健康问题，教师在为这类儿童拟订学习内容时，可能会有所删减、变化或增列，如增加一些体育活动、生活保健的知识与技能等。

1. 体育活动

推荐书籍
运动疗法和作业疗法

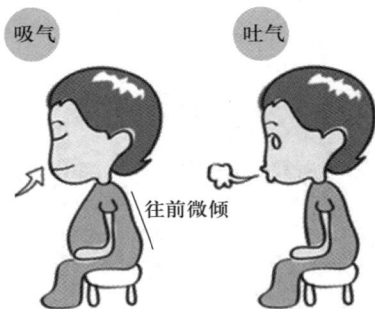

适度的体育活动有助于身体病弱儿童的康复，各类身体病弱儿童所需运动量不同，其要注意的锻炼方式也不同。例如，有心脏病的儿童需要避免参加剧烈的竞赛活动，而要从事安全性较高的体育活动；癫痫儿童应该掌握一些基本的体育活动锻炼法，如腹式呼吸（图5-4-2、图5-4-3）以及自然式锻炼法等；一些多重障碍的儿童还需要使用专业的物理治疗方法，如伴有脑瘫的身体病弱儿童。对于疾病程度较重，且伴有智力障碍、脑瘫等多重障碍的儿童，可能需要进行其他体育活动甚至运用更专业的运动疗法。

图 5-4-2 腹式呼吸（坐式）   图 5-4-3 腹式呼吸（站式）

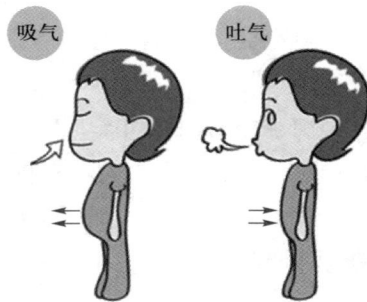

2. 生活保健

对身体病弱儿童而言，除了参与体育活动锻炼身体外，教师还需要引导他养成良好的生活习惯和卫生习惯，培养他们初步的生活自理能力以及引导他们形成安全意识，培养他们初步的自我保护能力。[①] 良好的生活习惯和卫生习惯有益于身体病弱儿童的身心健康发展，日常教学中教师还应该注意加强基础保健、医疗保健、心理保健、营养保健等。例如，癫痫儿童需要了解一些基本的饮食营养常识，以及生活和学习环境的温度，平时注意不食用含有兴奋剂的食品，要正确食用抗癫痫药物等；患有哮喘病的儿童应该了解一些易引发哮喘的物质，如远离花粉、烟雾刺激等；一些同时伴有脑瘫的身体

阅读材料
保健注意事项

---

① 杨枫. 幼儿园教育环境创设与玩具制作［M］. 2版. 北京：高等教育出版社，2013：149.

病弱儿童，则需要进行独立生活技能的学习，如吃饭、行走、整理书包等。

（四）学习策略

一个儿童的健康出现问题，必然会使其体力、活力或警觉性都受到一定程度的限制，从而对其学习产生不利的影响。他们需要在医教结合的环境中接受特殊的指导和帮助。因此，身体病弱儿童作为特殊教育的对象，他们不仅需要一般儿童所需要的学习策略，还需要符合他们身心特点的学习策略。

阅读材料
身体病弱儿童的
教学策略

讨论

1. 在幼儿园或小学，有些身体病弱儿童在学习和生活自理能力方面可能需要教师和同伴的帮助，应该如何做才能更好地帮助和支持身体病弱儿童的发展？

2. 有的身体病弱儿童可能由于习惯依赖教师和同伴的帮助和支持而独立性变差，应该如何做才能改变这样的现象？

1. 同伴协助

同伴协助在身体病弱儿童的生活和学习中占有重要地位。教师可以帮助身体病弱儿童获得以下几方面的帮助：（1）安排有爱心的同伴坐在他的周围，随时给予其关怀，并请同伴多协助其生活及学业；（2）让同伴与身体病弱儿童友好相处，主动邀请身体病弱儿童参与各项学习活动，增加与同伴互动的机会，帮助其建立自信；（3）请求同伴多注意身体病弱儿童的身心状态，尽量保证其有同伴的跟随，当出现突发情况时，同伴能第一时间告知老师，并实施处理措施，如在上下楼梯时，可以请同伴将设有扶手的那边空出来以便其抓握扶手，或搀扶其上下楼梯；（4）可以请同伴组成关爱小组，在身体病弱儿童请假离校时，通过互寄卡片、登门拜访、打电话等活动形式与其保持联系，并轮流为其提供学习辅导等。

2. 体育保健

《幼儿园工作规程》指出幼儿园的任务是"贯彻国家的教育方针，按照保育与教育相结合的原则""促进幼儿身心和谐发展"。幼儿园保育和教育的主要目标之一是"促进幼儿身体正常发育和机能的协调发展，增强体质，促进心理健康，培养良好的生活习惯、卫生习惯和参加体育活动的兴趣"。对身体病弱儿童来说，适度参与体育活动课程有益于身体病弱儿童的康复。有些身体病弱儿童在活动上受到限制，不能参加剧烈的体育运动，但他们仍需要适度运动，以增强体能。例如，可以参加走跑类、跳跃类（图5-4-4）、投掷类、钻爬与平衡类（图5-4-5）、徒手操或轻器械操类、精细动作类体育活动等，可以做一些简单的、轻负荷量的体育运动。教师在安排课程时，需要先了解身体病弱儿童的病情、应注意的事项，以及突发状况的处理程序。此外，运动设备也应作调整，如将篮球架高度调整到适中位置，有些运动活动的规则也可以视情况予以调整，如缩短跑步距离，以增加身体病弱儿童参与群体活动的机会。

图 5-4-4   跳跃体育活动

图 5-4-5   钻爬体育器材

3. 心理疏导

由于身体健康问题，身体病弱儿童在平常的学习和生活中或多或少会出现自卑、自怨自艾的情绪，他们会觉得自己不如其他人，发生抱怨和埋怨生活的现象，这个时期建立心理自信很重要，自信能使他们阳光地面对自己、面对学习、面对生活。教师应引导身体病弱儿童积极乐观地面对自己的身体问题，用榜样的力量激励和启发他们，让其身心得到健康的发展。

（五）学习环境

一个舒适且便利的环境有益于身体病弱儿童的身心发展，良好的校园环境不仅能激发身体病弱儿童的学习动机，也能培养身体病弱儿童良好的学习和生活习惯。一般而言，影响身体病弱儿童学习的环境主要有两类：物理环境和心理环境。在物理环境方面，校园环境的建设和无障碍设施等无疑都影响着身体病弱儿童的学习和生活。身体病弱程度十分严重的儿童在教育过程中通常需要医疗和康复的多元支持，根据病情的轻重、体质的虚弱程度，需要不同的环境条件。为身体病弱儿童创设物理环境应该注意以下几点：（1）最好每个班有一组房间，包括有活动室、卫生间、卧室、储存室等；（2）室内外东西摆放整洁、色调柔和协调、线条简洁明了，以免分散儿童的注意力或者影响身体病弱儿童的自由活动；（3）室内外的空间和物体的摆放要有益于儿童间的相互沟通和交流。在心理环境方面，一个充满爱与阳光的环境能给儿童无穷的正能量，良好的人际关系和环境氛围也无声无息地影响着他们的学习和生活。为身体病弱儿童创设心理环境应该注意以下几点：（1）充分体现现代儿童观和现代教育观，充分尊重、了解身体病弱儿童；（2）注意身体病弱儿童健康的心理环境，培养他们健康的心理品质，让他们乐观积极地对待自己的身体健康问题；（3）建立良好的人际关系，营造和谐的校园氛围，鼓励其他小伙伴尊重并帮助身体病弱儿童；（4）多鼓励、多表扬、多支持、多肯定、多接纳、多关注、多信任身体病弱儿童，鼓励他们乐观积极地面对学习和生活。[①]例如，可以组织小伙伴们一起去医院看望身体病弱儿童，打电话问问他什么时候返园、返校等。

---

① 宋骞. 基于幼儿叙事能力培养的大班故事创编活动设计 [D]. 大理：大理大学，2023.

技 能 实 训

项目七　创编体育活动

一、实训目标

1. 能针对身体病弱儿童的身心特点设计简单的体育训练活动。

2. 能利用日常生活中的运动情境创编体育训练活动。

二、内容与要求

根据身体病弱儿童的身心特点设计一个简单的体育活动。

三、范例：我是手操达人——比一比

1. 活动目标

（1）通过手操运动锻炼身体病弱儿童的身体协调能力。

（2）增强身体病弱儿童的柔韧性。

（3）让身体病弱儿童更热爱体育，热爱生活。

（4）培养身体病弱儿童的团结意识。

2. 活动准备

（1）提前通知儿童穿宽松、适于运动的衣服。

（2）在平坦宽敞的操场活动。

（3）准备音乐。

（4）小组奖品。

3. 活动过程

（1）教师组织儿童整理队形，做热身活动。

教师组织好儿童的队形，整理队形后要求儿童跟着教师做热身活动；儿童热身完毕教师分步骤讲解手操动作，儿童跟着步骤学习手操。

（2）播放音乐，跟着节奏练习手操。

教师指导儿童跟着音乐的节奏练习手操，并逐一指导，对有困难的儿童进行耐心教导。

（3）调整、变化队形练习手操。

在儿童熟悉手操的前提下，教师组织儿童变换队形练习手操，然后边做手操边变换队形。

（4）分小组比赛，获胜小组获得奖品。

（5）活动结果分析。

通过手操这种简单的肢体活动，身体病弱儿童不仅能得到身体康复训练，也能逐步建立自信，同时学会合作，实现身心双赢。

项目八　设计生活自理能力的活动

一、实训目标

1. 能根据身体病弱儿童的身心特点设计自我护理活动。

2. 能针对身体病弱儿童的身心特点设计简单的康复训练活动。

二、内容与要求

根据身体病弱儿童的身心特点，参照范例设计一个简单的训练生活自理能力的活动。

三、范例：我是乖娃娃——吃饭了

1. 活动目标

（1）使儿童养成良好的用餐习惯，锻炼儿童的生活自理能力。

（2）使儿童养成良好的卫生习惯。

2. 活动准备

（1）准备洗手用具、餐具。

（2）准备音乐，洗手歌、吃饭歌。

3. 活动过程

（1）组织儿童洗手。

教师先组织儿童到洗手台洗手，同时播放音乐，再组织儿童在餐桌旁就座。

（2）播放音乐，准备就餐。

在吃饭前，教师结合吃饭歌的内容先讲解吃饭时候的注意事项，如不要浪费，不要喧哗，爱护卫生等。

（3）饭后摆放好餐具并洗手。

就餐结束，教师指导儿童把餐具摆放在指定位置，并洗手。

思考与练习

1. 视障儿童的感知觉有哪些特点？

2. 听障儿童的学习内容与普通儿童的学习内容有什么不同？

3. 肢体障碍儿童的心理发展有什么特点？

4. 如何做好身体病弱儿童的学习支持工作？

5. 视障儿童对学习环境有哪些要求？请完成一份教室环境设计方案。

6. 请根据听障儿童的身心特点，设计一个听障儿童语言训练的游戏活动。

7. 请根据肢体障碍儿童的身心特点，设计一个适宜肢体障碍儿童和其他儿童共同参与的活动。

8. 身体病弱儿童在日常生活适应方面有哪些困难？请根据身体病弱儿童的特点，设计一个保健活动。

第六章　　　　　智力异常儿童的发展与学习

学习目标

☐　知识目标：

1. 正确认识智力和智力测验。

2. 理解智力异常儿童的发展特征。

3. 掌握智力异常儿童的学习特征。

☐　能力目标：

1. 能针对智力异常儿童的学习特征采取有效的教学策略。

2. 能为智力异常儿童设计有针对性的教学活动。

☐　情感目标：

1. 从心理上接纳智力异常儿童。

2. 树立为智力异常儿童进行个别化教育的意识。

智力与智力测验
- 智力：实质、有关智力认识的偏差
- 智力测验：功能、态度

智力异常儿童的发展与学习

智障儿童的发展与学习
- 概述：定义、标准、病因
- 发展
  - 生理发展：身体发育、运动技能
  - 心理发展：认知和人格
- 学习
  - 学习特征：缺乏学习动机、学习自控能力差、学习效率偏低、需要多样的学习方法
  - 学习目标：培养儿童的适应能力
  - 学习内容：感知、运动、认知、语言和交往、情绪和行为管理、社会适应
  - 学习方法：任务分析法、模仿学习法、情境学习法、游戏学习法
  - 学习环境：物理环境和心理环境

超常儿童的发展与学习
- 概述：定义、评估、成因、类型
- 发展
  - 生理发展：有提前趋势
  - 心理发展：认知和人格
- 学习
  - 学习特征：擅长自主学习、高度自觉、运用学习策略
  - 学习目标：个性的全面发展与个性特长的充分发展
  - 学习内容：深度和广度
  - 学习策略：制订计划、多感官参与、多思考提问、勤归纳总结
  - 学习环境：物理环境和心理环境

智力是人们生活中经常使用的能力评定术语，也是一个"仁者见仁，智者见智"的心理学词汇。智力测验是运用智力测验工具测验智力水平的一种方式。对于智力和智力测验，我们应该保持理性态度。智力异常儿童是指智力的发展水平处于正态分布曲线两端的儿童，低于常态标准的儿童被称为智力障碍儿童；高于常态标准的儿童被称为智力超常儿童。①

故事专栏

2023年9月10日是我国第39个教师节，全国教书育人楷模学习宣传活动评选出12位优秀教师代表，河南省洛阳市栾川县特殊教育学校校长吴拥军就是其中一位。

栾川县特殊教育学校位于河南省西部的大山深处，全校100多名学生中，90%以上患有脑瘫、孤独症、唐氏综合征，不少人还伴随有肢体等残疾。但在体育赛场上，这些孩子们却顽强拼搏，摘得全国残运会、特奥会等赛事的106枚奖牌，创造出令人称赞的成绩。然而在吴拥军担任校长之前，这一切看起来还只是遥不可及的梦想。

2016年，吴拥军出任栾川县特殊教育学校校长。开学的时候，他看不到孩子们那种阳光快乐的样子，感觉到这些家长和孩子们都是非常漠然的那种状态，有些孩子还是带着助行器一步一步走进校园的，还有一些脑瘫孩子活动不便，提很轻的东西都很困难，这些对他的触动非常大。吴拥军开始思考如何改变这些孩子的状况。

从哪改变呢？

这些孩子有智力障碍（大概六年级或者初一），在教室里，老师为了一个五以内的加减法反复地教，一个班十几个孩子也就两三个能够跟老师交流的。老师费劲儿地教啊教，过了几天，孩子们又忘得一干二净。吴拥军发现得想办法让孩子们动起来，不能老泡在课堂里。

然而，想让这些有智力障碍，特别是有智力障碍加身体残疾的孩子们动起来，谈何容易。吴拥军就从他们擅长的方面想，他组建过打击乐队，实施过音乐康复课，还组建过足球队。孩子们有了更多走出大山的机会，一下子也让社会了解到这群孩子是可以做了不起的事情的。

……

作为校长在教育期间能够负责，但是管不了孩子一辈子。吴拥军和很多的老师是一样的，当看到一个孩子的时候，他不只审视孩子学得怎么样，还要审视这个孩子的一生。

这几年，针对这些有智力障碍的孩子们，栾川县特殊教育学校开展了职业培

---

① 雷江华，方俊明. 特殊教育学 [M]. 2版. 北京：北京大学出版社，2016：58.

训的试点工作。孩子们慢慢学会了做饭、洗车,有的孩子已经就业了。这些孩子们经过学习以后,最起码他自己生活可以自理了。吴拥军说:"特殊教育最需要的是更多人的了解和支持。我还是想跟老师们一起再帮孩子们一把。"

思考:如何定义智力障碍呢?吴拥军做的哪些工作,让你印象深刻,为什么?

第一节　智力与智力测验

扫描二维码
查看本节文本
资源

人们对智力的认识莫衷一是,对智力结构的分析也存在差异,但都认同智力是一种多元结构,智力的发展受多种因素影响。随着科学技术的进步和人本主义观念的发展,人们对智力及智力测验的认识也逐渐全面。智力测验为儿童的筛查、预防诊断、康复训练、教育教学提供了依据。

一、智力

智力通常被人们视为一个人聪明程度的标志,一个智力水平高的儿童就是一个聪明的儿童。事实上,智力远比我们认识到的要复杂。美国《教育心理学杂志》曾开辟专栏探讨其实质,讨论结果可归为三类:(1)智力是抽象思维能力;(2)智力是学习的能力;(3)智力是适应环境的能力。现在多数人接受认知心理学的观点:智力是人们在获得知识以及运用知识解决实际问题时所必须具备的心理条件或特征。[1]

有人认为智力是固定不变的,是与生俱来的;还有人认为智力水平和学习成绩是一回事。事实上这些认识都存在偏差,我们必须明确以下几点:(1)个体间的智力水平存在差异。正如加德纳所说:"我们必须承认每个人智力发展上的差异,每个人必须了解自己的智力特点。如果找准了自己智力发展的方向,就找到了开启智慧之门的钥匙。"(2)智力受遗传、身体发育、环境、教育等多种因素的影响,也就是说智力是可变的。遗传是智力发展的生理基础,环境关乎个体潜能开发的程度,智力是个体成熟与学习相互作用后的产物。遗传、环境和教育是儿童认知发展的必要条件,它们不是对立的而是互为前提的,无论多么优良的遗传因素都只提供了认知发展的可能性,而只有环境和教育才能把这种可能性变成现实。[2](3)智力是多元的。人的智力并不是单一的,而是不同智能因素的组合,

阅读材料
中西方学者对于
智力的不同认识

推荐书籍
《智力ABC》《智商测试:一段闪光的历史,一个失色的点子》

---

① 朴永馨. 特殊教育辞典[M]. 3版. 北京:华夏出版社,2014:284.
② 陈云英. 智力落后心理、教育、康复[M]. 北京:高等教育出版社,2007:63.

就像一个工具箱，我们每个人的工具箱都不一样。[①] 每个人用工具来探索世界的方式不一样，个体所获得的发展也不一样，例如，某儿童会记得歌曲的旋律，会无意识地哼唱，会跟着旋律打拍子或者跳简单的舞步，但是却不能进行简单的数字重复，不愿意玩数字游戏，这说明该儿童具有很好的音乐智力，但数学智力相对较弱。

推荐文献

林崇德：继承弘扬中华传统文化的智能观，中国教育科学（中英文），2019（6）

二、智力测验

智力测验是有关人的普通心智功能的各种测验的总称，是评定儿童的智力水平、验证教育教学效果的重要途径。如前文所述，智力像一个工具箱，那智力测验就像打开工具箱的钥匙，我们不但要了解工具箱里都有什么，更重要的是学会如何使用这些工具。智力测验的主要功能有如下三点：（1）筛查与鉴别。智力水平存在差异，智力测验可以把智力异常的儿童筛查出来，如把智力超常或智力障碍的儿童鉴别出来，进行专门的训练或教育，从而使超常儿童的潜力得到充分发展，使智力障碍儿童尽早得到补偿。（2）因材施教的依据。每个儿童的智力结构不同，表现出来的学习特征、所擅长的学习领域都不尽相同，从科学的智力测验中我们可以看到儿童在哪些方面能力发展得较好，在哪些方面相对较弱，从而根据特点进行教育。（3）验证或评价各种教育、教学实验的有效性指标。实验前做一次智力测验，了解实验前儿童的智力水平。实验后再做一次智力测验，以确定儿童的智力水平在实验前后的变化情况，从而判断实验的效果。[②]

我们使用智力测验结果要保持理性的态度：（1）智力测验并不是万能的，因为智力是多元的，并不是每一种智力都可以被测量，例如儿童的空间智力往往可以在其认路、搭积木或者传球等动作中得以表现，传统的智力测验更偏重于语言和逻辑–数学能力。（2）智力测验的教育与服务功能是第一位的，而不是为了给儿童贴上"智力障碍"或者"智力超常"的标签，不能根据智商将儿童划分为三六九等，教育者尤其应明白这一点。（3）在教育观念上，忌单纯智育观点，要培养儿童良好的个性，注意非智力因素的开发，如兴趣、意志、情绪、性格等。[③]（4）智商是可变的。智商的高低受多种因素的影响，其中环境和教育的影响较大。随着儿童受教育年限的增多以及知识水平的提高，智商也可能在一定程度上得到提高。[④] 同时，还应该认识到的是，测验分数在短时间内有预见性，时间越长预见性越低。

① LEFRANCOIS G R. 孩子们：儿童心理发展 [M]. 王全志，孟祥芝，译. 北京：北京大学出版社，2004：435.
② 施建农，徐凡. 超常儿童发展心理学 [M]. 合肥：安徽教育出版社，2004：64-65.
③ 燕国材. 我在智力和非智力因素领域的探索与追求 [J]. 中国教育科学，2019（5）：3-8.
④ 王爱平，周黎明，张厚粲. 中国儿童智力测验的弗林效应及其影响因素 [J]. 中国考试，2016（5）：3-11.

📖 **拓展阅读**

"另辟蹊径"提早入园

璐璐的妈妈齐女士从怀孕开始就为孩子设计了一条成长路线："我要让她读最好的幼儿园、最好的小学、最好的中学。"璐璐出生在 10 月份，而幼儿园要求在招生当年 9 月份前满 3 岁的儿童才可入园。一心想让璐璐早上学的齐女士担心会受年龄限制，于是决定"另辟蹊径"。

璐璐刚满 6 个月，齐女士就送她到医院做了所谓的智商测试。6 个月的璐璐还不会坐，她躺在医院的白色小床上，跟着医生做简单的动作。测试结束后，璐璐得到一张证明：智力 120 分，动作能力 117 分，属于"聪明"一类。齐女士特别高兴。璐璐 12 个月的时候，齐女士让医生对璐璐进行测试，这一次的测试内容是模仿医生的动作、敲击积木、指认玩偶的五官等，璐璐依旧顺利地完成了。璐璐 2 岁的时候，齐女士又带着璐璐到医院做了一次智商测试，结果依旧很喜人。有了这样 3 份数据，齐女士心想："虽然年龄差一个多月，但是璐璐智商高呀，教师应该会考虑。"她带着璐璐的出生证明等一系列资料以及悉心保存的 3 张智商测试单据，直奔报名处，但是幼儿园坚持原则，拒绝了齐女士的要求。

🔲 **阅读材料**
常用智力测验

如果一个儿童的发育水平明显超过同龄儿童，开口说话早且流利，学习东西很快，记忆力很好等，教师可以建议儿童进行智力测验，以判断其是否是智力超常儿童。但是，智力测验的实施一定要由专业人士进行，家长可以带领幼儿到医院的儿童中心或者智测室进行测查。同样，如果教师发现儿童存在异常行为，如俯卧、翻身、站立、行走、抓握等动作发展缓慢，会说的话很少且断断续续，食物吞咽困难等，教师需要借助智力测验确认是否是智力水平影响了儿童发展。

在智力测验完成之后，儿童会得到一个智力测验的分数，教师在拿到智力测验报告之后，要对分数进行科学的解读。首先是对总智商、语言智商和操作智商的解读，这三个分数的高低从整体上反映了被测对象的智商水平。韦克斯勒智力量表中智商 130 分以上属于智力超常，低于 70 分则表明存在智力障碍，大多数人智商在 70~110 分。其次要观察言语分和操作分内各项分值的大小，发现被测对象在哪些方面发展得较好，在哪些方面发展得较弱，作为制订个别化教育计划的依据，在继续加强优势的基础上也要注意弱势的培养。

讨　论

如何看待智商？

智力到底能不能被测量？能在多大程度上被测量出来？智商代表什么？人们关于这些问题的讨论一直没有停止，主要有以下几种观点，你更同意哪一种观点呢？

观点一：测验分数是完全可以反映智力水平的，爱因斯坦智商高，测验分数也高，因此也有很高的专业成就。

观点二：测验分数并不代表智力水平，智力并不能完全被测量，而且测验分数高并不代表日后成就高，后天教育至关重要。

第二节　智力障碍儿童的发展与学习

扫描二维码查看本节文本资源

智力障碍儿童是比较常见的特殊儿童类型，他们的病因不同，障碍表现不一，个体差异较大。了解智力障碍儿童的判定标准、发病原因等基本知识，熟知智力障碍儿童的发展特征、学习特点等是对其进行教育的前提，也是促进智力障碍儿童学习发展的必要条件。

一、智力障碍儿童概述

智力障碍，也称为"智力残疾""智力落后"。美国智力与发展障碍协会于2021年发布了"智力障碍"的新版定义——在认知功能以及适应行为上有重大限制的障碍。这个限制在22岁以前即会出现。认知功能也可称为智力，是一种包含多种技巧（如学习、推理、问题解决等）的认知能力。适应行为是一系列人们在日常生活中习得并表现的能力，包含概念技能、社交技能和实用技能三个部分。

微课：智力障碍儿童概述

智力障碍儿童的判定要满足三个标准：一是智商标准；二是社会适应能力标准；三是年龄标准，即发生在22岁以前。对于智力障碍儿童评估的核心内容包括智力水平和社会适应能力的评估，具体的评估操作也应由专业人士进行。根据智商分数和社会适应障碍程度将智力障碍分为轻度、中度、重度和极重度四个级别。据统计，2010年末智力残疾568万人，占残疾总人数的6.68%。截至2021年，我国有850.8万残疾人得到基本康复服务。当前，越来越多的智力残疾人士得到了康复与治疗，在得到康复服务的持证残疾人中，智力残疾人数为68.8万。

阅读材料 智力障碍的分类分级

智力障碍的病因复杂多样，涉及范围广泛，如生物学因素、社会心理因素等。世界卫生组织在《智力落后术语和分类手册》中将智力障碍的病因分为十大类：（1）感染和中毒；（2）外伤或物理因素；（3）代谢障碍或营养不良；（4）大脑疾病（出生后）；（5）由于不明的出生前因素和疾病；（6）染色体异常；（7）围产期其他因素；（8）重症精神障碍；（9）心理社会剥夺；（10）其他非特异性的病因。

二、智力障碍儿童的发展

智力障碍儿童不仅在智力水平及适应能力上与普通儿童有显著差异，在生理发展、心理发展等方面也有一定的差异。智力障碍儿童的发展受多种因素的影响，一般而言，智力障碍的程度越严重，其发展水平与普通儿童的差异越明显；不同病因的智力障碍儿童，其发展特点也有一定的差异。

（一）生理发展

与普通儿童相比，智力障碍儿童在身体发育、运动技能等方面都存在一定的困难，智力障碍程度越重，发育障碍越明显。中、重度智力障碍儿童在身高、体重、骨骼的成熟等方面都可能比同龄普通儿童发展的速度慢、质量差。形态发育方面，身高偏低、体重偏高、胸围偏大。身体素质发育方面，营养不良、"双峰现象"明显，偏瘦的为48%，其中营养不良的达到35.6%；营养过剩（包括偏胖和肥胖）的达到29.8%；身体质量指数正常的仅有22.2%。[1] 身体机能发育方面，脉搏偏低，血压指标偏高，肺活量显著低于普通儿童，青春期略晚；神经系统发育普遍滞后，最显著的表现是动作机能发展迟缓。大多数智力障碍儿童粗大动作与精细动作的发展明显落后于同龄普通儿童，且群体内部有很显著的个体差异。[2]

📖 **拓展阅读**

唐氏综合征患儿的身体特征 [3]

唐氏综合征患儿有一些典型的身体特征，如头较小，脑后平扁，前额平广，塌鼻或者畸形，口部畸形，大舌头。有的儿童牙齿畸形，脖子较短，胸廓畸形或者鸡胸，腹肌松弛，腿部肌肉松弛，皮肤柔软，脚趾短；有的儿童二脚趾小于三脚趾，大脚趾和二脚趾趾距宽等。

（二）心理发展

1. 认知发展

认知发展表现为各种心理机能的发展，包括感知觉、注意、记忆、语言与思维能力，与同龄普通儿童相比，智力障碍儿童的认知发展速度慢、发展水平低，且个体间差异大。

（1）感知觉

智力障碍儿童的各种感觉一般比较迟钝。例如，视觉方面，轻度智力障碍儿童感受性降低，一般很难或不能辨认物体的形状、大小、颜色的微小差异；触觉、痛觉和温度觉等感觉功能比较迟钝，故而许多智力障碍儿童自残或身体受伤时毫无反应。知觉与感觉密切相关，智力障碍儿童的感觉发展水平直接影响到知

① 王雁，杨丽，刘艳虹. 北京市智力落后学生营养问题的调查研究 [J]. 中国特殊教育，2006 (1)：23-28.
② 刘春玲，马红英. 智力障碍儿童的发展与教育 [M]. 2 版. 北京：北京大学出版社，2019：70-72.
③ 王书荃. 智力落后儿童的早期发现与训练 [M]. 北京：中国妇女出版社，2008：87.

觉发展，如有的智力障碍儿童感觉不出铁制筷子和木制筷子的区别，还有的智力障碍儿童很难分清楚长短、高矮、胖瘦等。

（2）注意

智力障碍儿童的注意水平和注意品质发展都与正常儿童有显著差异。在注意水平上，智力障碍儿童普遍表现为注意力容易分散，无意注意有一定发展，有意注意处于缓慢的形成过程之中。在注意品质上，智力障碍儿童注意范围狭窄，注意广度明显低于普通儿童；注意稳定性差，注意力容易分散；注意分配和转移也比正常儿童差，常常表现出顾此失彼。[1] 研究者在不同频率、不同呈现速度及不同信噪比条件下，比较了智力障碍儿童、与智龄匹配的普通儿童的听觉注意的稳定性。研究结果显示，4 岁智龄的智力障碍儿童听觉注意的稳定性较普通儿童弱，声音的呈现速度及测试环境影响智力障碍儿童听觉注意稳定性的表现。[2]

（3）记忆

智力障碍儿童识记缓慢，记忆容量小；保持差，易遗忘；再现困难，不完整；记忆目的性差，识记的选择功能不完全；意义识记差，机械识记相对较好；记忆与情绪关系密切，容易记住自己喜欢的事物，但对于知识点的记忆则严重落后于普通儿童。例如，有一位智力障碍儿童的母亲说，自己的孩子学会 10 以内的整数，花了一年半的时间。

（4）语言

智力障碍儿童的语言发育迟滞，开始说话的年龄晚；发音不准，吐字不清；语言理解能力差，比较难理解别人说话的意思，但一般而言语言理解的能力强于表达能力；词汇贫乏，语言量少，语法简单，语言运用的质量差。例如，问智力障碍儿童"布娃娃是什么样子的？"儿童可能会说"布娃娃在床上"，并没有理解问话人的意思。

（5）思维

智力障碍儿童的思维发展长期停留在直观思维阶段，分析、综合和抽象、概括能力弱，很难理解事物的内在联系，很难回答"下雨天为什么要打伞？""猫和狗有什么相同点？"等问题，对于事物的认识长期停留在表层很难进一步发展。

2. 人格发展

整体而言，智力障碍儿童的人格发展也相对滞后。首先，在情感上，智力障碍儿童的情感不稳定，体验不深刻，比较幼稚；情感反应和引起情感的外部作用不相符；控制和调节情感的能力差；高级情感发展缓慢。不少智力障碍儿童有病态性情感，如轻微的刺激就引起超乎寻常的爆发性兴奋反应。其次，在意志上，智力障碍儿童缺乏预定目的，没有针对性，做一步算一步；缺乏坚持性，遇到困

📌 推荐文献
李欢：智力落后儿童语用能力研究述评，中国特殊教育，2012（6）

📖 阅读材料
关于智力障碍儿童情绪不稳定问题的个案分析

---

[1] 刘春玲，马红英. 智力障碍儿童的发展与教育 [M]. 2 版. 北京：北京大学出版社，2019：83-84.

[2] 刘巧云，陈丽，黄昭鸣，等. 智力落后儿童听觉注意的稳定性研究 [J]. 应用心理学，2010（4）：356-361.

难容易放弃，不能想办法克服；行为缺乏自制力，不会主动抑制情绪冲动，如面对一些不满意的事，马上大吵大闹，难以平息。最后，在个性与社会发展方面，智力障碍儿童独立自主能力差，在集体中缺乏做事能力。同伴之间的相互关系简单，是非观念薄，难以顾及他人，缺乏自信，常有不可遏止的冲动。有的智力障碍儿童存在攻击性行为，还会有自我刺激和自伤行为等。[①]

三、智力障碍儿童的学习

与普通儿童相比，智力障碍儿童的生活经验不足、知识积累缓慢，这给智力障碍儿童的学习带来了很大挑战。智力障碍儿童在学习上表现出动机缺乏、自控能力差、效率低等特点，需要丰富、适合的学习内容及多样化的学习方法，并对学习环境有特殊的要求。

（一）学习特征

智力障碍儿童的认知发展和人格发展和普通儿童存在较大的差异，智力障碍儿童的学习也有其特殊性，主要表现为：第一，缺乏学习动机。学习动机本身与智力没有直接的关系，但是由于智力障碍儿童有过太多失败的经历，他们的表现总是低于自己的同龄人甚至低龄人，周围的人对于他们的表现少有赞美或肯定，甚至会说"这么简单怎么都不会"，这些都可能降低智力障碍儿童的学习兴趣，从而导致他们缺乏学习动机。第二，学习自控能力差。智力障碍儿童在学习时注意力不集中、易分心、小动作多等，如时不时地打扰旁边同伴，或者直接跑出教室等，他们很少能够自觉地完成自己的任务，更多地需要教师或家长的督促。第三，学习效率偏低。由于思维水平低，智力障碍儿童在学习新知识时速度慢、耗时长，需要经过多次重复及长时间的积累，才能掌握一项生活技能或者一个生活常识。例如，系鞋带或者扣纽扣等生活技能也需要反复地训练才能掌握。第四，需要多样的学习方法。由于智力障碍儿童注意范围狭窄、认知能力有限，学习某项知识需要教师使用多种学习方法对其进行教学，在设计的教学活动中调动他的手、眼、耳等多种感官。同时教师还要运用各种奖励机制帮助他学习和巩固所学知识和技能。

▶ 推荐视频
电影《不一样的爸爸》

📖 **拓展阅读**

鹏鹏学数数

鹏鹏，3岁半，重度智力障碍，长相清秀。在教鹏鹏认识1和2时，教师不断重复各类代表"1"的图片，如一个苹果、一个桃子、一个杯子等。在鹏鹏学会"1"怎么写之后，教师开始教数字"2"，如两个苹果、两个桃子、两个杯子等，大约过了半个月，鹏鹏会画"2"了。但当教师把"一个苹果"和"两个苹果"的图片同时呈现时，鹏鹏就分不清楚哪个代表"1"，哪个代表

---

① 茅于燕. 智力落后与早期干预［M］. 上海：上海教育出版社，2007：68-69.

"2"了。正当教师愁眉不展时，发现鹏鹏喜欢看动画片《熊出没》，并学会了一句台词"我是最棒的"，教师把"光头强"的图片呈献给鹏鹏，问："有几个光头强？"鹏鹏答对了，教师说："答对了，你是最棒的！"紧接着教师呈现熊大和熊二的图片，问："是谁不让光头强砍树的？"鹏鹏说："是熊大和熊二。"教师追问："熊大和熊二是几只熊？"鹏鹏爽快地说："是两只熊。"教师继续问："为什么是两只？"鹏鹏说："因为那只叫熊二。"教师竖起大拇指说："鹏鹏又答对了，你是最棒的！"

（二）学习目标

智力障碍儿童的教育目标主要是培养儿童的适应能力。智力障碍儿童的学习目标是在学习基本文化知识的同时注重适应能力的发展，为其独立生活奠基。在智力障碍儿童早期教育中，要帮助他发展粗大动作和精细动作，形成基本的认知能力、语言能力、生活自理能力和社会适应能力。

▶ 推荐视频
儿童智力障碍康复

（三）学习内容

智力障碍儿童的学习特征和学习目标决定其学习内容，一般来说学习内容涉及生活的各个方面，但结合智力障碍儿童的特点，主要包括如下几类。

1. 感知

感知分为外部感知和内部感知。外部感知觉包括视觉、听觉、嗅觉、味觉、肤觉等；内部感知觉有运动觉、平衡觉和本体觉等，包括了解事物的外形和质地，分辨声音和颜色，感知韵律和节奏，感知味道、温度等并作出反应。

2. 运动

运动能力是指感官和肢体的配合、动作的协调以及控制力度和速度的能力，分为粗大动作和精细动作。粗大动作如俯卧、跑步、跳跃等；精细动作如用手指捏、用筷子夹、系鞋带等。

3. 认知

认知是人类获取、加工、存储和使用信息的心理过程的总称，包括利用感知觉认识外界事物，获得生活常识、自然常识等。鉴于智力障碍儿童反应能力差，应引导其对外界做出多方面的反应，包括语言和动作上的反应。

4. 语言和交往

语言和交往是指用目视、点头、摇头、微笑、动作等表示理解他人的动作和语言。对于智力障碍儿童的教育，应当让其表达自己的愿望和要求，理解别人的语言和表情变化，能以肢体动作配合自己的语言表达。

5. 情绪和行为管理

情绪和行为管理能力是指逐渐减少或消除焦虑、抑郁、恐惧、愤怒等不良情绪，控制并去除攻击、毁物以及自我刺激和自伤等不良行为，避免不良情绪和不

🖰 推荐文献
汪莉萍：如何帮助智力落后儿童保持积极的自我形象，课程教育研究，2013（29）

良行为对他人或社会造成影响的能力。

6. 社会适应

社会适应能力包括生活自理能力、基本劳动能力、社会交往能力和使用基本道德规范约束自己的能力，它能满足儿童适应社会、他人，应对环境和生活的需要。①

（四）学习方法

学习方法是儿童在教师指导下获得知识、形成技能、发展能力和个性过程中使用的方式。② 智力障碍儿童由于存在大脑损伤和社会认知不足等问题，在认识事物、理解和感受外界刺激、思维与表达方面有别于普通儿童，所以学习方法的选择和运用应符合其身心特征和学习特点。

1. 任务分析法

任务分析法也叫工作分析法，是将对学习者而言复杂的"总任务"分解成能够被其接受的多个简单的"分任务"的方法。如果需要，可以将"分任务"进一步分解直至该"分任务"符合儿童的行为起点为止（表6-2-1）。该方法在智力障碍儿童学习中使用价值非常高，几乎可以覆盖所有技能类学习内容。将复杂技能分解成若干个容易观察、模仿的细小操作步骤，帮助儿童一个环节一个环节进行操作实践，使他们掌握技能要点，最后将每一个细小步骤连缀成一个完整的操作技能。任务分析法符合智力障碍儿童教学中的小步子原则。③

表6-2-1 "刷牙"任务分析

步骤	任务分析
1	取出牙刷，将刷头浸湿
2	打开牙膏的盖子，将适量的牙膏挤到刷毛上
3	刷上、下排牙齿的外侧：使刷毛与牙面成45°角，顺着牙龈线上下轻刷每一颗牙齿
4	刷上、下排牙齿的咬合面：来回轻刷每一颗牙齿
5	刷上、下排牙齿的内侧：将牙刷放在牙龈处，从下往上刷，或从上往下刷
6	漱口
7	冲洗牙刷
8	将牙刷、牙膏及杯子放回原处

---

① 雷江华. 学前特殊儿童教育 [M]. 武汉：华中师范大学出版社，2012：114.
② 黄甫全，王本陆. 现代教学论学程 [M]. 北京：教育科学出版社，2003：300.
③ 刘春玲，马红英. 智力障碍儿童的发展与教育 [M]. 2版. 北京：北京大学出版社，2019：226.

2. 模仿学习法

模仿学习法是通过让儿童模仿他人正确的语言或动作，进而调整自身行为，从而促进其智力发展的方法，比较适合智力障碍儿童对技能的学习和良好行为的发展，如公共场所中的文明行为。与智力障碍儿童的独立思维和创造力相比较而言，他们的模仿能力比较强，因此模仿法在智力障碍儿童的学习中具有很高的应用价值。教学可以通过教师示范→儿童模仿→教师指导→教师再示范→儿童再模仿→教师再指导的步骤开展。例如，在儿童学习简单舞步时，可以由舞蹈教师先示范1~2个动作，让儿童学习该动作，教师对儿童的动作进行纠正，然后教师再进行示范，儿童再模仿教师，如此进行舞蹈教学（图6-2-1）。

图6-2-1　舞蹈的模仿学习

3. 情境学习法

情境学习法是儿童根据教师设置的教育情境，通过完成情境中的具体任务掌握知识和技能的方法。情境既可以是现实情境，又可以是模拟情境，或想象情境，如模拟超市购物。由于情境学习法既节省学习资源，又便于灵活运用，因此是智力障碍儿童教育中最常用的学习方法之一。情境学习法一般有两种形式：一是在现实情境中学习，即在真实的专门的生活情境中学习，如在课堂教学中设置一些专用教室，模拟"超市""卧室"（图6-2-2）等特定场所，儿童通过在模拟情境中执行特定的学习任务获得知识、掌握技能；二是

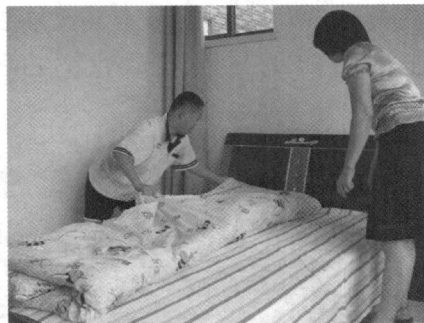

图6-2-2　卧室情境模拟

教师或家长利用学习内容设计一些临时性教学情境，通过组织儿童在该临时情境中扮演角色以体会学习内容，如分角色朗读、分角色轮唱等。

4. 游戏学习法

游戏学习法指利用游戏学习知识、技能和补偿缺陷的方法，有利于激发儿童的学习兴趣、保持注意力、促进思维，符合"寓学于乐"的学习原则。游戏学习法在智力障碍儿童学习中有特殊的作用，特别是在学习某些知识性较强的内容时，智力障碍儿童不易理解和记忆，而运用游戏学习法既不会让智力障碍儿童感到枯燥，又能最大限度地调动他们的学习积极性，符合因材施教、直观性、启发性等多项教学原则。但是要注意游戏只是一种教学和学习手段，切忌将游戏当作

微课：智力障碍儿童游戏教学法

教学目标，而忽略了通过游戏活动智力障碍儿童所应该掌握的知识或技能。[1]

📖 拓展阅读

他终于认识颜色了

乐乐，男，5岁，是典型的唐氏综合征患者，对于颜色的识记困难，遗忘快，而且容易混淆。针对这一情况，幼儿园教师挑选了红、绿、黄、蓝、黑、白等各种颜色的帽子，每个小朋友戴一顶，来玩"大风吹"的游戏。所有小朋友围成一个圈，按顺时针方向走动，一个在中间的小朋友会说"大风吹，大风吹，吹呀吹，吹掉了红色的帽子"，然后戴红色帽子的小朋友就要把帽子摘下来。刚开始让乐乐在外围参与游戏，在经过几次参与之后，尝试着让乐乐站在中间当游戏的主导者，经过约一年时间的干预，乐乐已经可以分辨上述几种颜色了。

（五）学习环境

学习环境是智力障碍儿童有效学习的保障，智力障碍儿童对学习环境有特定的需求。物理环境的创设要充分考虑智力障碍儿童的需求。色调方面，注意采用活泼和轻松的色彩搭配，例如黄色的瓷片、墨绿色的黑板和橘红色的桌椅等亮色可以使教室明亮；装饰方面，可以贴上和主题相关的内容，还可以挂上儿童自创的美术作品；教室可分为作业区、阅览区、游戏区等；课桌和座椅的选择，既要有童趣，又要保证儿童安全。值得指出的是，要特别注重物理环境安全，幼儿园或学校一定要增加软性摆设，防止重度智力障碍儿童发生意外。图6-2-3游乐场地的软性地面便充分考虑了重度智力障碍儿童的需求。心理环境创设方面，既要关心、爱护智力障碍儿童，及时肯定他们的进步，保护他们的自尊心；又要引导智力障碍儿童改变自己，克服困难，主动融入集体，培养其承受能力和主动适应能力，不能只强调和谐的环境，而忽略自立精神的培养，这就需要教师把握创造心理环境的尺度。

图6-2-3 软性地面的游乐场地

① 刘春玲，马红英. 智力障碍儿童的发展与教育 [M]. 2版. 北京：北京大学出版社，2019：228-229.

技 能 实 训

项目一　智力障碍儿童的礼仪教育

礼仪教育是社会交往能力的一个重要内容，智力障碍儿童社会交往能力较弱，对于社会交往间的基本礼仪掌握困难，而且把握不好尺度，例如有的智力障碍儿童特别喜欢和别人打招呼，但是方式太过热情，一直抱着别人不放或者一直握着别人的手不放，这并不是合适的方式，需要在训练中调整。

一、实训目标

1. 树立生活化教育的意识，善于从儿童生活中发现礼仪教育的切入点。

2. 加强教学设计的针对性和生活化。

二、内容与要求

1. 参考范例，以"离园礼仪"为主题进行教学设计，使智力障碍儿童形成离园时和大家道别的意识，会使用"再见""××再见"等道别用语。

2. 要求教学设计贴近智力障碍儿童的生活实际。

三、范例：入园礼仪

智力障碍儿童在幼儿园应养成良好的礼仪，这既是规范幼儿园管理的重要内容，也是智力障碍儿童学会其他社会礼仪的基础。幼儿园礼仪教育应当从入园开始，最基本的内容是和教师以及同伴问好。

1. 活动目标

（1）能养成入园问好的习惯。

（2）使用"你好""××好"进行问候。

2. 活动准备

（1）录制一段关于本幼儿园儿童早上入园时和教师、伙伴问候的视频。

（2）准备一首简短儿歌，例如：鸟儿叫，我爱笑，见到大家问声好。

3. 活动设计

（1）首先播放视频，提出问题："这是哪儿？""这是什么时候？""这个小朋友是谁？""这个小朋友在做什么？""这个小朋友做得对不对？""我们要不要和这个小朋友学习？"引导儿童逐渐意识到进入幼儿园之后应先跟大家问好。

（2）学习儿歌，儿童认识到进入幼儿园后要先问好。

（3）模拟入园情境，进行问候练习。

4. 活动要点

（1）发问引导时，要将问题分解，如果发现智力障碍儿童并没有理解问题的意义，应及时进行调整。

（2）要注意教育的连续性，在每天入园时间进行练习。

项目二 智力障碍儿童的感觉统合训练

📖 阅读材料
常见感统器材的
使用方法

智力障碍儿童存在着严重的感觉统合失调，感官的感受性普遍较差，注意力不集中，动作不协调，运动能力差等。例如，有时走路易跌倒，分不清左右，鞋子、衣服常常穿反。感觉统合失调的类型很多，如身体运动协调障碍、结构和空间知觉障碍、听觉语言障碍等，对于不同障碍表现应采用有针对性的训练方法。

一、实训目标

1. 能对智力障碍儿童的感统失调类型作出判断。

2. 能根据智力障碍儿童的需求设计方便简单的感统训练活动。

二、内容与要求

1. 以家庭或社区中的常见物体为感统训练器材，设计感统训练活动。

2. 能对智力障碍儿童的家庭感统训练进行有效指导。

三、范例：智力障碍儿童大龙球感统训练方法

智力障碍儿童普遍存在身体运动协调障碍，表现为身体的平衡能力较差，粗大动作和精细动作的发展都相对缓慢，不能灵活把控四肢以及肌肉的活动等，因而显得笨拙，对于儿童的身体运动协调障碍，教师可以通过借助一些辅助器材进行有针对性的专门训练。大龙球是常用的一种感统训练器材，廉价、方便，操作简单，可以设计相对较多的感统训练方式（图6-2-4）。

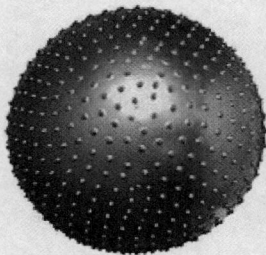

图6-2-4 大龙球

1. 活动目标

（1）锻炼触觉，发展身体协调性。

（2）锻炼肌肉力量以及对身体的控制力。

（3）培养自我保护能力。

2. 活动准备

该活动需要准备大龙球、坐垫、毛巾等，如果需要大龙球和其他游戏结合起来，还应准备相应的游戏道具。

3. 活动设计

（1）大龙球压滚游戏：让儿童俯卧或趴在垫子上，教师将大龙球放置在儿童身上，前后左右滚动或在中间轻轻挤压。

（2）俯卧大龙球：让儿童俯卧在大龙球上，头部抬高，视线向前，教师由后方抓住儿童的双脚，配合大龙球的滚动，前后拉动。

（3）仰躺大龙球：让儿童仰躺在大龙球上，教师握住儿童双腿或腰部，作前后、左右快慢的滚动。

（4）坐大龙球：教师协助儿童坐上大龙球，放手并协助儿童保持大龙球稳定，儿童做上下振动。

（5）俯卧大龙球抓东西：儿童俯卧在大龙球上，保持平衡姿势，将目标物放在前后滚动时可以触摸到的位置。教师协助儿童前后滚动，使儿童可以触摸到物体。

（6）互推大龙球：儿童坐在坐垫上，双腿前伸张开，双臂张开，由教师在一定距离外将大龙球推给儿童，儿童再推给教师。

4. 注意事项

（1）一定要注意保护好儿童，同时不能过分保护，注意发展儿童的自我保护能力。

（2）刚接触游戏时滚动速度不要太快，使儿童充分适应。根据儿童自身能力和对游戏的熟悉程度来决定活动量。

5. 活动延展

用大龙球可以设计很多延展游戏，如坐大龙球，在儿童可以很好地控制身体平衡的情况下，可以在此基础上设计提升难度的游戏，和教师或者同伴一起做投接球的游戏等。

感觉统合训练不一定都要借助专业的感统训练器材，日常生活中的道具也可以用来进行某个方面的训练，例如，沿着花坛的边沿走（图6-2-5），可以锻炼平衡能力；用筷子夹汤圆（图6-2-6）可以锻炼手指的精细动作等。教师应该具备自主设计感统训练活动的能力。

图6-2-5　走直线

图6-2-6　夹汤圆

项目三　任务分析法的应用

任务分析法是智力障碍儿童教学过程中常用的方法，该方法将所学内容不断分解，适合智力障碍儿童的认知水平，小步子前进，多步骤学习，通过反复练习与巩固将所学内容整合起来。

一、实训目标

1. 能在教学活动中树立小步子教学的意识。

2. 能熟练应用任务分析法组织智力障碍儿童的教学。

二、内容与要求

1. 使用任务教学法设计教学活动，让智力障碍儿童学会洗手。

2. 要求动作分解得细致，顺序合理，指导语清晰。

三、范例：学习用勺子吃饭

1. 活动目标

（1）儿童逐步锻炼用勺子吃饭的技能。

（2）儿童锻炼在进餐时的独立性。

2. 活动准备

勺子一把，米饭、菜等食物，纸巾或毛巾等物品。

3. 活动设计

（1）先认识勺子、碗和要吃的东西（米饭）。

（2）手持勺子。

（3）把勺子伸到盘子（碗）里。

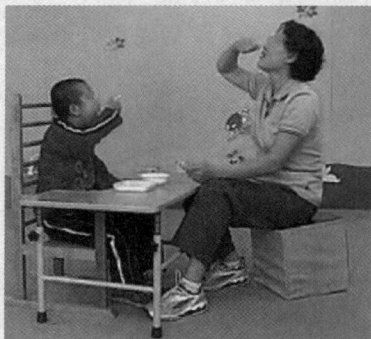

图6-2-7   用勺子吃饭

（4）转动手腕，从外向里舀起。

（5）把勺子提高至盘子（碗）边。

（6）收手臂，将勺子移至嘴边。

（7）张开嘴，把勺子送入口中。

（8）拿出勺子。

4. 活动要点

（1）若儿童不能完成某一动作，教师应继续分解动作要领，继续讲解（图6-2-7）。

（2）注意儿童肌肉的放松训练，手肌和上肢肌肉的过度紧张会影响训练成果。

（3）在完成各步骤的教学后，还要训练儿童各个动作的连贯性和流畅性。

第三节   超常儿童的发展与学习

扫描二维码
查看本节文
本资源

在智力异常儿童中，除了智力障碍儿童，还包括智力超常儿童，他们也需要人们的特别关注。虽然有些国家和地区已经把超常儿童的教育列入法律条文，但接受特殊教育的超常儿童仅仅是他们中的一小部分，大多数超常儿童的需要往往被人们所忽视。了解超常儿童的学习特点，确定合适的学习目标，选择合适的学习内容、策略以及为他们创设合适的学习环境，让超常儿童享受有效而愉悦的学习过程，是超常儿童教育的关键。

推荐文献
施建农：超常儿童教育与杰出人才培养，中国特殊教育，2021（9）

一、超常儿童概述

从统计的角度来讲，超常儿童的智力测验结果应在两个标准差以上，如果用韦克斯勒智力量表测量，智力水平应在 130 以上。[1] 如果用智商测试的分数来等同超常，那么有 2%~3% 的人被认为是超常儿童。美国著名教育心理学家约瑟夫·伦祖利提出，不能仅仅以智商分数作为确定是否超常的唯一标准，他认为存在一个"天才群"，应该把处于一般能力或特定成就领域顶端 15%~20% 的儿童都视为超常。[2] 如果超常儿童包括那些有特殊才能的儿童，也就是说，包括那些智商在 115 以上的有特殊才能的儿童，估计超常儿童将高达 10%~15%。[3]

微课：超常儿童概述

推荐文献
程黎、王美玲：国内外超常儿童概念的发展及启示，中国特殊教育，2021（10）

对于超常儿童的评估应由专业机构来进行，不能主观臆断。我国超常儿童鉴别的一般程序是由家长或教师推荐，然后到正规机构进行专业测评，内容包括智力测查、认知能力测验、特殊才能评定、个性品质的调查和体格检查等。常见的鉴别工具为智力或认知能力测试量表、非认知因素测试量表、创造力测试量表、动态评估工具，基于上述工具的鉴别方法包括测验法、检核表法、观察法、评价法、动态测评法。[4] 很多家长都"望子成龙"，希望自己的孩子是超常儿童，部分幼儿培训机构也迎合家长的需求，推行天才教育。这样做很容易使普通儿童接受超出其负荷的教育，并不利于儿童的发展，即使是超常儿童，如果过早地背负外界的赞美和掌声，得不到合适的教育，很可能造成人格发展的缺陷。

超常儿童的产生和发展与遗传因素、后天环境及主观努力密切相关。超常儿童的智能和特殊能力的发展，除了他们可能具有的较好的素质条件外，起决定性作用的还是他们的后天条件和个人的主观努力。我国心理学工作者对二十几个超常儿童进行过调查，发现他们几乎都有一些共同的特点：好学爱问，富于自信，意志坚强，能排除各种干扰，坚持完成。这是超常儿童发展极为重要的主观因素。同时也发现，他们几乎都享有优越的早期教育。他们都有良好的学习环境，家长和教师有计划、有针对性地对他们进行精心培养，使他们的智能或特殊能力能够在早期就表现出超常水平。适当的早期教育，是使这些儿童实际上成为超常儿童的关键条件。[5] 同时，研究表明，家庭环境对超常儿童也有着一定的影响。

① 雷江华，方俊明. 特殊教育学 [M]. 2 版. 北京：北京大学出版社，2016：60.
② 苏雪云，张旭. 超常儿童的发展与教育 [M]. 2 版. 北京：北京大学出版社，2016：10.
③ 刘春玲，江琴娣. 特殊教育概论 [M]. 上海：华东师范大学出版社，2008：241.
④ 王寅枚，刁雅欣，张兴利. 超常儿童鉴别的实践与展望 [J]. 中国特殊教育，2022（1）：91-96.
⑤ 朱晓斌. 超常儿童的认知发展及其教育策略 [J]. 中国特殊教育，2007（2）：41-45.

独立融洽的亲子关系能够促进超常儿童创造力的发展，而过高的家庭期待则会降低他们内在发展的动力，并诱发高焦虑。[①]

超常儿童类型可以分为智力超常儿童和特殊才能超常儿童两大类。智力超常儿童在普通智力测验上成绩高于常人两个标准差。特殊才能儿童又分为特殊学科才能超常，如数学、语言天才等；特殊艺术才能超常，如音乐、绘画、舞蹈天才等；特殊交际和领导才能超常，如外交家、领导天才等；特殊体能超常，如体育明星。[②] 此外，教师还应该注意有障碍缺陷的超常儿童，这类儿童智力或能力超过普通儿童，但有的在学业上表现并不突出，甚至被教师当作问题儿童。

二、超常儿童的发展

超常儿童是客观存在的，无论在生理上还是在心理上，他们都是位于正态分布曲线右段的一小部分儿童，在生理、心理上都会有一些异于普通儿童的特征。

（一）生理发展

超常儿童的生长发育基本符合我国青少年发育的客观规律，时快时慢，呈现波浪式上升，生长发育优于普通儿童，机体新陈代谢功能强、效率高，不易疲劳，身体素质好。身体发育有提前趋势，比全国同年龄组青少年均值提前1~2个年龄组。[③]

超常儿童具有高功能的神经网络系统，有较强的可塑性、适应能力、定向和选择功能，所以超常儿童乐于接受新知识、新技能，并且学习新知识、新技能也比普通儿童快，能在短时间内将学到的内容转化为自己的知识。[④] 有研究显示数学超常儿童具有显著优于普通儿童的右半球优势、功能增强的左右脑交互连接、优秀的前额皮质控制功能、增强的顶－额网络，以及高效的多脑区联动工作模式。这些使他们表现出更出色的工作记忆能力、视觉－空间能力和逻辑推理能力。[⑤]

（二）心理发展

1. 认知发展

（1）感知觉

超常儿童的感知觉敏锐，视觉和听觉发展突出；知觉目的明确，具有计划性和系统性；观察力强且方向灵活。在感知观察力实验中，90%以上的超常儿童成绩优于比其大3~4岁的普通儿童的平均成绩。

（2）注意

超常儿童的有意注意时间长、注意广度大、注意稳定性强，具有高度紧张性、分配能力强、注意反应速度快的特点，如他们阅读速度非常快，一目十行。

① 程黎, 戴宏慈, TORDJMAN S, 等. 家庭早期环境对超常儿童创造力发展的影响探析 [J]. 中国特殊教育, 2016 (11)：32–37.
② 雷江华, 方俊明. 特殊教育学 [M]. 2 版. 北京：北京大学出版社, 2016：60.
③ 刘玉华, 朱源. 超常儿童心理发展与教育 [M]. 合肥：安徽教育出版社, 2001：185–190.
④ 雷江华, 邓猛. 天才儿童教育 [M]. 武汉：华中师范大学出版社, 2012：31.
⑤ 梁渊, 张丽锦. 数学超常儿童发展的认知神经机制及教学启示 [J]. 中国特殊教育, 2022 (2)：45–51.

在注意时能迅速根据所关注的对象作出相应的反应，而且可以在同一时间内进行不止一件事情，一心二用甚至一心多用。

（3）记忆

超常儿童记忆的品质都在同龄普通儿童的均值之上，表现为：记忆敏捷，速度快，效果好；再现速度快且准确，能迅速而正确地回忆所识记过的事物；善于运用记忆策略，如对记忆材料进行加工、寻找记忆的内在联系；记忆监控能力强，超常儿童能清楚地认识到自己的记忆程度和何种记忆状态对回忆有利；抑制控制能力强，在进行记忆时，与普通儿童相比，超常儿童抑制无关信息的能力更强，他们更能够排除无关信息的干扰，只保存目标刺激的相关信息。[1]

（4）语言

超常儿童口头语言和书面语言的发展都较普通儿童稍早，而且语言清楚、语句完整；发展速度快，词汇比较丰富，在学前期就能掌握大量的词汇，知道并且会使用超出他们年龄的词语和术语并能清楚地表达；阅读能力强，在大量识字的基础上，有些儿童很早就开始独立阅读，并在读书中自我学习。

（5）思维

超常儿童思维敏捷、速度快，能对事物作出正确而迅速的反应；思维深刻，能透过现象深入到问题的本质，预见事物的发展趋势、进程和结果；思维广阔，能从多个角度、多个侧面揭露事物的联系；善于独立思维，不盲从他人的见解，具有创新意识；信息量大，流畅性好；灵活性较强，变通性强等。[2] 有这样一个例子，一个叫艾克的小朋友被提问："假如你是一枚鸡蛋，你希望别人怎么利用你？"他脱口而出："做猪流感疫苗。"[3]

📖 拓展阅读

善于类比和迁移的特斯拉[4]

世界著名发明家、物理学家特斯拉从小就是一个善于思考的神童，他考虑问题的主要方式是类比和迁移。冬季的某一天，特斯拉和伙伴们一起在山坡上打雪仗。有一个雪球越滚越大，它慢慢变成一个巨大的雪球，沿着陡峭的山坡滚下去，最后伴随着巨大的声响掉落谷底。特斯拉将这一幕看在眼里，小小的雪球最后竟然可以聚集并释放出巨大的能量。他当时想，即使是微小的力，但只要找到关键诱因，就可以释放出自然界中无穷的力量。"以小力生大力"是特斯拉从交流电系统到无线电系统的研究中，一生都在使用的方法。

---

① 付瑶，张兴利，施建农. 智力超常儿童的工作记忆特点：基于工作记忆精确度与广度的实验研究 [J]. 中国特殊教育，2022（2）：52-58.
② 雷江华，邓猛. 天才儿童教育 [M]. 武汉：华中师范大学出版社，2012：32-38.
③ KHATENA J. 培养天才儿童的创造力 [M]. 开振南，译. 上海：上海译文出版社，2003：4.
④ 新户雅章. 天才是怎样炼成的 [M]. 韩丽红，译. 武汉：武汉出版社，2009：54-55.

2. 人格发展

推荐文献

程黎、程曦、王
美玲、李子华：
超常儿童内部动
机与创造力的关
系：课堂同伴互
动的中介作用，
中国特殊教育，
2021（1）

总体而言，超常儿童的社会适应性比较好，动机效能高，情绪比较稳定，意志坚强，喜欢并善于开展智力活动。动机方面，超常儿童的成就动机比较强烈，对事物的追求有高度的内在兴趣并爱好有困难的问题；求知欲强，有相对成熟的兴趣。情绪方面，我国有关研究也表明，超常儿童的社会认知发展水平都高于同龄普通儿童，情绪稳定、积极乐观、心态良好是超常儿童最突出的特点。有的超常儿童具有敏锐的幽默感，有明确的是非观和正义感；但也有个别超常儿童表现出孤僻、冷漠、急躁、自私等性格特点。意志方面，国内外研究比较一致的意见是超常儿童意志坚强，自制力、独立性比较突出，有的超常儿童乐于探索一件事情，总是能持续地深入下去，而且能长时间地保持高水平的注意。自我概念方面，超常儿童要比同龄普通儿童更加成熟，但是也存在偏激的情况；容易自我批评，常常对自己的表现表示不满，希望达到完美；对别人的感觉很敏感，而且更容易注意到别人对自己的拒绝而非接纳；容易产生优越感，更希望获得成人的注意。[①]

讨 论

··

为什么天才儿童日后沦为平庸甚至走入歧途

超常儿童得不到良好的教育可能是整个社会的损失，但很遗憾的是超常儿童沦为平庸甚至走入歧途的案例并不少见。王安石笔下的方仲永"未尝识书具""即书诗四句，并自为其名""指物作诗立就，其文理皆有可观"，可是最终却"泯然众人"。超常儿童应该接受什么样的教育才能成为推动社会进步的优秀人才呢？超常儿童的智力教育和人格教育孰轻孰重呢？请围绕这一问题进行小组讨论。

三、超常儿童的学习

超常儿童良好的生理素质、优异的心理品质为其学习提供了良好的基础。美国超常儿童教育家加勒格尔说："不能帮助残疾人发挥他们的潜能，是他们个人或家庭的悲剧；而不能帮助超常儿童发挥他们的潜能，则是社会的悲剧，其损失之大是难以估量的。"

（一）学习特征

超常儿童的认知水平较高，与同龄普通儿童相比具备优质潜能，擅长自主学习，高度自觉，擅长运用学习策略。超常儿童常常在很小的时候就开始阅读、算术或者写作，在幼儿阶段表现出来的潜能往往能延伸到他们的整个人生，甚至在

---

① MILGRAM R M. 天才和资质优异幼儿的心理咨询：教师、咨询师及父母指南 [M]. 曲晓燕，聂晶，译. 北京：中国轻工业出版社，2005：174.

该领域做出卓越的成就，例如莫扎特，从小就对声音特别敏感，会注意到勺子敲击杯子、桌面、花瓶、墙面的不同声音，很小就能在钢琴上弹奏许多乐曲片段，5岁就能准确无误地辨明任何乐器上奏出的单音、双音、和弦的音名，还能够作曲。具体而言，超常儿童有以下学习特征：第一，超常儿童擅长自主学习，容易形成良好的学习习惯和思考习惯，善于发现自己学习中的问题并尝试着使用多种方法解决。当同龄普通儿童对某个玩具只有3分钟热度的时候，超常儿童可能已经在探究它的构成或者原理。第二，超常儿童不仅有聪明的大脑，更有高度自觉的优良学习品质，特别注意提高时间的利用率，而且似乎需要较短的休息，总是精力充沛地汲取知识。第三，超常儿童非常善于运用学习策略，能多感官协调运作，可以几件事情同时进行且出错较少。此外，超常儿童能手脑并用，大脑思维非常活跃，善于将想法付诸实践，通过不断地探究来积累经验。

拓展阅读

巧算数的琅琅

琅琅，9个月时就会喊"爸爸、妈妈"，1岁说话时三四个字地往外蹦，词句比同龄儿童长。2岁半时，琅琅不扳手指就能进行简单的数字计算，算法很特别，比如问："5+3=？"他会这样回答："5+3=，6、7、8，等于8。"3岁不到，在学过二位数加减法后，他自己学会了三位数、四位数的加减法。没上幼儿园时，琅琅就用深入浅出的语言说明了"四维空间"的概念。他说：在电影院里，楼上楼下是空间，场次是时间，持电影票入场就座的人随场次是不一样的。上幼儿园时，显微镜、罗盘仪、小的计算器都是琅琅喜欢的玩具。

（二）学习目标

在众多关于超常儿童的研究中，加勒格尔认为超常儿童教育有三个目的：一是，使超常儿童掌握各个领域中与其能力相符的重要的知识系统；二是，使超常儿童掌握一定的技能和策略，成为更独立、富有创造性和自足的知识探索者；三是，培养超常儿童学习的乐趣和激情，以保持学习和探索的热情。[1] 我国的超常儿童教育注重个性的全面发展与个性特长的充分发展，不仅强调智力训练，还要进行人格熏陶，超常儿童要成为有较高自然认知和社会认知水平的、德才兼备的人才。

（三）学习内容

刘春玲等学者认为，超常儿童除了常规学习内容如基本生活技能、思想政治品德、基础学科知识外，还应该注重发展其创造力和特殊才能。[2] 对低年龄阶段

① 雷江华，邓猛. 天才儿童教育 [M]. 武汉：华中师范大学出版社，2012：70.
② 刘春玲，江琴娣. 特殊教育概论 [M]. 上海：华东师范大学出版社，2008：245.

的超常儿童来言，还是以常规的学习内容为主，在所学内容的基础上增加知识的深度和广度。例如，在学习"四季变化"的主题时，普通儿童需要了解春夏秋冬的变化特征即可，超常儿童还可以了解我国南北气候差异、不同季节的作物甚至地球的公转和自转等内容。另外，超常教育应当注意培养超常儿童的兴趣爱好，为其才能的发展提供充分的条件；同时，注意对超常儿童的人格教育，使其身心和谐发展。

（四）学习策略

1. 制订计划

📖 阅读材料
雷江华：融合教育理念下指向深度学习的超常儿童深度教学探微，中国特殊教育，2021（11）

凡事预则立，不预则废。超常儿童善于制订学习计划，做事情有条不紊，这和超常儿童逻辑思维能力的发展有关，他们大脑里对要做的事很清楚，先做什么、后做什么，早已心中有数。教师也要帮助超常儿童制订计划，注意计划的合理性和可行性，切忌"填鸭式"教育，不要安排纷繁复杂的教育内容；还要保证超常儿童有足够的休息时间和玩耍时间，做到劳逸结合。

📖 拓展阅读

关于超常儿童目标设置与目标实施的引导[①]

尽管超常儿童有很强的自我计划能力，但是仍需要教师的引导，在超常儿童实现某一目标后，教师可以对目标的实施情况进行了解，并根据了解到的情况进行引导。

如果目标已经实现，问：（1）对于成功，你感觉怎样？（引导儿童获得成功的体验。）（2）是谁让你成功实现目标的？（儿童可能回答："是我让自己成功实现了目标。"可以给予耐心的引导。）（3）事情做得这么好，你打算怎么祝贺自己或者奖赏自己？（如果必要，可以提供一些建议。）

如果目标没有实现，可以问：（1）你的目标是什么？（2）没有实现目标，应该由谁来负责？（儿童可能会将其归因到一些外在因素。不要问他们对没有实现目标的感受如何。相反地，应不断地暗示儿童，使儿童意识到没有实现目标要由自己负责。）（3）你打算明天怎么做，才能避免出现相同的问题？（让儿童记录下他的计划。）

通过这样的方法，教师可以让超常儿童不断调整目标，进而养成良好的学习习惯，逐渐学会制订出切实可行的短期目标，并逐渐学会在每次实现目标后体验满足感或者进行自我奖励。

---

① WINEBRENNER S. 班有天才：普通班级中培养天才儿童的策略与技能 [M]. 杨希洁，徐美贞，译. 北京：中国轻工业出版社，2003：30-31.

2. 多感官参与

心理学研究表明，在学习过程中运用多种感官，可以提高学习效果。多种感官协同活动，可以在大脑皮质上建立多通道联系，从而提高学习效果。超常儿童对感觉的统合能力相对较强，五官并用，手脑配合，因此可以获得丰富的、全面的、多元的刺激信息。基于此，对于超常儿童的教育应当注意方式的多元化，调动其多种感官。

3. 多思考提问

超常儿童的思维非常活跃，思维具有跳跃性，又有刨根究底的求知欲，所以经常问一些奇奇怪怪的问题，爱迪生小时候就问过教师："1+1为什么等于2？"可惜当时的教师不仅没有给爱迪生答案，还认为他故意扰乱课堂。面对超常儿童的跳跃性思维和奇思妙想，教师不应该泼冷水，应在解答的同时鼓励超常儿童独立思考，不断探索。

▶ 推荐视频
世界名人故事（爱迪生、莫扎特）

4. 勤归纳总结

归纳总结，是使知识系统化的重要一环。超常儿童在学习过程中，注意结合自身的优势，从整体结构上把握所学知识，建立知识间的联系。超常儿童会巧用记忆方法识记，并从平时学习中归纳出知识的特点和内在关系，进行有意义的识记和学习。教师在对超常儿童进行教学时可以增强其逻辑性，并有意地探查其是否建立了知识框架，如果知识框架还有欠缺，教师应及时进行点拨。被誉为天才小作家的华裔少女邹奇奇（图6-3-1）8岁便出版了自己的第一本书《飞扬的手指》，该书以中世纪的历史事件作为背景，创作了300篇故事，从古埃及一直写到"文艺复兴"时期，行文之中透露出作者对政治、宗教、教育等的独特见解，思想深刻。邹奇奇平均每天阅读200~300页的书，而且能将所阅读的东西融会贯通，加工成自己的东西，所以她才能旁征博引，创作出富有想象力的作品。

🖱 推荐书籍
《飞扬的手指》

图6-3-1　天才小作家邹奇奇

（五）学习环境

学习环境的改变可以影响整个教学系统，对超常儿童来说，物理环境和心理环境的创设都十分重要。物理环境方面，适应兴趣发展的环境和丰富的学习资源是超常儿童发挥才能的必要条件，可以提供超常儿童需要的书籍（图6-3-2）、空间、位置、道具、实验材料、锻炼器材、模型等。心理环境方面，既不能过分

图6-3-2　图书角设置案例

表扬，又不能求全责备，教师和家长以平常之心，施以相应的教育，不仅可以减少超常儿童的压力，更有利于超常儿童在自由自主的空间内释放自己的能力。可以说多一份平常心，就多一些空间，多一些空间才有发展，有发展才有创新。[①]

相较于普通儿童，超常儿童面临着过高的社会期待和社会舆论压力等，也更容易出现一些心理问题，同时，超常儿童由于生理年龄受限，其社会性发展与同龄儿童相似，往往会出现认知能力发展与社会性发展不同步的问题。因此，教师应积极与家长沟通、合作，转变某些家长"唯成才论"的观念，帮助超常儿童营造更轻松、和谐的学习氛围。[②]

技 能 实 训

项目四　超常儿童的创造性思维训练

超常儿童的思维比较活跃，经常会产生许多新奇的想法，教师应该保护超常儿童的好奇心，不打压、不束缚，鼓励他们多思考、多探究，创造性思维的培养方法很多，可以通过"一题多解""一物多用"等引导超常儿童发散思维，提升创造力。当然，创造性思维训练不是超常儿童的"专利"，也适用于普通儿童。

一、实训目标

1. 能根据超常儿童特点确定故事主题。

2. 增强游戏创编能力。

二、内容与要求

1. 创设故事情境，给出故事开头，让超常儿童续编故事内容。

2. 在实施过程中加强引导，不断启发。

三、范例：一只尼龙丝袜有多少种用处？[③]

吉尔福特认为，影响创造力的主要因素有流畅性、灵活性以及新异性。例如，要求儿童尽可能多地去想象石头的用途，通过反应总数就可以测量出其思维的流畅性，而反应类别的转换数目反映了其思维的灵活性（例如，从认为石头可作为建筑材料转向石头可以用来挤压物体）。新异性反映在儿童做出的不平常的或罕见的反应的数量上。

1. 活动目标

（1）使超常儿童学会思考的方法。

① 柳树森. 全纳教育导论 [M]. 武汉：华中师范大学出版社，2007：377.

② 李丹枫，李嘉鹏，闫星如. 超常儿童教育中的家校合作 [J]. 中国特殊教育，2021（11）：68-73.

③ LEFRANCOIS G R. 孩子们：儿童心理发展 [M]. 王全志，孟祥芝，译. 北京：北京大学出版社，2004：449-450.

（2）使超常儿童养成思考的习惯。

2. 活动准备

绳子、雨伞、扫帚等（引入材料，视情况而定），尼龙丝袜一双。

3. 活动设计

（1）首先用例子引入，例如一根绳子可以用来干什么？可以用来捆绑东西；可以当宠物链；足够漂亮的话可以用来做装饰；足够结实、足够长的话，可以荡秋千……又如，一个烟灰缸可以用来做什么？一把雨伞除了挡雨，还可以用来做什么？一把扫帚除了用来扫地，还可以用来做什么？

（2）正式实施活动，首先确认儿童认识尼龙丝袜。如果儿童不熟悉，教师应先介绍丝袜的一般用途，然后鼓励儿童积极思考，说出或写下能想到的答案。

4. 活动要点

（1）如果儿童还不了解游戏规则，在游戏中没有放开，教师可以增加引入案例，逐渐调动班级气氛。

（2）当发现儿童思维受限时，可以适当地进行启发和指导。

项目五　超常儿童的社会交往训练

一、实训目标

1. 能通过日常学习，观察、了解超常儿童的人际关系。

2. 能根据超常儿童的特点设计教学活动。

二、内容与要求

1. 使超常儿童正确认识自己，能尊重伙伴、帮助伙伴、接纳他人，最终缓和伙伴关系。

2. 在教学游戏的过程中要保护超常儿童的自尊心，要注意运用语言点拨。

三、范例：认识自己

超常儿童在很多方面的发展优于普通儿童，在个性特征上，往往独立、自主，有毅力。但有的超常儿童会出现盛气凌人、过度自信等问题，有的超常儿童总觉得自己做得不够好……总之，超常儿童可能会存在自我概念上的认识偏差，需要教师及时引导。

1. 活动目标

（1）使超常儿童认识到他人对自己的评价，树立对自我概念的认识。

（2）增进超常儿童与其他伙伴的关系。

2. 活动设计

（1）4~5人参与游戏，一名超常儿童 A，4名普通儿童 B、C、D、E（尽量选取和超常儿童关系不太融洽的儿童参与游戏）。

（2）所有儿童围成一个圆圈，选取某一个儿童例如 A 待在圆圈的中央，然后由另外四个人依次用"我喜欢 A……（某个特征、品质或者做过的某件事）"来形容 A；再用"我不喜欢 A……（某个特征、品质或者做过的某件事）"来形容，直至穷尽。然后由站在中间的儿童（A）说出感受，教师可以通过发问加以引导。

（3）B、C、D、E 依次站到圆圈中央，做上面的步骤。

（4）等到结束之后，让所有儿童谈谈收获或看法，教师及时进行点拨。

3. 片段分享

超常儿童在圆圈中央……

教师：让我们来夸一夸 A 小朋友好不好，每个人说一句"我喜欢 A……"，比如教师会说"我喜欢 A，他积极举手回答问题"，你们喜欢他什么呢？

B：我喜欢 A，他帮我拼拼图。

C：我喜欢 A，他笑起来很好看。

D：我喜欢 A，他让我去他家玩。

E：我喜欢 A，他给我吃好吃的。

……

B：我不喜欢 A，他抢我的小货车。

C：我不喜欢 A，他话很多。

D：我不喜欢 A，他不爱和我们一起玩儿。

E：我不喜欢 A，他总是不举手就回答问题。

……

思考与练习

1. 智力测验的功能有哪些？

2. 智力障碍儿童的认知发展有什么特点？

3. 对一名智力障碍儿童进行观察，对其障碍特征进行归纳。

4. 利用任务分析法，教会一个智力障碍儿童系鞋带。

5. 超常儿童的认知发展有什么特点？

6. 对一名超常儿童进行观察，对其学习特征进行描述。

7. 假设一名超常儿童在班级任务中总是提前完成，完成之后不知道接下来该干什么，面对这种情况教师应该怎么办？

8. 假设一名超常儿童比较敏感，特别在乎别人的评价，不能容忍别人对自己负面的看法，经常因为别人的一句话而大哭大闹，乱发脾气。请为该儿童设计教学活动，促使其形成正确的自我概念。

第七章

语言发展障碍儿童的发展与学习

学习目标

☐ 知识目标：

1. 了解语言发展障碍的分类、类型。

2. 理解各类语言发展障碍儿童的生理和心理特征。

3. 掌握各类语言发展障碍儿童的学习策略。

☐ 能力目标：

1. 能明辨各类语言发展障碍的区别。

2. 了解各类语言发展障碍儿童的学习特征。

3. 能对儿童的语言障碍进行基本的矫正。

☐ 情感目标：

1. 激发对语言发展障碍的学习兴趣。

2. 能体会语言发展障碍儿童的心理感受。

3. 能理解语言发展障碍儿童的沟通困难。

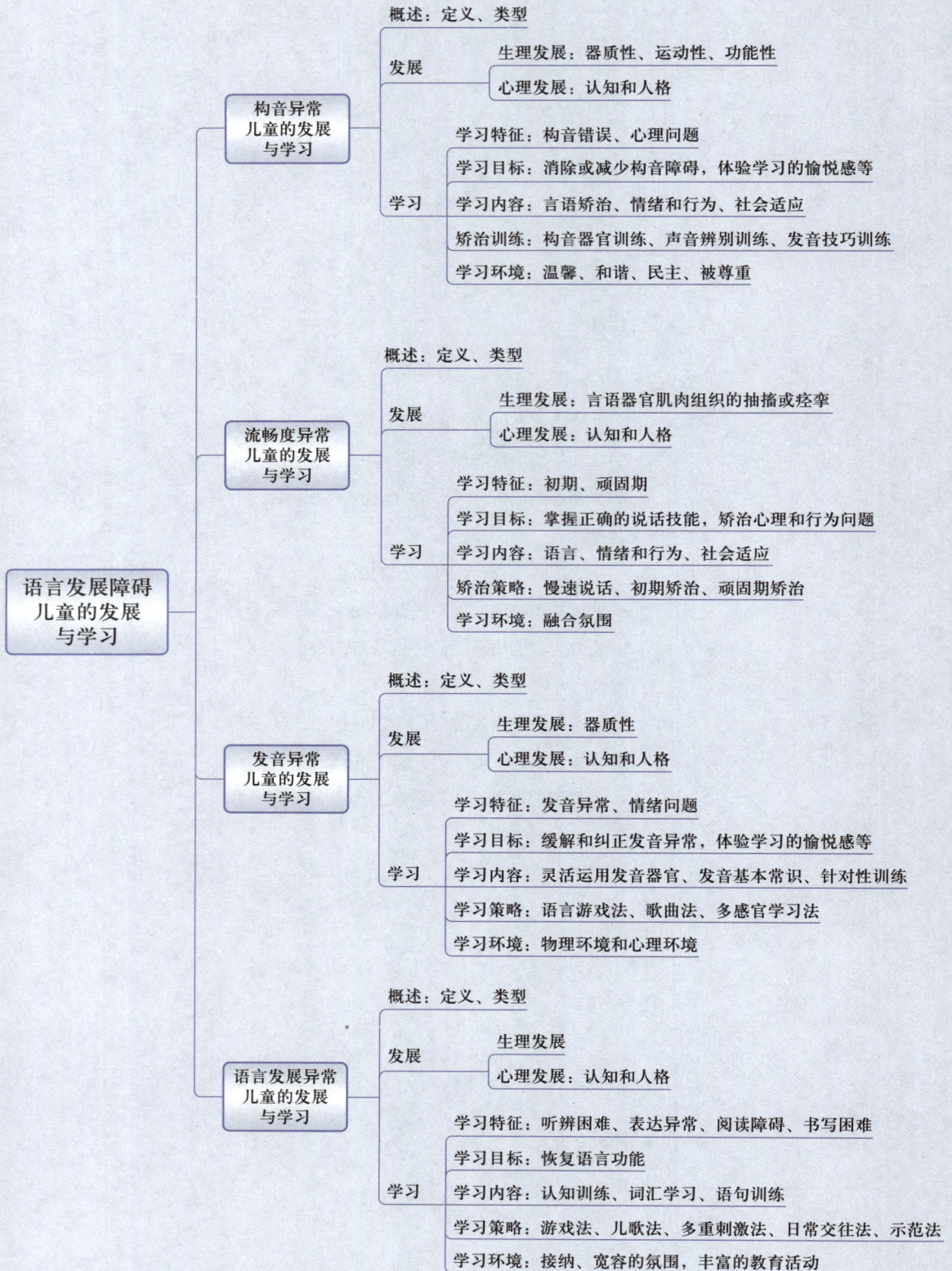

语言发展障碍儿童的发展与学习

- 构音异常儿童的发展与学习
  - 概述：定义、类型
  - 发展
    - 生理发展：器质性、运动性、功能性
    - 心理发展：认知和人格
  - 学习
    - 学习特征：构音错误、心理问题
    - 学习目标：消除或减少构音障碍，体验学习的愉悦感等
    - 学习内容：言语矫治、情绪和行为、社会适应
    - 矫治训练：构音器官训练、声音辨别训练、发音技巧训练
    - 学习环境：温馨、和谐、民主、被尊重

- 流畅度异常儿童的发展与学习
  - 概述：定义、类型
  - 发展
    - 生理发展：言语器官肌肉组织的抽搐或痉挛
    - 心理发展：认知和人格
  - 学习
    - 学习特征：初期、顽固期
    - 学习目标：掌握正确的说话技能，矫治心理和行为问题
    - 学习内容：语言、情绪和行为、社会适应
    - 矫治策略：慢速说话、初期矫治、顽固期矫治
    - 学习环境：融合氛围

- 发音异常儿童的发展与学习
  - 概述：定义、类型
  - 发展
    - 生理发展：器质性
    - 心理发展：认知和人格
  - 学习
    - 学习特征：发音异常、情绪问题
    - 学习目标：缓解和纠正发音异常，体验学习的愉悦感等
    - 学习内容：灵活运用发音器官、发音基本常识、针对性训练
    - 学习策略：语言游戏法、歌曲法、多感官学习法
    - 学习环境：物理环境和心理环境

- 语言发展异常儿童的发展与学习
  - 概述：定义、类型
  - 发展
    - 生理发展
    - 心理发展：认知和人格
  - 学习
    - 学习特征：听辨困难、表达异常、阅读障碍、书写困难
    - 学习目标：恢复语言功能
    - 学习内容：认知训练、词汇学习、语句训练
    - 学习策略：游戏法、儿歌法、多重刺激法、日常交往法、示范法
    - 学习环境：接纳、宽容的氛围，丰富的教育活动

　　语言发展障碍限制了儿童的认知与发展，甚至影响了儿童的生活与学习。只有了解语言发展障碍儿童的分类、成因及发病率，才能科学客观地看待语言发展障碍；只有掌握语言发展障碍儿童的生理和心理特征，才能有效地促进语言发展障碍儿童的发展和学习；只有掌握语言发展障碍儿童的表现、学习内容、学习方法和学习环境，才能有针对性地促进语言发展障碍儿童的语言康复和全面发展。

　　语言是一种社会现象，是人类进行沟通交流的工具，是以语音为物质外壳，由词汇和语法构成并能表达人类思想的符号系统。而言语是一种心理现象，是语言的存在形式[①]，是个体利用语言进行交流的活动和过程[②]。当前有许多研究者倾向于将语言发展障碍中的语言障碍和言语障碍分开进行研究。

　　语言障碍主要指儿童在语言理解或语言表达方面发生了问题以及语言能力发展明显落后的现象[③]。言语障碍主要指儿童在发准声音、保持适当的言语流畅性及节律，或者有效使用嗓音方面表现出的缺陷与困难。

　　　　　　　　　　　　　　　　　　　　　　　　　　　　　　　故事专栏

　　一封来自家长的信[④]（节选）

　　我的小儿子今年3岁半，长得很可爱，记忆力非常好，会用一些简单的语言表达自己的意思。我给他买了很多故事书，每天给他讲，他也爱听。虽然不能复述故事内容，但家长问他问题，他能够比较准确地回答出来；就是有一些字，如三、四、上、小等以"z、c、s、sh、x"字母开头的字说不清楚，去医院检查过舌系带，检查结果正常。

　　有人认为，大人多和他说话就可以慢慢好起来。其实从他出生那天起，不管是换尿布、洗澡、吃奶，还是穿衣服，大人做任何事都和他说，明知他是个小婴儿，但我们从来不认为他听不懂。现在看到他说话不怎么清楚，我心里真着急。有时说不清楚，他自己也急得小脸通红，我让他慢慢说。随着年龄增长，孩子的自尊心也变强了，有时候他委屈得掉眼泪。像我小孩这种情况，应该怎么办？

　　思考：这封信中的儿童存在哪些语言问题？请你给这名家长提提建议。

第一节　构音异常儿童的发展与学习

扫描二维码
查看本节文本
资源

　　构音指通过唇部、牙齿、下颌、舌部、软腭、硬腭及悬雍垂等器官的协调运

---

① 王红旗. 语言学概论 [M]. 北京：北京大学出版社，2008：14—18.
② 方俊明. 特殊教育的哲学基础 [M]. 北京：北京大学出版社，2011：163.
③ 柳树森. 全纳教育导论 [M]. 武汉：华中师范大学出版社，2007：251.
④ 金琪瑶，林丽英. 鸡同鸭讲：幼儿语言问题面面观 [J]. 父母必读，2000（1）：54.

动发出语言声音的过程，是言语产生过程中的重要组成部分。构音异常是言语障碍的表现之一，它具有外显、易察知和可评估的外部表现和较高的出现率等特点。

一、构音异常儿童概述

构音异常是指构音器官在构音的过程中，构音部位发生错误或者呼出的气流方向、压力或速度不对，甚至整个构音动作不协调，以致语音发生错误的现象。[①] 构音异常属于言语障碍的一种。

构音异常的表现形式主要有置换（把一个音发成另外一个音）、省略（在发某个音节时省略必须要发的音）、添加（发音时增添了本不存在的音）、歪曲（发音时改变了某个音节的原本发音）四种。除此之外，还有口唇化（很多辅音发成 b、p、m 的声音），齿背化（很多音发成 z、c、s 的声音），硬腭化（很多音发成 zh、ch、sh 和 j、q、x 的声音），齿龈化（很多音发成 d、t、n 的声音），送气化（不送气的音发成送气音）、不送气化、边音化（很多音发成 l 音）、鼻音化、无声音化（器官运动却无声音）、摩擦不充分以及软腭化（将音发成 g、k 的音）等。[②] 此外，研究者还发现听障儿童还会出现一些较少见的错误，如将 hua 发成 ba、xiong 发成 dong、dian 发成 dan 等[③]。

依据不同的标准可以将构音异常分成不同的类型，例如，朱镛连将构音异常分为痉挛性构音异常、迟缓性构音异常、少动性构音异常、多动性构音异常、共济失调性构音异常和混合性构音异常六类。[④] 也有很多学者将构音异常分为器质性构音异常、运动性构音异常和功能性构音异常三类进行研究，具体内容见表 7-1-1。

📖 阅读材料

普通话韵母总表；构音异常的出现率

表 7-1-1　构音异常分类表

分类	原因[⑤]	构音异常的表现
器质性构音异常	腭裂	塞擦音如 j、z、zh，塞音如 b、d、g、k 等易发音错误[⑥]
	咬正不合	s、z、r 和 l 易发生歪曲[⑦]
	舌系过短	舌尖前音如 z、c、s，舌尖中音如 d、t，舌尖后音如 zh、ch、sh、r 和舌面音 j、q、x 等发音困难[⑧]

---

① 昝飞，马红英. 言语语言病理学 [M]. 上海：华东师范大学出版社，2005：87.

② 李胜利. 语言治疗学 [M]. 北京：人民卫生出版社，2008：108.

③ 昝飞，汤盛钦. 听力残疾儿童的语音发展研究 [J]. 中国特殊教育，1998（1）：10-17.

④ 朱镛连. 神经康复学 [M]. 北京：人民军医出版社，2003：202.

⑤ 雷江华. 学前特殊儿童教育 [M]. 2 版. 武汉：华中师范大学出版社，2019：127-128.

⑥ 陈仁吉，王光和. 腭裂术后功能性语音障碍发音特点研究 [J]. 中华口腔医学杂志，1998（5）：285-286.

⑦ 雷江华. 学前特殊儿童教育 [M]. 2 版. 武汉：华中师范大学出版社，2019：127.

⑧ 王海泉，董平. 浅析儿童舌系带过短的语音障碍及矫治术后的语音训练体会 [J]. 荆门职业技术学院学报，2006（6）：73-74.

续表

分类	原因	构音异常的表现
运动性构音异常	大脑问题	发声时间短、音量偏高、鼻音化、元音和辅音歪曲等
	小脑问题	鼻音化、韵律失常、音量强弱不均等
	肌肉病变	发音困难等
功能性构音异常	不良饮食习惯、家庭中多种方言并存等[①]	发音时易出现置换、省略和歪曲等[②]

二、构音异常儿童的发展

语言是人类进行交流的主要工具，构音异常会直接影响语言的沟通与交往。器质性构音异常的儿童在生理上会有一定的缺陷，而功能性构音异常更多的是对儿童的心理产生各种影响。

（一）生理发展

构音异常儿童的生理特征因具体情况而有所不同。器质性构音异常儿童往往有生理方面的异常，例如，先天性唇腭裂、先天性面裂、舌系带过短、巨舌症、牙齿咬合异常等。运动性构音障碍儿童常见的生理特征包括吞咽困难、流涎、双唇交替运动减弱、强哭强笑、舌肌萎缩或颤动等。而功能性构音异常儿童的生理发展状况与普通儿童的生理发展状况基本上无差异。

（二）心理发展

1. 认知发展

认知是人们对客观世界的认识过程，包括知觉、注意、记忆等诸多方面的内容。构音异常儿童具有以下认知发展特征，主要表现为：

（1）听觉分辨能力落后。我国研究者对4～6岁的功能性构音障碍儿童（34例）和普通儿童（34例）的听觉分辨能力进行比较研究，结果发现功能性构音障碍儿童的听觉分辨能力明显落后于普通儿童。[③]

（2）注意力持续性障碍。国外报道，1/3的功能性构音障碍儿童更易于出现各种心理行为问题，如注意缺陷。[④]我国研究者将符合功能性构音障碍诊断标准的32例儿童作为病例组，同年龄段的32例普通儿童为对照组，分别进行视听整合持续性操作测试及智力测定，对持续性注意进行组间比较。结果发现功能性构音障碍儿童听觉及综合注意力商数低于对照组，两组间差异有显著性意义，功能性构

推荐文献
赵琳芳、黄伟新：构音评估与训练系统在早期干预中的运用，现代特殊教育，2013（2）

---

① 钟云莺，李维君. 儿童功能性构音障碍致病危险因素的分析 [J]. 中国儿童保健杂志，2008（6）：647-649.

② 赵云静，孙洪伟. 功能性构音障碍儿童构音特点分析及言语矫治 [J]. 中国康复，2006（2）：93-95.

③ 赵云静. 功能性构音障碍儿童听觉辨别能力的病例对照研究 [D]. 沈阳：中国医科大学，2003.

④ 刘宝花，黄悦勤，王燕玲，等. 4～6岁幼儿行为问题的病例对照研究 [J]. 北京大学学报：医学版，2002（3）：210-213.

音障碍儿童持续性注意水平明显落后于普通儿童。[①]

（3）记忆和空间知觉落后。我国研究者将符合功能性构音障碍诊断标准的 38 例学龄儿童作为病例组，38 例同年龄段的普通儿童作为对照组，采用韦克斯勒儿童智力量表进行智力测试，对两组儿童的智商及智力结构进行比较，结果发现功能性构音障碍儿童智力三维因子中的记忆因子及知觉组织因子明显落后于普通儿童，即功能性构音障碍儿童记忆和空间知觉能力落后于普通儿童。[②]

（4）语言发育迟缓。研究者通过韦克斯勒幼儿智力量表对 42 例功能性构音障碍儿童的智力功能进行测试，并与由 47 例普通儿童组成的对照组进行比较。对两组儿童表达性语言发育时间进行比较发现，功能性构音障碍组的总智商、言语智商及操作智商均在正常范围，但总智商、操作智商显著低于对照组；功能性构音障碍组平均表达性语言发育时间为 15 个月，对照组为 13 个月，两组存在显著性差异，功能性构音障碍儿童存在语言发育延迟现象。[③]

2. 人格发展

目前，关于构音异常儿童人格方面的研究主要集中于功能性构音异常儿童的研究。国外报道，1/3 的功能性构音障碍儿童存在精神方面的异常，症状严重及矫治困难者更易于出现各种心理行为问题，表现为分离焦虑，适应障碍及退缩。[④]我国研究者采用阿肯巴克儿童行为量表对 58 名功能性构音障碍儿童及 60 名普通儿童进行对照研究。结果发现重度功能性构音障碍组行为问题检出率为 60%，高于轻度构音障碍组检出率 20%。男生行为问题主要表现为社交退缩、幼稚不成熟、违纪等；女生行为问题表现为抑郁、焦虑、社交退缩、攻击性和多动等。[⑤]由此可见，构音异常影响了儿童人格的发展，教师和家长应重视和关注其心理健康。

三、构音异常儿童的学习

构音异常儿童的学习具有全面性和多样性的特征，但是在多种学习内容中，言语矫治学习是他们的主要任务。构音异常儿童需在言语矫治师和家长等的引导下，逐步明确自己的学习目标，掌握正确构音的方法。

① 宋辉青，赵亚茹，赵云静，等. 功能性构音障碍儿童的持续性注意研究 [J]. 中国临床心理学杂志，2007（1）：21-22.

② 宋辉青，赵亚茹，赵云静，等. 功能性构音障碍学龄儿童的智力水平和智力结构分析 [J]. 中国儿童保健杂志，2008（2）：177-178.

③ 赵云静，杨英，华天懿，等. 功能性构音障碍儿童的智力水平和智力结构分析 [J]. 中国临床心理学杂志，2004（1）：56-70.

④ 刘宝花，黄悦勤，王燕玲，等. 4~6 岁幼儿行为问题的病例对照研究 [J]. 北京大学学报：医学版，2002（3）：210-213.

⑤ 赵云静，华天懿，赵亚茹，等. 学龄前功能性构音障碍儿童行为问题的探讨 [J]. 中国儿童保健杂志，2006（2）：125-127.

(一)学习特征

构音异常儿童在学习中尤其是语言学习的过程中,往往会面临着较大的困难,常发生置换、省略、添加、歪曲等构音错误,导致学习效率低下,进而产生焦虑、自卑、缺乏自信等心理问题。所以,构音异常儿童的学习应该是全面、多样的,既要纠正错误的发音,又要在正音过程中调试自己的心态。

(二)学习目标

构音异常儿童的学习目标包括:第一,在教师的引导下学习基本的文化知识和语言发音技能技巧,能消除或者减少构音障碍。第二,在教学和游戏活动中,体验学习的愉悦感,逐渐培养儿童的自信心和成就感。第三,在学习过程中,逐渐培养儿童克服困难的坚强意志,以及乐观开朗、积极向上的精神。

(三)学习内容

构音异常儿童的学习目标决定了其学习内容,一般来说构音异常儿童的学习内容主要涉及言语矫治的学习、自信心的树立、心态的调整等方面。言语矫治的学习主要包括辨音、正音和正常发音技能的迁移等内容。在言语矫治的同时,构音异常儿童要学会管理自己的情绪和行为,逐渐减少恐惧、焦虑、自卑等负面情绪,树立自信心,克服因构音异常导致的社交困难,培养良好的社会适应能力。

🖱 **推荐文献**
王晔凤:中度智障学生构音障碍的矫正训练,现代特殊教育,2014(7)

(四)矫治训练

构音异常儿童不仅要和普通儿童一样学习基本的文化知识,还要接受专门的语言训练。构音异常儿童的语言训练方法有多种,以下列举几种常见的矫治训练方法。

1. 构音器官的训练

熟练操控构音器官是儿童能正确发音的前提,因此舌、唇、颌、软腭、声带等构音器官的训练非常重要。一般而言,构音器官的训练包括构音器官的灵活性练习、协调性练习、准确性练习和速度练习等。单纯的构音器官训练往往缺少趣味性,教师可以将构音器官训练融入游戏、歌唱等活动,配上韵律或者节奏,有助于构音器官训练。

🔲 **阅读材料**
口腔操

2. 声音辨别训练

声音辨别训练主要是让儿童辨别正确的发音和错误的发音、相同音位不同发音之间的区别,有助于儿童克服替代、歪曲、省略等构音错误。声音辨别训练可以由发音标准的教师进行范读,也可以将儿童的发音录下来,让儿童自己听或者儿童之间互听,进而引导儿童对声音进行辨别。此外,在进行声音辨别练习时,要充分利用儿童视觉通道,引导儿童观察正确发音时的唇形变化,并模仿正确发音时的唇形,模仿正确的发音。

3. 发音技巧训练

发音技巧训练旨在让儿童掌握每个基本音节的正确发音方式。发音技巧训练是一项循序渐进、由简到繁、由易到难的工作。对于完全不会的发音，儿童需要借助适当的方法进行模仿。教师可以用压舌板把儿童的唇或舌导向必要的位置，也可以利用儿童已经会发的音位，引导儿童发不会发的音。[①] 对于容易发生替代、歪曲的音，教师一定要明白发生替代音与被替代音之间的共性及差异，并用恰当的方式让儿童理解其差异，并模仿正确发音。当儿童掌握了基本的发音后，教师可将相似音编成"绕口令"，让儿童在游戏中巩固正确的发音，当儿童发音正确时，要及时给儿童反馈和鼓励。

📖 **拓展阅读**

放松韵律操"爸爸送我去上学"（表 7-1-2）[②]

表 7-1-2　放松韵律操步骤表

节数	名称	目的	情境	动作
1	哈欠叹息	肩部放松，结合"哈欠"叹息法，通过 ha 音达到最佳的起音运动	太阳升起来了，妈妈说"起床啦"，小朋友从床上爬起来，打了个哈欠	（1）双手举起，深吸一口气（2）站立位，双脚左右分开约30厘米，双臂伸直做画圈运动，方位为前→上→后→下。每个方位停留 5 秒，重复一次
2	肩部放松	肩部放松，缓解呼吸肌群的紧张状态。强调呼吸系统垂直向、横向和前后向的运动	小朋友下了床，伸个懒腰后开始穿衣服	双手分别从左右画圈放下，画圈同时缓慢呼气，发出 ha-ha 音
3	颈部放松	颈部放松，促进喉外肌群的协调与平衡	低头看看鞋子有没有穿好；抬头看看天气怎么样	颈部放松，头部迅速向前低下，然后将下颌抬起，直至头部恢复正常直立位，重复一次；颈部放松，头部尽量向上仰起，然后将下颌放下，直至头部恢复正常直立位，重复一次
4	肩部放松呼吸训练	活动肩部和腹部，促进呼吸肌群协调与平衡，为发声作准备	小朋友推开窗户呼吸新鲜空气	双手向前尽量伸直，向两边缓缓打开后放下，重复一次；右手放在腹部，左手放在胸口，进行深呼吸。注意：左手始终保持不动。右手在吸气时抬起，呼气时放下
5	最长声时练习	最基本的言语发声训练，促进发声与呼吸过程的协调与平衡	小朋友练练嗓子	上手叉腰，深吸一口气后，尽可能地发长元音 a

---

① 柳树森. 全纳教育导论 [M]. 武汉：华中师范大学出版社，2007：256.
② 易海燕，康诗丽. 言语矫治技术在聋儿集体教学中的运用 [J]. 春芽之声，2012（4）：3-10.

续表

节数	名称	目的	情境	动作
6	口腔训练	形成正常的舌运动方式，增加舌运动的多样性和灵活性，提高构音清晰度	拿起小牙刷，一起刷刷牙	将舌尖顶在上排牙齿最里面的一颗牙上，依次缓慢地扫过每颗牙齿，然后沿着下排牙齿重复这一动作，重复一次；将舌尖放在最里面的牙齿上，围绕整个牙齿做连续地转圈运动
7	咀嚼训练	降低声带的紧张度，获得自然的发音状态	吃早饭了，好香的面包啊，张大嘴巴大口吃、大口嚼	张大嘴，夸张地做咀嚼运动，一边咀嚼一边发出简单的元音：a、i、u
8	声带放松	声带放松，促进喉内肌群的协调与平衡，获得声带黏膜液的最佳状态	坐上爸爸的摩托车上学去	双手向前平伸，嘴巴发"嘟"音，音调平稳；双手向下伸，嘴巴发"嘟"音，音调由高到低；双手向上伸，嘴巴发"嘟"音，音调由高到低；双手上下伸缩，嘴巴发"嘟"音，音调高低变化
9	肩部放松	同第2节	见到老师问个好，见到小朋友问个好	左手尽量上举，持续5秒；右手尽量上举，持续5秒

（五）学习环境

温馨、和谐、民主、被尊重的语言环境对构音异常儿童非常重要，在该语言环境中，教师和家长可以利用当下的情境与儿童交谈，鼓励儿童大胆表达自己，当儿童很自信地表达时，要多给予鼓励，不要急于纠正儿童的错误。纠正儿童的构音错误时，应清晰明确地提示发音部位和发音，不可重复儿童的错误发音，更不可取笑。当教师或者家长互动时，尽量保持声音洪亮、清晰、准确、语速适中等，以便儿童理解和模仿。

技 能 实 训

项目一　个别化语言康复训练

一、实训目标

1. 培养学生进行个别化语言训练的能力。

2. 培养学生与儿童沟通的能力。

二、内容与要求

1. 选择一名构音异常儿童，纠正其发音。

2. 根据该儿童的实际情况对其进行正音训练（图7-1-1、图7-1-2）。

图7-1-1　儿童正在聆听教师的指令　　　　图7-1-2　儿童听指令后操作

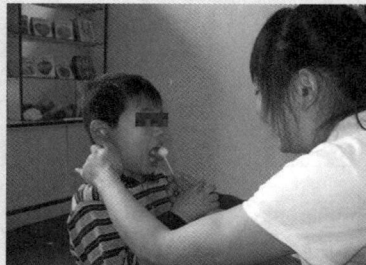

3. 记录该儿童个别化语言训练的效果。

三、范例：某语言康复中心个别化语言训练

教师姓名：王某某

学生姓名：陈某某

年龄：4 岁

见表 7-1-3。

表 7-1-3　个别化语言训练表

领域	目标							玩具	家长课堂反馈
听能发展	1. 林氏六音：[①]								1. 是否理解教师运用的方法与技巧： □ 充分理解 □ 不理解，但会发问寻求解惑 □ 不理解也不发问 2. 家长对于技巧的掌握： □ 很好 □ 1~2 次引导后即可 □ 需 3 次以上引导 3. 家长对孩子语言的输入是否符合孩子的听觉语言水平？ □是　□否
	□安静 □喧闹	距离	ɑ	i	u	sh	s	m	
	察觉								
	识别 / 模仿	2米	√	√	√	√	√	√	
	2. 四项听觉记忆：2个名词 +2 个动词								
言语发展（发音）	1. 纠正发音：k 2. 培养自我正音意识								
语言发展	1. 学习句子：……需要…… 2. 学习听问题、回答问题							毛绒玩具	
认知发展	引导儿童巩固对日常生活用品的用途的认知							日常生活用品	

---

① 林氏六音，又名"林氏六音"，即平时所说的六音测试，包括 ɑ, i, u, sh, s, m 这六个音，由当代听觉口语康复大师丹尼尔·林（Daniel Ling）设计，是用于临床康复实践的一种简便易行的方法。应用该测试方法能快速有效地检查儿童能否察觉到言语频率范围内的声音，是家长、教师和听力医师必须掌握的一项技能。

续表

领域	目标	玩具	家长课堂反馈
沟通发展	引导儿童能够在活动中，请求他人重复，如：我没听清，请你再说一遍		
建议事项	1. 应带儿童多认识更多的日常生活用品，了解其用途 2. 请家长在儿童的问句回答的完整性方面多做要求和监控		

讨论

在语音训练时，一些家长将儿童发音的清晰度作为语言康复的主要任务，对此，你怎么看？

第二节　流畅度异常儿童的发展与学习

扫描二维码
查看本节文本
资源

在儿童期的各种语言障碍中，流畅度异常属于较为常见的言语障碍类型。儿童在习得语言的过程中都可能产生过流畅度异常的现象。流畅度异常是一种较为复杂的言语障碍，对流畅度异常进行研究已有相当长的历史，但是流畅度异常的成因至今尚无定论。本节将主要讨论流畅度异常儿童概述、流畅度异常儿童的发展及其学习等问题。

一、流畅度异常儿童概述

言语流畅度由三个要素构成：一是流畅性，即人们在说话时不存在重复、拖长音或迟疑发音的现象；二是言语速度，正常的言语速度为每分钟 200～300 个音节，如过快或过慢可能产生言语速度异常问题；三是言语节奏，人说话时有过短的节奏，或在未完成构词的语音状态下停顿，均为非正常现象。如果以上三个要素出现了问题，便是我们所说的言语流畅度异常[①]。

流畅度异常俗称口吃、结巴，指说话者在连续说话过程中因无意识的音节重复、拖长、节奏紊乱或停顿不恰当，说话时急促不清，而不能及时表达清楚他所想表达的内容的一种言语障碍。具体来说，儿童的流畅度异常包括：重复发音（如"我、我、我、我喜欢吃糖果"）、起音困难（如"……你不清楚"）、言语中阻（如"妈妈买菜……回来，在门口……看到一个玩具"）、拖长字音（如

---

① 雷江华，方俊明. 特殊教育学 [M]. 2 版. 北京：北京大学出版社，2016：62.

"我——想要——喝水"）等。

流畅度异常主要受到生理因素、心理因素和环境因素的影响。从生理上说，儿童大脑语言神经中枢发育不良、语言发音器官及肌肉运动不协调、疾病以及遗传等原因都有可能造成儿童流畅度异常。从心理上说，导致儿童流畅度异常的因素较多，而恐惧、紧张和焦虑等情绪上的因素是常见的外部因素。影响流畅度异常的环境因素主要包括家庭环境、幼儿园和学校环境、社会环境等。

二、流畅度异常儿童的发展

流畅度异常儿童的生理特征主要体现为言语发音器官的异常，其心理的发展则包括认知和人格的发展。由于生理发展的异常，流畅度异常儿童在感知觉、记忆、语言、思维和情绪情感等方面往往异于普通儿童。

（一）生理发展

流畅度异常儿童最明显的生理特征是言语器官肌肉组织的抽搐或痉挛，主要表现为呼吸肌肉、声带肌肉、构音器官等的抽搐，最常见的表现是口吃。肌肉抽搐有阵挛性的和强直性的两种。在阵挛性抽搐时，言语器官肌肉连接短暂地收缩，导致音素或音节的重复；在强直性抽搐时，言语肌肉收缩时间较久，力量较大，导致言语的阻塞。言语抽搐一般发生在某一言语肌肉组织，只发生于言语过程中。当流畅度异常儿童不说话时或完成非言语性运动时，如呼吸、咀嚼、吞咽等，甚至在发孤立的单个音素时，都不会发生肌肉抽搐现象。①

另外，流畅度异常儿童为了克服言语障碍，会表现出一些特殊的行为。例如，为了缓解紧张状态，儿童用手拍腿或用脚用力跺地，在发生强直性抽搐时用头、手、脚以致全身做出其他动作。

（二）心理发展

1. 认知发展

流畅度异常对儿童的认知、情感、自我概念和社会性发展都有明显影响。流畅度异常对儿童认知发展的影响主要表现在儿童的感知觉、记忆、语言、思维等方面。

流畅度异常儿童在语言方面的主要表现为言语不流畅，语速慢，言语节奏不当等。同时，语言发展与思维的关系密切，因此，流畅度异常儿童的形象思维较多，而抽象思维较为缺乏。

2. 人格发展

流畅度异常儿童有独特的心理特点，他们最明显的心理症状是情绪问题，他们往往会出现恐惧、焦虑、自卑等状况，这给他们造成了沉重的负担和压力，引发更加严重的口吃问题。

---

① 银春铭，于素红. 儿童与语言障碍及矫正 [M]. 北京：人民教育出版社，2001：449.

恐惧是流畅度异常儿童最为典型的心理特征。流畅度异常儿童出于对言语的恐惧，害怕发出某些声音或词语，害怕和特定的人物或在特定的场景中说话。为了避免发出这些难发的音，有的儿童想尽办法用同义词代替它或者干脆不说话。例如把"奶奶"说成是"爸爸的妈妈"，因为害怕说数字九而不去数数等。[①]

紧张与焦虑也是流畅度异常儿童情绪的外在表现之一。流畅度异常儿童经常会担心口吃发作，会试图掩藏自己的缺陷，但是由于运用方法不当，不能奏效。在这种长期的心理创伤和压力下，流畅度异常儿童的性格也会受到影响，他们会变得紧张、焦虑、容易激动、爱哭泣或者忧郁、孤僻、胆怯等。

同时，由于意识到自身与他人的差异，流畅度异常儿童常常缺乏交往的主动性，容易自我贬低，产生自卑的心理。在紧张、焦虑、恐惧等情绪的影响下，他们往往缺乏语言学习兴趣，坚持性不高，个性上则表现出胆怯、自卑、社会适应不良等特征。

▶ **推荐视频**
电影《国王的演讲》

三、流畅度异常儿童的学习

由于生理和心理发展的不同特点，流畅度异常儿童在学习方面的表现也与普通儿童有所不同。以下将从学习特征、学习目标、学习内容、学习策略和学习环境等五个方面来阐述流畅度异常儿童的学习。

（一）学习特征

在对流畅度异常儿童进行语言学习与教育之前必须对他们进行全面深入的诊断评估，以便获取详细全面的资料，了解他们的学习特征。言语训练的过程包括初期矫治和顽固期矫治两个阶段，在不同阶段流畅度异常儿童有不同特征。

1. 初期矫治

流畅度异常的初期主要是指2岁到5岁学龄前儿童的言语结巴现象。在这一阶段儿童往往没有意识到自己的言语问题，没有恐惧焦虑心理。这一阶段早期矫治的重点在于避免儿童意识到自己的口吃问题，家长和教师不应让孩子听到关于口吃的谈论，要尽可能创造一种和谐愉快的氛围，找出并消除诱发儿童流畅度异常的因素，同时注意家园间的密切配合。如果处理措施得当，儿童的早期症状是可以自然消失的。

2. 顽固期矫治

如果流畅度异常的初期症状没有得到缓解和消除，那么儿童就进入流畅度异常的顽固期。在这一阶段口吃儿童已经意识到自己的言语问题，对说话产生恐惧、焦虑，因此，对他们进行的言语矫治不仅涉及单纯的言语训练，还涉及情绪、行为等方面的心理调适，需要进行综合性的矫治训练。

---

① 银春铭，于素红. 儿童与语言障碍及矫正 [M]. 北京：人民教育出版社，2001：453.

🖱 **推荐文献**
邓柳，雷江华：
口吃人士语言发
展的国际研究热
点及启示，2022
（2）

（二）学习目标

流畅度异常儿童的主要问题是言语节律错误，以及由于言语障碍导致的衍生障碍——心理问题。因此，学习的主要目标是进行言语矫治及心理治疗，即消除错误的言语节奏，掌握正确的说话技能，同时矫治心理和行为问题，培养健康的个性品质。

（三）学习内容

流畅度异常儿童的学习特征和学习目标决定了其学习内容，一般来说，其学习内容主要涉及语言、情绪与行为以及社会适应三个方面：（1）语言能力。语言能力有助于儿童正确控制自己的言语，保证言语的节奏和流畅性。（2）情绪和行为管理能力。这种能力有助于儿童减少恐惧、焦虑、自卑、孤僻等负面情绪，控制并消除因流畅度异常表现出来的拍腿、抽搐、跺脚等外部行为。（3）社会适应能力。这种能力有助于儿童克服因言语恐惧而造成的社交困难，重在发展儿童与同伴的社会交往能力，使其更好地融入学校、社会。

（四）矫治策略

不同阶段的流畅度异常的矫治策略，既有共通的，又有不同的。[①]

1. 共同的矫治策略：慢速说话

慢速说话通过各方面的作用能使儿童形成正确的说话方法和技能。慢速说话训练大致遵循以下顺序：（1）反射性言语（重复教师的示范）；（2）同步言语（同教师一起说）；（3）独立地读句子或短文；（4）根据读过的内容回答问题；（5）复述读过的内容；（6）看图或根据一定的主题叙述；（7）自由讲述；（8）对话；（9）演示生活中的常见事件；（10）向众人传递某种消息；（11）当众讲话。

开始时，说话越慢越好，而且嗓音要轻柔、平稳、流畅。例如：首先进行发音和读词语练习。如：吸气，连续发一个单韵母音 a、a、a；吸气，交替发两个单韵母音 a、o，a、o，a、o；交替发多个单韵母音 a、o、e，a、o、e，a、o、e，a、o、e；吸气，连续发一个复韵母音 ai、ai、ai 或 an、an、an；吸气，交替地发两个复韵母音 an、ang，an、ang，an、ang，交替发多个复韵母音 ai、ei、ou、ai、ei、ou；接下来是音节拼读练习：先吸气把音节拼出来，再一口气把拼出的音节连说三四遍；再吸气，把相应的词语带出来；然后把词汇用于句中做练习，如："s-ǎo → sǎo，sǎo sǎo sǎo""扫地的扫""扫地扫地扫地……""我们在扫地"。最后将正确的发音技能固定下来，熟练化，并用于生活言语中。

2. 初期矫治策略

初期矫治主要是设法防止或缓解儿童对自己言语缺陷的注意和意识。家长要尽可能创设一种安宁的家庭氛围，鼓励儿童说话，用平静温和的方式与儿童交谈，关注儿童的身体健康，在儿童说话时为其提供必要的词语，为儿童讲笑话和

---

① 银春铭，于素红. 儿童与语言障碍及矫正［M］. 北京：人民教育出版社，2001：462-480.

有趣的故事，要让儿童相信自己的言语完全正常。教师应该密切与家长配合，注意不把儿童的注意力导向其言语问题，同时要关注幼儿园、学校里的环境，寻找并排除使儿童心理紧张、口吃的诱因，关怀和鼓励口吃儿童，做好对其他儿童的教育工作，为口吃儿童创造一种和谐宽松的班级氛围。

3. 顽固期矫治策略

顽固期矫治需要进行综合性的训练。

（1）确定适当的矫治目标

矫治目标就是使儿童正确、实事求是地对待流畅度异常的状况，恢复或者培养一些言语控制技能。一般来说，可根据每个儿童的情况选择下面的一项或几项矫治目标：① 缓解与个体口吃有关的压力，消除口语结巴现象。② 消除口吃第二性的伴随症状。③ 减轻口吃的程度，以轻度不流畅取代严重结巴现象。④ 改变和言语相关的错误习惯：不适当的呼吸、语速过快、言语机制过分紧张等。⑤ 克服说话前及说话中的恐惧、焦虑、回避心理。

（2）矫治儿童的个性障碍

矫治个性障碍的基本方法是心理治疗。教师首先要获得儿童的信任，与其建立良好的关系。要经常与儿童反复进行谈话，使他们知道，如果不怕说话，口吃就不会发作。在谈话过程中，教师不但应该指导儿童克服障碍的努力方向，而且还要鼓励他们自觉地采取矫治措施，积极地进行自我矫治。除了发挥言语的心理治疗作用之外，还要注意发挥小组的心理治疗作用。儿童在小组中可以相互支持，相互帮助纠正错误，交流彼此的体验和经验。

（3）培养正确言语技能的方法

训练儿童流畅说话的方法多种多样，大致可以归为两类。

① 正面训练法，指按照正常说话的要求进行训练，以使儿童掌握正确的调控言语行为的技能，克服言语阻塞、重复、发音困难等症状。如无声言语法、长句分段法、按节拍说话法等。

② 反面训练法，指让儿童有意识地重复口吃现象，以体会口吃的发生过程，从而培养控制口吃发作的能力。如逆向训练法、故意口吃法、模仿他人口吃等。

（4）进行自我矫正

儿童可以采取以下几个措施进行自我矫正：口吃发作时要平静、不慌不忙、不挣扎；养成慢速说话的习惯；决心消除或缓解第二性的伴随动作；树立正确的态度，对口吃不加任何掩饰。

（五）学习环境

在流畅度异常儿童的教育过程中，应在幼儿园或学校、语言训练中心、家庭、医院等相关环境中营造出温馨、和谐、民主、被尊重的氛围。同时，教师和家长可以利用一些辅助技术对流畅度异常儿童进行语言训练，例如播放音频、视频，使用言语系统模型、拼音卡、诊疗仪等。在训练过程中，成人要鼓励儿童大

阅读材料
言语障碍儿童的
教育安置

胆尝试表达自己，要有耐心，多给予鼓励，不要急于纠正儿童的错误。

讨 论

··

依据下面的案例材料，你觉得丁某发生口吃的原因有哪些？应该如何缓解丁某口吃的现象？

案例：丁某，男，6岁，幼儿园大班。丁某以前没有口吃的现象，可最近一段时间突然结巴起来了，而且越来越严重。说话时一个字要重复好几次才能接着说下去，课堂上回答问题时尤其严重。着急或兴奋时也有结巴的现象。询问其父母，了解丁某的情况：丁某的爸爸妈妈忙于工作，丁某从小跟奶奶长大，是全家人的焦点；丁某出生时一切正常，1岁左右开始说话，发音正常，1岁1个月就会说30字了；在3岁半时，丁某学了一段小提琴，每次练琴妈妈都是大打出手，要求十分严格，孩子每次都会哭着练琴，更严重的是孩子一看到妈妈瞪眼就会哭而且显出很害怕的样子，之后就发生口吃了。开始时第一个字难发，后来在中间也会出现结巴的现象。丁某现在已经6岁，上大班了，性格有些内向，不太愿和他人交往，非常胆小。据了解，丁某的父亲也有口吃的现象，但不是很严重，基本都能控制自己的发音。

┌─────────────────────────────────────┐
│   **技 能 实 训**   │
└─────────────────────────────────────┘

项目二 学话训练

一、实训目标

1. 学生能针对流畅度异常儿童的特点设计简单的学话活动。

2. 培养学生对儿童进行词语和句子语言训练的能力。

二、内容与要求

1. 根据学话的材料要求，准备各种相关的道具。

2. 根据范例，设计一个学习目标语言的活动。

三、范例：渗透式教学活动——数一数

1. 活动目标

（1）认知：认识苹果、杧果、樱桃、草莓等；理解数一数的意思，知道物品的数量。

（2）学习指令：请某某数一数苹果，请坐在某某和某某中间的小朋友站起来。

（3）学习语言：卡片上有苹果，有杧果，有草莓，有樱桃，还有五个苹果。

（4）学习问句：卡片上有什么？卡片上有几个苹果？图上有什么？有几个苹果？儿童能完整回答问句。

2. 活动准备

水果的卡片若干，水果范图一张，从 1 到 10 数字卡片。

3. 活动过程

（1）导入部分

教师用听觉描述引出苹果卡片，同时数一数卡片上的苹果。

（2）开始部分

首先，教师引导儿童共同数一数卡片上的苹果。

其次，根据目标中的指令，请儿童数一数范图上的水果（图 7-2-1）。

最后，教师引导儿童轮流根据指令完成操作，并学习目标中的语言及问句（图 7-2-2）。

图7-2-1　教师请儿童操作

图7-2-2　教师引导儿童学说目标语言

（3）活动结束

教师根据儿童在活动中的具体表现，鼓励表扬儿童。

第三节　发音异常儿童的发展与学习

声音有三个评估标准，即基频、强度和音质。发音异常是指说话者的声音在这三个方面出现了异常，并且影响了儿童与他人的沟通，影响了儿童的学习和生活，尤其对儿童的心理有一定的影响。如何建立正常的发音方式，是发音异常儿童需要学习的重点内容。

一、发音异常儿童概述

发音是指发声器官发出声音。发音异常又称发音障碍或嗓音障碍，表现为说话时的音调、音量、音变等方面的过多偏离，主要是声带运动异常、音质差

扫描二维码
查看本节文本
资源

阅读材料
发音异常儿童的
分类；发音异常
的原因

等。① 根据不同的标准可以将发音异常划分为不同的类型，一般根据发音异常的表现形式和原因对其进行分类。根据发音异常的表现形式特征，可以将发音异常分为音高异常、音质异常、音强异常；按照发音异常的原因，可以将发音异常分为器质性发音异常和功能性发音异常。器质性发音异常的原因主要包括急性、慢性咽喉炎，声带结节，声带息肉，喉部乳头瘤，声带麻痹，听力损失，腺体失常等；功能性发音异常的原因主要包括不良的发音习惯、不良的发音环境、不良的嗓音榜样以及青春期的生理变化等。目前，由于发音异常诊断标准不统一、主观性比较强等因素，统计发音异常的出现率非常困难。但是一般而言，低年级学生比高年级学生有更多的发音异常表现。发音异常直接影响儿童的言语质量，进而影响儿童与他人的沟通。

🔖 阅读材料
哑症、发声无力的表现

二、发音异常儿童的发展

发音异常儿童在很多方面与普通儿童并无太大的差异，在生理发展和心理发展方面具有一定相似性，但在心理发展方面与普通儿童也有一定的差异。

（一）生理发展

发音异常儿童的生理特征因发音异常的具体类型和情况而有所不同。器质性发音异常儿童在生理方面的特征更加明显，例如，儿童可能存在急性、慢性咽喉炎，声带结节，声带息肉，喉部乳头瘤，声带麻痹，腺体失常等。目前没有研究表明功能性发音异常儿童的生理特征与正常儿童有差异。

（二）心理发展

🔖 阅读材料
刘玉娟：0—3岁儿童语言和言语障碍的早期诊断与干预，中国特殊教育，2018（9）

目前，关于发音异常儿童认知的研究比较单薄，研究多集中于发音异常儿童的人格方面。国外研究者发现，功能性发音异常儿童表现出抑郁和焦虑的特征②；发音异常儿童（选择性缄默症）表现出恐惧、逃避、退缩、害羞、偏爱单独活动等行为特征。③

三、发音异常儿童的学习

发音异常的矫正学习是发音异常儿童诸多学习内容中的重点。发音异常儿童需要在言语康复师、家长以及同伴的指导和陪伴下，通过多种有针对性的、趣味性强的发音矫正方法以及儿童不断自我调节发音的方式，逐步学会正确的发音方式，进而达到能以正常的嗓音发声。

---

① 朴永馨. 特殊教育辞典 [M]. 北京：华夏出版社，2006：239.
② WILLINGER U, KERNSTOCK S V. Marked depression and anxiety in patients with functional dysphonia [J]. Psychiatry Research, 2005 (134): 85-91.
③ COHAN S L, CHAVIRA D A. Practitioner review: psychosocial interventions for children with selective mutism: a critical evaluation of the literature from 1990-2005 [J]. Journal of Child Psychology and Psychiatry, 2006 (47): 1085-1097.

（一）学习特征

发音异常儿童由于发音的音调、音高、音质等异常情况会产生许多不良的情绪，因此发音异常儿童在学习上容易因为其他儿童的嘲笑而产生精神压力，可能导致厌学情绪的出现。另外，由于儿童本身的语言不流利、发音困难，在学习上就很难利用语言进行高度概括，因此有些发音异常儿童可能会出现思维能力弱、概括能力差等特征。①

推荐书籍
《儿童语言障碍及矫正》

讨论

图 7-3-1② 中的儿童出现了哪些问题？如果你是老师，你会怎么做？

他5岁，但语言才达到3岁水平。

他听不懂小朋友在说啥，很着急。

啊！你…

他有时用肢体动作表达意思，同伴说他打人。

他在说什么呀？

小朋友也听不懂他说的话。

他很难融入游戏。

1+2=？

他学习也会遇到困难。

图7-3-1　发音有问题怎么办？

（二）学习目标

发音异常儿童的学习目标包括：第一，在教师的引导下学习基本的文化知识和

推荐书籍
《言语障碍的评估与矫治》

---

① 张巧明，杨广学. 特殊儿童心理与教育［M］. 北京：北京大学出版社，2012：192.
② 插图由中央民族大学美术学院硕士研究生邹维佳绘制.

语言发音技能技巧，缓解和纠正发音异常；第二，在教学和游戏活动中，体验学习的愉悦感，逐渐培养儿童的自信心和成就感；第三，在学习过程中，逐渐培养儿童克服困难的坚强意志，以及乐观开朗、积极向上的精神。

（三）学习内容

发音异常儿童的学习内容除了基本的文化知识之外，还包括灵活运用发音器官的技能、发音基本常识及发音异常的针对性训练。

1. 灵活运用发音器官

人类的发音器官包括胸腔、肺、气管、声门和喉、咽腔、鼻腔、鼻窦、口腔及口腔中的腭、齿、舌、唇等。这些器官在语音的功能活动中发挥着不同的作用。任何一个器官的功能丧失或减退，均会影响正常语音的产生。因此，灵活地运用发音器官是发音异常儿童学习内容中的一项重要内容。具体而言，训练内容主要包括口腔、舌头、唇、软腭等的运用，教师可以利用口部体操来训练（表7-3-1），使儿童在发音吐字时喷弹有力、灵活准确（图7-3-2）。

推荐文献
赖仲泰：儿童非听觉性言语障碍的康复，现代特殊教育，2004(12)

推荐视频
口腔操

推荐文献
焦欢欢：基于VR的言语失用症康复训练系统，杭州师范大学，2019

表7-3-1 口部体操

练习形式	练习内容
口形模拟发音练习	（1）双唇紧紧闭拢、再分开，由慢到快 （2）双唇闭拢，张开时唇形应呈 O 状，不要张太开 （3）只做口型，不发出声音，做双唇音 b，p，m 模拟发音 （4）弹舌练习，用舌尖反复弹上齿 （5）舌尖音 l，t，n，由无声到有声
舌肌练习	（1）舌尖向左摆 （2）舌尖向右摆 （3）舌尖向下摆 （4）舌尖向上摆
唇舌练习	（1）分读"噼—里—啪—啦""密—密—麻—麻" （2）连读"噼里啪啦""密密麻麻"
口齿练习	（1）分读"叽—叽—喳—喳""淅—淅—沥—沥" （2）连读"叽叽喳喳""淅淅沥沥" 练习时把注意力都集中在口与齿上，也就是舌前及舌面"叽、喳、淅、沥"都用气发出

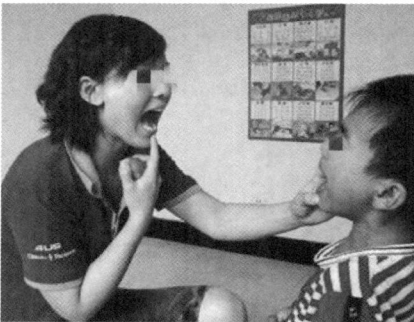

图7-3-2 教师对儿童进行舌操训练

2. 发音基本常识

儿童发音基本常识的学习需要家长和幼儿园教师做有心人，多观察儿童，引导儿童养成良好的呼吸习惯和发音方式，注意用嗓卫生。

（1）引导儿童用鼻呼吸

用鼻呼吸时，鼻腔内的鼻毛和鼻腔黏液可以挡住灰尘、细菌等有害物质，不让其进入体内。更重要的是，鼻腔里有许多小血管，小血管中的血流量随着吸入空气的温度高低而变化，如果冷空气进入鼻腔，刺激血液流动加快、流量增加，将寒冷的空气调节到与体温相适的温度，从而使经鼻腔吸入的空气干净、温暖、湿润。一些发音异常的儿童在说话时不能像普通儿童那样较好地控制呼气速度及气流量，从而导致出现一些怪异的音，但发音时控制气流的器官活动能力是可以通过训练而改变的，如吹泡泡、吹蜡烛等（表7-3-2）。

表7-3-2　呼吸训练方法

练习形式	练习内容
吹泡泡或乒乓球	方法1：将一根饮料吸管插入盛有一半清水的器皿中，让儿童在水中吹泡泡，反复训练，并逐渐延长同一口气吹泡泡的时间，这样不仅可以逐渐增加气流量，而且还可以增强呼气的控制能力 方法2：吹彩色肥皂泡或乒乓球（图7-3-3），让儿童在游戏时进行呼气控制训练
吹蜡烛或卡片	方法1：将点燃的一支蜡烛放在桌上，保持一定距离，让儿童将其吹灭，并逐渐加大距离，反复训练。这主要训练从口腔中瞬间爆发的气流量 方法2：将点燃的数支蜡烛并排放在桌上，保持较短距离，让儿童一口气将所有蜡烛吹灭，反复训练并逐渐增加蜡烛的数量，也可用卡片代替蜡烛（图7-3-4）。这样可训练孩子呼气的控制能力

图7-3-3　儿童吹乒乓球　　　　　　图7-3-4　儿童吹卡片

（2）注意用嗓卫生

① 唱歌时的用嗓卫生。唱歌之前，教师应选取在儿童音域的音乐。唱歌时，教师应引导儿童轻唱，不可太大声，不可让儿童在混浊的空气中唱歌，不可让幼儿在身体劳累时唱歌。[①] ② 学习活动中的用嗓卫生。教师在课堂让儿童回答问题、讨论、朗读时，也应注意保护儿童的嗓子，引导儿童运用恰当的音量说话。

3. 发音异常针对性训练

儿童在进行发音异常针对性练习时，教师首先要清楚儿童发音异常的类型，

---

① 柳树森. 全纳教育导论 [M]. 武汉：华中师范大学出版社，2007：259.

明晰其发音异常的原因和特征。在此特别强调的是，如果儿童的发音异常是由心理因素引起的，如哑症，教师应建议儿童先做心理治疗。

（1）假声

变声后的假声训练，主要包括心理治疗和嗓音训练两个部分。只有儿童认识、接受了自己的声音变化，才有助于进行进一步的嗓音训练。嗓音训练归纳起来有以下几个步骤：① 练习深腹式呼吸。② 训练儿童咳嗽，待其正确掌握发音后，再去掉其起始的咳嗽音。这种正确的发音习惯建立了，再开始练习单音节的元音词，然后是单字、短语、句子，最后就能流畅清晰地同别人交流了。③其他嗓音训练的方法。如按压甲状软骨，练习发爆破音，通过吞咽或自动面罩引发儿童的自然音等。发音时压低舌的位置来使喉的位置降低，在一定程度上也有助于儿童的嗓音训练[①]。

（2）哑症

哑症属于情绪性的失音症，是源发于突发性的神经心理上的震惊，如交通事故、地震、洪水等惊吓。哑症的主要训练步骤包括：① 儿童可能会发 m 及 mu，这两个音主要是双唇的运动，不需儿童做很多其他动作，可以先让儿童放松，建立安全感；② 教师指导儿童由低频率到高频率，再由高频率到低频率用拖长音的方式练习 m，mu 或者 mi；然后在此基础上进行拓展，加上一些数字，例如，m，mu，"1"；m，mu，"2"；③ 在练习第二个步骤的发音后，即可利用词汇进行练习，例如 m → 妈妈，mi → 米饭；④ 指导儿童用不同的频率练习单词，以确定其音频范围；⑤ 指导儿童用短语和句子做练习。

（3）嘶哑声

嗓音嘶哑的矫治是长期的，教师、家长以及儿童都要有很大的耐心。嘶哑症儿童的训练主要包括：① 声休；② 哼唱；③ 按压抖动；④ 耳语发声训练；⑤ 正常发声训练，练习的材料与耳语发声练习材料相同；⑥ 音高练习，即让儿童以不同的音高进行练习。[②]

（4）呼气声

呼气声也称为气息声，呼气声的训练主要有以下几个步骤：① 让儿童分清呼气声与正常嗓音的区别。② 引导儿童认识呼吸在说话中的重要性。比较说话时不带呼气声和带呼气声，这样使儿童更明显地感受两者的差异，进而帮助儿童掌握正确的发音技巧。③ 让儿童吸一口气，以拖长音的方式发元音（如 i，u），由于发 i，u 时舌肌较为紧张，音频也较高，所以能不带呼气声，即使对习惯呼气声的儿童也是如此。能够这样做之后，可引导儿童拖长音发 a，持续到出现呼气声或者需要换一口气为止。④ 当儿童学会某种发音

① 宋晓红，刘永祥. 变声后假声的研究进展 [J]. 国外医学耳鼻咽喉科学分册，2000（5）：264-267.
② 银春铭，于素红. 儿童语言障碍及矫正 [M]. 北京：人民教育出版社，2001：184-186.

技巧之后，教师应及时指导儿童通过练习将发音技巧迁移到其他的词语和环境当中①。

（5）音量不当

音量不当包括音量过高和音量过低，对于儿童音量不当的训练可以从以下几个方面着手：① 将儿童说话音量正常、音量过高、音量过低时说的话各录一段下来，然后放给儿童听，让儿童识别它们之间的差异。② 教师或者家长听到儿童嗓音适当时，立即给予鼓励和肯定，而在其音量不当时，采用消退法予以处理，或者摇头予以反馈。③ 让儿童拖长音、清晰地念元音或辅音。④ 让班上表现好的同学或者儿童的好伙伴作出示范（音量正常），儿童模仿。② ⑤ 教师和家长在平时的教学和生活中也需注意自己的音量，给儿童树立一个良好的榜样。

（四）学习策略

提高儿童的发音能力，使儿童能正确、清楚地发音是教学任务之一。教师应为发音异常儿童提供良好的学习环境，创造轻松的交流氛围，提供丰富的语言情境，利用多种训练方法，帮助儿童体会发音要领，掌握发音技巧，形成正确自然的语音习惯，发出正确流利的语音。

1. 语言游戏法

语言游戏是一种给儿童提供游戏情境，让儿童按照一定规则练习口头语言的游戏，包括练习语音、丰富词汇、发展句式和练习节奏等。语音游戏主要是以练习正确发音和提高辨音能力为目的，在普通话语音的环境下，着重让儿童练习比较困难和容易发错的语音。绕口令是最常见的一种语音游戏。它具有短小、活泼、有趣、绕口、节奏明快的特点，能让孩子在欢快的气氛中学习正确的发音，用气自如，吐字清晰，口齿伶俐。

🔲 阅读材料
绕口令

画　狮　子

有个小孩子，来到石院子，

学画石狮子，天天画石狮子，

次次画石狮子，石狮子画成了活狮子。

小　花　鼓

一面小花鼓，

鼓上画老虎，

宝宝敲破鼓，

妈妈拿布补，

不知是布补虎，

还是布补鼓。

---

① 银春铭，于素红. 儿童语言障碍及矫正 [M]. 北京：人民教育出版社，2001：179–181.

② 银春铭，于素红. 儿童语言障碍及矫正 [M]. 北京：人民教育出版社，2001：183–184.

数　一　数

山上一只虎，

林中一只鹿，

路边一头猪，

草里一只兔，

洞里一只鼠，

我来数一数，

1，2，3，4，5，

虎、鹿、猪、兔、鼠。

以《数一数》为例，教师可以请 5 名儿童分别扮演五种动物，念到哪种动物，该扮演者就走出来，扮演一种动物的造型。数"1、2、3、4、5"时，儿童依次报数，最后一句依次说"虎、鹿、猪、兔、鼠"，以不说错为胜利。

2. 歌曲法

歌唱训练的首要任务是让儿童做到基本正确地用嗓子歌唱。发音异常儿童运用歌曲来矫正发音，既带有趣味性，又能帮助强化正确的发音。教师可以运用歌曲训练儿童的发音，这些歌曲充满童趣，结合律动，能够很好地纠正发音异常儿童的发音。不同的歌曲可以纠正不同的发音，例如，用《母鸡和小鸡》练习"a，e，i"的发音，用《火车来啦》可以训练儿童"u"的发声与咬字；用《小猫钓鱼》练习"ü"的发声与咬字，在歌唱的同时要特别注意儿童的口型等。

母鸡和小鸡（节选）

1=D 2/4

i7 65 | 43 2 | 31 42 | 5 55 | 0 0 | 0 0 |
叽叽 叽叽 叽叽 叽 妈妈妈妈   你在哪里？

0   0 | 0 0 | 0 0 | 0 0 | 55 65 | 55 4 |

火　车　来　啦

1=D 2/4

5 6 5 4 | 3 4 | 5 5 | 5— | 5 5 | 5— ‖
(师)火 车 火 车 来 了(生)呜 呜 呜   呜呜 呜

小　猫　钓　鱼

1=C 2/4

35 i6 | 5— | 35 i6 | 5— | i0 | i6 | 5 3 |
小猫 去钓鱼， 小猫 去钓 鱼， 哟! 大鱼 小鱼

22 32 | 1— ‖
钓了 许多 鱼。

3. 多感官学习法

多感官学习法是通过刺激儿童的各个感官，创设良好的教学情境，调动儿童的视、听、味、触、嗅觉等感官的学习方式。用多感官的方式去吸收、去体验，从而全方位地开发潜能，如体能、感知觉、儿童语言、人格等。发音异常儿童也应该充分利用多感官，利用说话者的表情来理解对话的意思，同时要能够用表情、声音和动作一起来表达意思。如学习"甜甜的、酸酸的、辣辣的、咸咸的"的表情，教师首先拿出有糖的盒子，并用小勺舀一点放入口中，露出很好吃的表情，并告诉儿童"甜甜的"。然后，请儿童自己尝尝看，在他放入口中的同时，教师在儿童耳边重复说"甜甜的"，在儿童尝试完以后鼓励儿童自己表达感受。以同样的活动，儿童认识"酸酸的""辣辣的""咸咸的"，教师引导儿童用不同的动作和表情来表达感受。教师说"甜甜的、酸酸的、辣辣的、咸咸的"，并做出动作与表情，接着让儿童指出是哪一盘，并用语言、动作和表情来表达。

（五）学习环境

学习环境包括幼儿园或学校、家庭、社区和社会等各种场景（图7-3-5）。教师和家长需注意在发音异常儿童学习时，尽量避免嘈杂、充满灰尘、雾霾的物理环境，尽量创设干净、宽容、接纳、理解、轻松的心理环境。在儿童说话时，教师和家长要耐心、专注地倾听，不随意打断儿童说话，建议儿童说话时看着对方的眼睛，以确保儿童说话时集中注意力。教师和家长可充分利用生活中的每个场景引导儿童对话。父母也要为儿童提供一个轻松、和谐的语言环境，避免在孩子面前发出各种怪声或者大声说话。

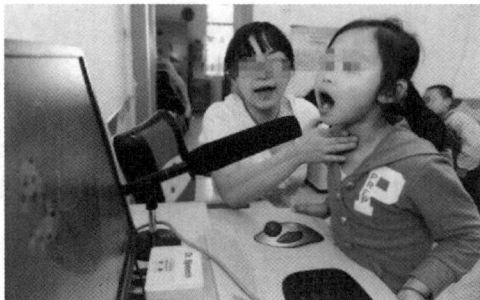

图7-3-5 语训室

技 能 实 训

项目三 发音异常儿童的辨音训练

一、实训目标

1. 能根据发音异常儿童的发音问题设计语音分辨活动。
2. 利用图片等现有资源设计活动。

二、内容与要求

1. 根据上述利用词语分辨语音的活动，设计一个根据歌曲分辨语音的活动。

2. 根据发音异常儿童的特点，准备各种歌曲相关的图片。

三、范例：有趣的语音

1. 活动目标

（1）能分辨声母及韵母皆异的语词。

（2）能分辨声母同、韵母异的语词。

（3）能分辨声母异、韵母同的语词。

2. 活动准备

（1）能分辨声母及韵母皆异的语词：如蛋糕、杯子；时钟、牛奶；睡觉、上课；鞋子、衣服等。

（2）能分辨声母同、韵母异的语词：如电灯、跌倒；男生、女生；钉子、肚子；报纸、鼻子；律师、牧师等。

（3）能分辨声母异、韵母同的语词：地毯、地板；生气、蒸汽；帽子、刀子等。

3. 活动设计

首先，老师拿出上述对应的词语图片如声母及韵母皆异的词语（蛋糕、杯子），老师指着蛋糕的图片说"这是蛋糕"，指着杯子的图片说"这是杯子"。再指导儿童如果听到老师问"蛋糕在哪里？"就用手指蛋糕的图片；如果听到老师问"杯子在哪里？"就用手指杯子的图片，反复练习，直到儿童熟悉。

然后，老师随机说出图片中的任意一个词语，如"蛋糕"，让儿童指出正确的图片。再按照上述方法，引导儿童分辨另一组对比词语：时钟、牛奶。

最后，再将两组对比词语混合，如蛋糕、杯子、时钟、牛奶，让儿童分辨，甚至可以增加至三组词语，让儿童分辨。

第四节   语言发展异常儿童的发展与学习

扫描二维码
查看本节文
本资源

在本章前三节中，我们探讨了构音异常、流畅度异常及发音异常儿童的发展与学习问题，这几类都属于言语障碍。与言语障碍不同，语言发展异常属于语言障碍，是更深层次的障碍，它反映的是语言使用者在语言系统的不同层面发生的缺损和偏差。

一、语言发展异常儿童概述

微课：语言发
展异常的概念

什么是语言发展异常？它有哪些分类？语言发展异常的出现率和形成原因是什么？怎样对语言发展异常进行评估？了解这些问题有助于我们认识语言发展异

常及其与构音异常、流畅度异常以及发音异常的联系与区别。语言发展异常是指理解或使用口语、书面语或其他符号系统时出现的障碍，语言发展异常儿童的语言发展速度、程度等低于普通儿童，说话时令人费解，说话颠倒、不连贯。不同研究者对语言发展异常的分类方式也各有不同。例如，林宝贵认为语言发展异常有四个特征：语义异常、语法异常、语用异常、语形异常。方俊明认为，语言发展异常，可划分为三类：语言异常、语言发展迟缓、失语症。[①] 根据第六次全国人口普查我国总人口数，及第二次全国残疾人抽样调查我国残疾人占全国总人口的比例和各类残疾人占残疾人总人数的比例推算，2010 年末我国言语残疾人大约 130 万，占残疾总人口的 1.53%。导致语言发展异常的原因主要有：生理因素、心理因素、环境因素。诊断儿童语言发展是否异常，首先要了解和收集包括儿童个人的和家庭方面的有关信息，其次是对儿童的语言情况进行检查，最后可以利用量表进行更为精确的诊断和评估，如中国康复研究中心语言治疗科编制的《S-S 语言发育迟缓检查表》、林宝贵编制的《婴幼儿语言发展评量表》等。对于语言发展异常儿童的评估应该由专业的医生和语言评估专家共同进行。

阅读材料
语言发展异常儿童的分类、成因

阅读材料
语言发展异常儿童的评估

二、语言发展异常儿童的发展

语言发展异常儿童生理与心理发展的特点、规律和普通儿童是一致的，只是发展较为迟缓、紊乱，他们的语言发展大多数表现为程度上的差异而不会有性质上的不同。同时，语言发展异常儿童和普通儿童相比，他们各方面的发展都有明显的特殊性。同样是患有语言障碍的儿童，其具体情况不同，在程度、类型、形成原因及心理特点等方面都会有所差别。

（一）生理发展

与普通儿童相比，有特殊儿童往往伴随语言发展异常的症状。例如，视障儿童由于视力低下，缺乏感官想象，对词义的理解存在较大困难，容易歪曲语义；听障儿童由于听力的损伤，说话时容易有异常现象，如鼻音化、嘶哑声或音量过大等问题；智力障碍儿童由于脑与神经功能的损伤，语言发展迟缓、词汇量少、表达困难，语言理解能力也明显低于普通儿童等。语言发展异常儿童的语言发展往往起步年龄较晚，语言发展的速度较慢，达到的语言水平较低。有些单纯性语言发展异常的儿童，除了语言发展异常之外，在其他方面如智力、运动协调能力等与普通儿童相比并无太大的差别。

（二）心理发展

语言发展异常儿童具有独特的心理特点，异质性很高。语言发展异常会给儿童带来种种心理障碍，语言发展异常会使儿童其他方面的发展也会相应迟缓，主要表现在以下几个方面：

---

① 方俊明. 特殊教育学 [M]. 北京：人民教育出版社，2005：240.

推荐书籍
《言语障碍的评估与矫治》

1. 认知发展

语言与认知的联系密切，语言是思维的工具，是所有儿童学习的基础。语言发展异常儿童不能以正常方式运用语言，这会影响他们的思维发展。例如，智力障碍儿童语言理解能力发展很慢，难以正确理解别人的语言，这实际上体现了其思维的水平的低下。智力障碍儿童思维有明显的缺陷，理解和使用复合词比较困难，使用的语法比较简单。

2. 人格发展

总体而言，语言发展异常儿童社会适应不良，兴趣范围狭窄，情绪与行为问题较为严重。具体表现为：（1）在社会化方面，语言发展异常儿童由于语言上的缺陷，与他人沟通存在障碍，这必然导致儿童交往困难及社会适应不良。（2）在动机方面，语言发展异常儿童往往兴趣范围狭窄，尤其是在语言方面的学习动机低下，没有强烈的探索精神。例如，视障儿童往往缺乏丰富的语言想象，因此对语言学习兴趣不大。（3）在情绪与行为方面，语言发展异常儿童很容易产生焦虑、犯罪感、敌意、自卑等情绪，同时伴随一些异常的行为表现。例如，听觉障碍儿童由于明显的语言障碍，容易变得敏感、多疑且自卑、固执等。存在语言发展异常的普通儿童也往往因无法清晰表达，从而影响其社会交往，出现问题行为。

三、语言发展异常儿童的学习

语言是交际的工具，是儿童表达思维不可或缺的工具，它与思维在很多方面有着密切的关联。对于语言发展异常儿童而言，语言发展的迟滞必然影响其学习发展。

（一）学习特征

由于语言发展异常儿童独特的身心特点，他们在学习的过程中具有以下学习特征：（1）听辨困难，大多数语言发展异常儿童由于听觉不精确，其辨音（特别是语言声音）能力的发展也受到阻碍。（2）表达异常，语言发展异常儿童最鲜明的特点就是语言表达异常，有些语言发展异常儿童长期无语言，不能理解别人的话。（3）阅读障碍，阅读障碍儿童的语言认知能力显著落后于普通儿童。[①]（4）书写困难，在学习过程中，他们存在着困难，极易产生拼写错误，其字形表征存在缺陷。

阅读材料
语言发展异常儿童的学习特征

（二）学习目标

对于语言发展异常儿童来说，学习与教育的最终目的是恢复语言功能，建立语言系统，促进沟通交流。其学习目标主要侧重于语言方面，教师应根据语言发展异常儿童的障碍类型、障碍程度、障碍特点来设计合理的语言矫治方案，有计划、有目的地实施系统的康复训练。语言训练重在提高这类儿童的语言理解能力和语言表达能力，言语方面（如构音技巧、流畅度水平等）的要求可以适当降低。

---

① 李虹，舒华. 阅读障碍儿童的语言特异性认知缺陷 [J]. 心理科学，2009（2）：303.

（三）学习内容

对语言发展异常儿童主要可以从以下三个方面进行教育矫治：认知训练，词汇学习和语句训练。

1. 认知训练

认知训练主要通过顺序性训练，让儿童在与物品、玩具的接触中学会从不同角度看事物。可采用以下方法：按出示物品→说出颜色→说出积木形状的顺序认识物品；动作游戏，如一边唱歌，一边用身体做出动作；听觉顺序，如打鼓，教师一重一轻地打鼓，儿童模仿打鼓；视觉顺序，如排列图片，根据图片所提供的故事内容进行表演或者讲述。

辨音能力的提高是语言发展异常儿童的认知学习内容之一，听故事是一种很好的辨音练习。教师和家长应该善于利用这种方法。先选择包含各种声音的故事，绘声绘色地讲给儿童听。之后，引导儿童讨论在故事中能听到哪些声音，教师也可在重新朗读故事时，进行停顿，等待儿童模仿相应的声音。这样做也能够激发儿童倾听环境中各种声音的兴趣，从而提高听觉的灵敏性。

🔊 **推荐书籍**
《言语治疗学》

📖 **拓展阅读**

辨音训练材料：玩具小汽车 ①

每天晚上六点钟，布朗先生就把自己玩具店的门锁上（咔嗒、咔嗒）。店里所有的玩具就都活了。小狗叫起来（汪汪汪），小猫闹起来（喵喵喵），小鼓打起来（咚咚咚），消防车号叫起来（呜呜呜），布娃娃也哭喊着（妈妈、妈妈）。大家都感到很愉快，除了可怜的小汽车，小汽车在哭泣（嘀嘀嘀）。它通身披着红装，闪闪发光，配有发条，能够开动，确实很漂亮。可是，它太贵了，没有人肯买。可怜的小汽车（嘀嘀嘀）！

一天，店里来了一个小男孩。他四下张望，看到小狗（汪汪汪）、小猫（喵喵喵）、小鼓（咚咚咚）、消防车（呜呜呜），还有小汽车（嘀嘀嘀）。他非常喜欢这辆红色的汽车（嘀嘀嘀）。可是，他的妈妈说："不行，它太贵了！"当天晚上，小男孩的妈妈和爸爸决定办一件令他惊喜的事情。第二天，妈妈又带他来到这家玩具店，并说："孩子，你的生日要到了，这里的玩具你想要哪个，就买哪个。"小男孩径直走向小汽车（嘀嘀嘀），把它拿起来，抱在怀里。对于小狗（汪汪汪）、小猫（喵喵喵）、小鼓（咚咚咚）、消防车（呜呜呜）和布娃娃（妈妈、妈妈），他看都没看一眼。小男孩把小汽车（嘀嘀嘀）紧紧抱在胸前。玩具店该关门了，布朗先生又把店门锁上（咔嗒、咔嗒）。小男孩带着小汽车（嘀嘀嘀）高高兴兴地回家了。

---

① 银春铭，于素红. 儿童语言障碍及矫正 [M]. 北京：人民教育出版社，2001：136-137.

2. 词汇学习

情境教学是词汇学习的有效方法。教师要善于创造情境来引导儿童理解词义；同时，也要充分利用日常生活中的各种情境，配以各种表情和动作，把日常生活或日常发生的事情反复说给儿童听；还可以采取一问一答的方式，让儿童自然而然地学会以下日常用语。（1）与人有关的词汇：自己和家人的称谓，如你、我、他等人称代词。（2）各种常用物品的名称：电视、电话、桌子、碗等。（3）简单的社交用语：再见、你好、谢谢等。（4）与情绪有关的词汇：高兴、生气、伤心等。（5）表示同意或拒绝的词汇：可以或不可以，好或不好等。（6）常用的动词、形容词、疑问词：拿、跑，漂亮的、大的，哪里、什么等。（7）表示空间、时间、序列的词汇：上面、下面，今天、明天，先、后等。如学习动词"吃"[①]：首先，儿童在吃东西时，教师一边做体态语（用手拿起，并放入口中），一边说"吃"，并让儿童模仿老师的动作；然后，教师做"吃"的动作，让儿童将饼干放入口中；之后，教师发出"吃"的声音，让儿童用动作来表达；最后，教师做动作，并询问儿童："我在做什么呀？"鼓励儿童用语言说出"吃"。

3. 语句训练

当词汇量达到一定程度时，就可以对语言发展异常儿童进行语句训练。有些儿童早期不能用完整的句法结构来表达，这时教师可以按照儿童的语言需要，由易到难地呈现各种类型的语言结构，并可以借用动作、语言、图片等多种表达方式进行教学。如教师可以采用以下方式训练儿童说出短句：教师和儿童一起看故事或图片，一起讨论图片内容。教师尽量用问答的方式让儿童回答问题。刚开始只要训练儿童说出简单的词语，然后再根据儿童进步的情况，训练儿童说出短句。例如，先问儿童"这是什么"，引导儿童回答"小熊"；再问儿童"小熊在干什么"，引导儿童回答"喝水"；接着说"小熊在喝水，对不对？你来说一遍"；最后问"小熊在干什么"，儿童回答"小熊在喝水"。

（四）学习策略

对语言发展异常儿童来说，他们的主要任务就是语言矫治。语言矫治是教师、专业人员或家长为帮助语言异常儿童克服障碍，促使他们的语言得到较好的发展，而采取的一系列干预手段。[②]语言矫治的方法有多种，以下列举五种[③]。

1. 游戏法

游戏是学前儿童的基本活动，游戏能够提高语言发展异常儿童的积极性，从而有效提高儿童的语言能力。游戏法是指教师运用有规则的游戏对学前特殊儿童进行语言矫治，训练儿童正确发音，丰富儿童词汇和学习句式的一种方法，

推荐书籍
《口腔运动治疗学》《儿童语言障碍及矫正》

---

① 李胜利. 语言治疗学［M］. 北京：人民卫生出版社，2008：171.
② 周兢. 学前特殊儿童教育［M］. 大连：辽宁师范大学出版社，2002：346.
③ 雷江华. 学前特殊儿童教育［M］. 2版. 武汉：华中师范大学出版社，2019：227–231.

它多用于学前阶段的儿童。通过游戏活动，儿童自主发音，自主交流。

（1）抢答游戏。该游戏要借助玩具、实物、图片等直观材料或词语卡片。教师出示一个玩具（或别的材料），谁先说出其名字，就给谁计一分；或者教师说一个名称，谁先举起相应的玩具就给谁计一分。最后计算总分，谁的分数最高，谁就得到奖励。抢答的内容可根据语言训练要求随意设计。[①]

（2）找"朋友"游戏。教师出示一个图片，让儿童找出它匹配的物体，并说出名字，可以是图片和词汇卡片相配，或玩具和图片相配，还可以根据物体的特征配对（如，同颜色的、同形状的、一大一小的、一高一低的）。如果儿童能力允许，甚至可以引导其说出配对的依据。

（3）动作演示比赛。儿童根据教师指令完成任务，看谁做得准确。如："把桌子上的皮球放在大橱柜里""擦黑板""打开房门""把乒乓球交给×××"等。当然，也可以反过来做游戏：教师做动作，请儿童用语言表达出来。还可以请儿童看图说话：有内容不同的图画若干张，叫到的儿童随意抽一张，把其意思说出来。每次练习要围绕一两个主题进行，如"打开"和"关上"，"借"和"还"，以及方位组词等。当然，在一定的阶段也可以进行综合练习，以检查和巩固前一阶段学习过的内容。

（4）玩镶嵌板（或箱）和积木。这种游戏可以在教师的指导下一对一进行，可以帮助儿童认识常见的几何图形和积木（或其他玩具）的名称。教师可以使用其他智力玩具，以学习相关的词语。

2. 儿歌法

儿歌法即利用儿歌的形式对语言障碍儿童进行语言矫治，儿童通过念儿歌来练习发音，获得词汇。儿歌从儿童心理出发，反映儿童生活、思想及感情，通俗易懂，朗朗上口，具有很好的节奏感。这容易激发儿童的兴趣和学习语言的愿望，促进儿童语言连贯性的发展。

运用这种方法时，要选择与儿童生活密切相关的儿歌，如洗手歌、吃饭歌、礼貌歌等，儿童可以在每次吃饭、洗手时练习。同时也可以将儿歌和游戏结合起来，将儿歌运用于游戏中，这样更有利于强化儿童的语言学习。如下面的儿歌《好孩子》。[②]

好　孩　子

擦桌子，抹椅子，

拖得地板像镜子，

照出一个小孩子。

小孩子，卷袖子，

① 周兢. 学前特殊儿童教育［M］. 大连：辽宁师范大学出版社，2002：356-357.
② 祝士媛，张美妮. 幼儿文学［M］. 长春：吉林大学出版社，2000：63.

帮助妈妈扫屋子，

忙得满头汗珠子。

3. 多重刺激法

多重刺激法是一种充分调动儿童的多重感官，同时强调使用多种教学手段，给予儿童多重刺激的语言矫治方法。在运用这种方法时，教师应该使用多种教学手段，充分调动儿童的多重感官。比如，提供儿童熟悉的语言教育辅助材料，在提问时要帮助儿童构思与表述，让儿童做到眼到、耳到、手到、口到，从而达到心到。教师还应将字和物体同时出现，使儿童形成连接性学习。例如，教师在口头解说时伴随手语、声音、非口语符号、沟通板、简单图片、符号、文字等；在出示实物或图片时，让儿童表演以加深印象；在教师念字时，让儿童想一想是第几声，用手指个数或拍手次数表示声调。

4. 日常交往法

日常交往法是通过日常交往来提高语言发展异常儿童语言水平的一种方法。在运用日常交往法时要注意：（1）应注意培养儿童交往的能力、技能、意识、愿望和兴趣，以及良好的交往习惯。（2）要注意发挥普通儿童的作用。让语言发展异常的儿童与那些语言发展水平较好的儿童互动，强调与同伴建立良好的沟通气氛，在轻松自然的情境下学习。（3）要充分利用日常生活中各种机会培养语言发展异常儿童的语言交往能力。如在家或幼儿园的梳洗、来园、进餐、做早操、饮水、如厕、睡觉、散步、离园等各种活动中，教师有意引导儿童与其他教师、同伴、家长等进行语言交流。

5. 示范法

示范法是指教师通过他人示范，为语言发展异常儿童提供语言学习样板的方法。儿童在良好的语言环境中自然地模仿学习。

运用示范法时要注意：（1）教师的示范语言一定要规范、清晰、响亮，而且要富于表现力和感染力。（2）教师要把握好示范的时机和力度。对于语言训练中新的、儿童不易掌握的学习内容，教师要反复地重点示范，让儿童有意识地模仿学习。（3）教师要积极观察儿童的语言表现，适时地运用强化法。教师要关注在各种活动中儿童的语言表现，善于发现语言发展异常儿童语言发展的差异，因材施教，随时鼓励儿童正确的语言行为和习惯，并予以强化。

例如，游戏"我的孩子在哪里"[①]，旨在训练儿童能正确地运用名词和形容词描述人的形象。教师交代以下内容后，可激发儿童的游戏兴趣，"你们谁愿意扮演民警，帮妈妈找孩子？"

星期日，妈妈带着孩子去公园玩，孩子忽然不见了。妈妈请一位民警帮她找。民警问："你的孩子长什么样儿？告诉我，好帮你去找！"然后民警问：

---

① 祝士媛. 学前儿童语言教育［M］. 北京：北京师范大学出版社，2010：82.

"这个小朋友是男孩还是女孩？""梳什么样的头发？""穿什么样的上衣、裤子""长相有什么特别的地方？是大眼睛还是小眼睛？是胖还是瘦？""从哪里走丢的"一会儿，民警就帮助妈妈把孩子找到了。

第一次可由教师示范当妈妈（爸爸），从在场儿童中任选一人扮演丢失的儿童，描述他的形象、衣着和特点。再请一个儿童扮演民警猜教师描述的儿童是谁，叫什么名字。猜对了就由他当妈妈（爸爸），另请一个儿童扮演民警继续游戏。要注意的是，游戏时只能由"民警"猜，别人猜着了也不可以说出答案；当被描述的儿童意识到丢失的是自己时，也可以站起来说："妈妈，我在这儿！"

（五）学习环境

除了进行以上训练之外，教师应该与家长密切配合，共同为儿童创造有利的语言环境（图7-4-1）。教师和家长要尽量创造一种接纳、宽容的氛围，让语言发展异常儿童得到别人的理解和接纳，从而可以大胆地进行语言尝试。教师还应结合自己的教学内容、教学方法、教学组织形式，设计丰富的教育活动，为语言发展异常儿童提供尽可能多的语言习得机会；家长要积极配合教师的工作，对待儿童语言问题时有正确的态度，尽力为儿童提供优越的语言环境，尽可能满足儿童多方面的需要。

图7-4-1　语训室

讨　论

案例：元元从出生到11个多月一直由爸爸、妈妈带着，由于爸爸、妈妈平时说普通话，元元在10个多月的时候已经能很清楚地用普通话说一些比较简单的称呼，相对于周围的小朋友来说算是说话比较早的。但在元元11个多月的时候，爸爸妈妈将元元送到老家由外婆带着，没想到回到老家之后元元却不开口说话了，妈妈每次打电话的第一句话便是问："元元有没有学会说话？"这种情况直到元元1岁4个多月的时候才改变，元元又开口说话了，但是说的都是外婆当地的家乡话，不会说普通话了，而且语言非常混乱。

上述案例中，元元为什么突然不说话了？过了一段时间元元开口说话，但是却不会说普通话了，而且语言非常混乱，这是为什么？你认为怎样从学习环境的角度来帮助语言发展异常儿童的学习？

技 能 实 训

项目四　语言发展异常儿童的简单句训练

一、实训目标

1. 能针对语言发展异常儿童的特点设计简单的对话活动。

2. 能利用生活中日常情境进行教学设计。

二、内容与要求

1. 根据图 7-4-2 设计一个简单句的对话活动。

2. 根据对话内容，准备教学环境和教学实物以及图片。

三、范例：五颜六色的水果

1. 活动目标

（1）认识图片中的各种水果（图 7-4-3）。

图 7-4-2　我爱蔬菜

图 7-4-3　丰富的水果

（2）能准确说出水果的名称。

（3）能使用句式"这是……""那是……"。

2. 活动准备

（1）各种水果的实物以及图片。

（2）将教室布置成商店。

3. 活动设计

（1）利用情境，认识词语。

老师：小朋友们，今天我们的教室有什么不一样吗？

老师引导儿童认识各种水果，并让儿童触摸每一种有实物的水果，教儿童水果的发音，如"香蕉"，并要求儿童根据老师的发音，找到对应的实物或者卡片。

（2）生生互动，引入句式。

老师要求儿童自己说出一种实物，如"苹果"，并请儿童自己说出另一个儿童的名字，让听到自己名字的儿童去拿实物或者卡片，最后一起回答老师的提问："这是什么？"儿童答："苹果。"

（3）角色扮演，学习句式。

老师扮演到商店购物的顾客，儿童扮演售货员，教师要使用"这是什么？"和"那是什么？"来询问，要求儿童使用"这是……"和"那是……"来回答。如果儿童不能熟练地使用完整的句式回答，老师可以先让儿童用词语回答。当儿童在老师的诱导下能用句式说出完整的回答时，老师要及时鼓励和强化。

例如，老师问："这是什么？"儿童回答："这是西瓜。"

（4）角色交换，主动提问。

儿童扮演到商店购物的顾客，教师扮演售货员，鼓励儿童用"这是什么？"和"那是什么？"来询问，教师用"这是……"和"那是……"来回答。

思考与练习

1. 构音异常儿童在生理发展和心理发展有哪些特征？

2. 导致儿童出现口吃的原因有哪些？

3. 对于口吃的儿童，家长、教师和同伴应该怎么做，才能帮助其改善口吃的现象？

4. 家长和教师应该为语言发展异常儿童提供怎样的学习环境？

5. 请选择一名流畅度异常儿童，对其进行为期一周的观察，并记录其流畅度异常的表现。

6. 请选择一名发音异常儿童，制订一份个别教育计划，并纠正其某个发音。

7. 对语言发展异常儿童有哪些教育方法？请选用一种教学方法，设计相应的教学活动，对其进行为期一周的训练，并记录训练过程和结果。

第八章　其他发展障碍儿童的发展与学习

学习目标

☐ 知识目标：

1. 了解孤独症、多动症、学习障碍的相关概念。

2. 理解本章特殊儿童生理和心理发展特点。

3. 掌握本章特殊儿童的学习特征、学习目标及学习策略等。

☐ 能力目标：

1. 能根据本章特殊儿童的特点设计教学活动。

2. 能根据本章特殊儿童的特点进行教学环境创设。

3. 能根据本章特殊儿童的特点开展班级融合活动。

☐ 情感目标：

1. 能理解本章特殊儿童的个体差异。

2. 能认识到本章特殊儿童教育的重要性。

3. 能认识到本章特殊儿童融合活动开展的重要意义。

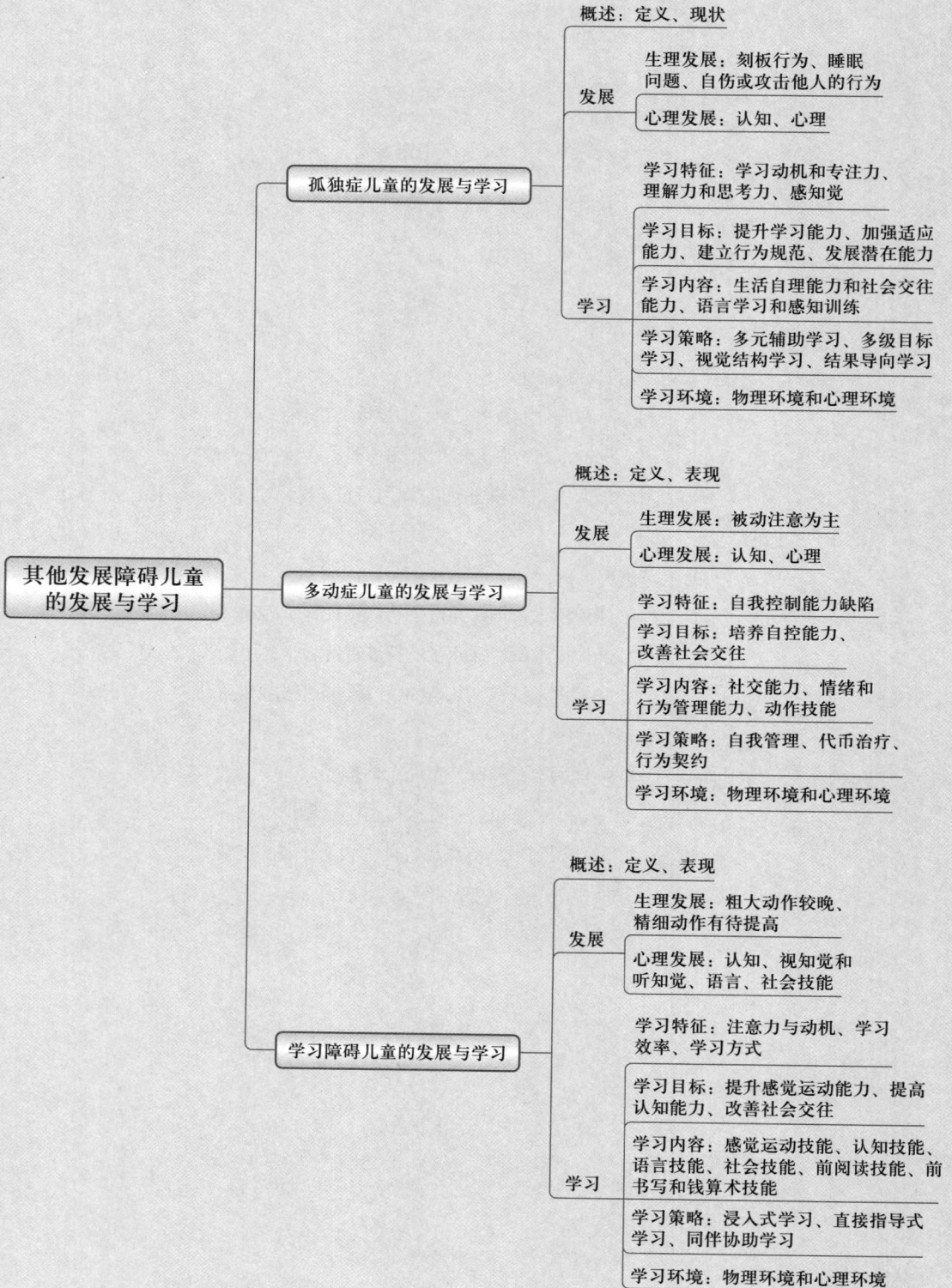

其他发展障碍儿童的发展与学习
- 孤独症儿童的发展与学习
  - 概述：定义、现状
  - 发展
    - 生理发展：刻板行为、睡眠问题、自伤或攻击他人的行为
    - 心理发展：认知、心理
  - 学习
    - 学习特征：学习动机和专注力、理解力和思考力、感知觉
    - 学习目标：提升学习能力、加强适应能力、建立行为规范、发展潜在能力
    - 学习内容：生活自理能力和社会交往能力、语言学习和感知训练
    - 学习策略：多元辅助学习、多级目标学习、视觉结构学习、结果导向学习
    - 学习环境：物理环境和心理环境
- 多动症儿童的发展与学习
  - 概述：定义、表现
  - 发展
    - 生理发展：被动注意为主
    - 心理发展：认知、心理
  - 学习
    - 学习特征：自我控制能力缺陷
    - 学习目标：培养自控能力、改善社会交往
    - 学习内容：社交能力、情绪和行为管理能力、动作技能
    - 学习策略：自我管理、代币治疗、行为契约
    - 学习环境：物理环境和心理环境
- 学习障碍儿童的发展与学习
  - 概述：定义、表现
  - 发展
    - 生理发展：粗大动作较晚、精细动作有待提高
    - 心理发展：认知、视知觉和听知觉、语言、社会技能
  - 学习
    - 学习特征：注意力与动机、学习效率、学习方式
    - 学习目标：提升感觉运动能力、提高认知能力、改善社会交往
    - 学习内容：感觉运动技能、认知技能、语言技能、社会技能、前阅读技能、前书写和钱算术技能
    - 学习策略：浸入式学习、直接指导式学习、同伴协助学习
    - 学习环境：物理环境和心理环境

　　除了前面谈到的生理发展障碍儿童、智力异常儿童以及语言发展障碍儿童，特殊教育的对象还包括孤独症儿童、多动症儿童、学习障碍儿童以及其他类别的发展障碍儿童等。由于篇幅的限制，本章重点对孤独症儿童、多动症儿童和学习障碍儿童的发展与学习进行简要介绍。截至目前，这些障碍的病因均未明确，且出现率呈日益增长的趋势。越来越多的特殊儿童就读于普通幼儿园、普通小学，给教师的工作带来挑战和压力。因此，了解和掌握孤独症儿童、多动症儿童和学习障碍儿童的基本发展规律既是教师专业化成长中不可缺少的环节，也是这些孩子融入幼儿园和小学的重要保障。

故事专栏

　　茱莉娅 5 岁，患有孤独症。她有着深褐色的眼睛和一头褐色的卷发。测试当天，她先于母亲几步，蹦蹦跳跳地进了房间，用手拍了拍自己的脸，并尖叫起来。测试人员安抚茱莉娅后，让她和自己一起坐在一张小桌子旁，茱莉娅坐了下来，开始玩七巧板游戏。她很快就摆放好了，笑了一下，然后马上把七巧板重新整理了一下，就又开始了。当母亲和测试人员表扬她的成绩并鼓掌时，她并没有抬起头来看，只是把椅子移了移，离她们更远一些。测试人员指着房间里各种各样的物体对茱莉娅说："瞧！"但茱莉娅的目光一动也不动。茱莉娅的母亲也坐在桌子旁边钉钉子，当她把锤子敲在自己的大拇指上时，她痛苦地叫了一声。茱莉娅既未看她，也没有安慰她，还拿起锤子，自己开始钉钉子。茱莉娅的母亲离开房间时，茱莉娅很担心，她向门口走去。当母亲回来时，茱莉娅跳到她身边，紧贴在她胸前。[①]

　　思考：茱莉娅的行为表现与普通儿童相比是否有异常？若有，表现在哪些地方？

第一节　孤独症儿童的发展与学习

扫描二维码
查看本节文
本资源

　　相较于普通儿童，孤独症儿童往往表现出独特的语言发展模式、行为模式和社会交往模式，其发展和学习的路径也有别于普通儿童。因此，教师在面对这类儿童时，需要充分了解其发展和学习特征，才能制订有效的教育方案，开展有针对性的、适宜的教育活动。

---

① 西格曼，卡普斯. 孤独症儿童 [M]. 佘玲，谢志良，译. 成都：四川教育出版社，2008：33.

阅读材料
孤独症儿童的分类；克氏孤独症行为量表；孤独症儿童行为量表；儿童孤独症评定量表

推荐书籍
《孤独症儿童的早期发现》

一、孤独症儿童概述

孤独症，又称孤独症谱系障碍，是一种发生在童年早期的神经发育障碍。多数病例的异常出现在婴幼儿时期，一般在 2 岁前能被识别出来。但是，如果发育迟缓严重，在 1 岁之前就可能发现；如果症状比较轻微也可能晚于 2 岁才发现，但一般 5 岁前都会有明显表现。2013 年发布的《精神障碍诊断与统计手册》（第五版）中明确说明孤独症谱系障碍的诊断特征包括：在多种场合下，社交交流和社交互动方面存在持续性的缺陷；有受限的、重复的行为模式、兴趣或活动。这些症状在发育早期就有显示，但不能用智力发育缺陷或整体发育迟缓进行合理的解释。[①]

2022 年国家卫健委发布的《0～6 岁儿童孤独症筛查干预服务规范(试行)》显示，我国孤独症儿童患病率约为 7‰。《2021 年度儿童发展障碍康复行业蓝皮书》指出，我国孤独症群体人数已经超过 1 000 万，并且孤独症儿童患病率正在逐年呈上升趋势，其中 0～14 岁儿童约有 300 万人。2020 年美国疾控中心公布的统计数据结果显示，每 36 名 8 岁儿童中就有一名（大约 4% 的男孩和 1% 的女孩）患有孤独症。

2001 年，孤独症首次被列入全国残疾儿童调查。2006 年，中国残疾人联合会将孤独症正式纳入精神残疾的类别。2007 年，联合国大会通过决议，自 2008 年起，每年的 4 月 2 日被定为"世界孤独症日"，以提高人们对孤独症及相关研究和诊断的关注。目前，治疗孤独症的主要途径是康复训练，最佳治疗期为 6 岁前，如能在 3 岁前接受科学干预，可不同程度改善患儿症状和预后。《0～6 岁儿童孤独症筛查干预服务规范(试行)》明确要求干预康复机构要依据孤独症儿童评估结果和训练计划为孤独症儿童提供干预康复服务，及时记录干预康复情况。

> **拓展阅读**
>
> ### 孤独症的早期征兆 [②]
>
> 6 个月：不会大笑或没有其他温暖快乐的表情。
>
> 9 个月：不会与人分享声音、微笑或其他面部表情。
>
> 12 个月：不会对自己的名字做出一致的回应；不会咿呀学语；没有互动性姿势，如指点、展示、够物、挥手，或目光转移（如孩子先看成人，然后看玩具表示自己对之感兴趣，然后再看成人以沟通有关玩具的信息）。

① 美国精神医学学会. 精神障碍诊断与统计手册：第五版 [M]. 张道龙，等译. 北京：北京大学出版社，2015：46.

② 哈拉汗，考夫曼，普伦. 特殊教育导论：第 11 版 [M]. 肖非，等译. 北京：中国人民大学出版社，2010：393.

16 个月：不会说单词。

24 个月：不会说有意义的双词短语（不会模仿或重复），任何时候都可能出现言语、牙牙学语或社会技能的丧失。

二、孤独症儿童的发展

孤独症儿童的发展包括生理发展和心理发展。

（一）生理发展

大多数孤独症儿童在身体形态发育方面与普通儿童相差不大。因此从生理发展上很难辨别儿童是否患有孤独症。但是当孤独症儿童单独活动的时候，他们往往表现出一些刻板行为，例如毫无目的地漫步、一成不变的动作，反复摆弄某件物品等。另外，部分孤独症儿童存在严重的睡眠问题，睡眠时间不固定，对某些感觉刺激（如听觉或触觉）会有过度敏感或迟钝的反应。少数孤独症儿童可能会有撞头、敲打头部、抠挖手臂等自伤行为或攻击他人的行为。20%～25% 的孤独症患者在幼年期及成年期都容易出现癫痫发作的情况，需要通过药物适当地进行控制。

（二）心理发展

孤独症儿童的心理发展主要从认知发展、人格发展和行为发展这三个方面展开论述。

1. 认知发展

在认知发展上，多数孤独症儿童都表现出独特的认知加工障碍，在感知觉、注意、记忆和语言等方面的发展均异于正常儿童。

（1）感知觉

孤独症儿童的视觉、听觉、触觉常常存在一项或多项损伤，感觉过度敏感或迟钝。如害怕某些声音但别人呼喊自己的名字时却充耳不闻；害怕强光但能够目不转睛地盯着霓虹灯看；害怕按摩球的挤压但在情绪爆发时用力打头却不感觉疼痛。在感知觉上，孤独症儿童常常表现出这种两极化，由于无法用言语表达出自己的感受，因此常常会用问题行为来进行回应，需要教师的细心观察。

（2）注意

孤独症儿童对外界刺激常常有过度选择的问题。对某些感觉刺激过分敏感，却对某些刺激视而不见、听而不闻。例如，第一次向孤独症儿童展示吉他，儿童有可能只注意音孔而不考虑其他方面，如不注意吉他的尺寸、形状、发出的声音等。[1] 随着孤独症儿童心理发展的成熟，共同注意会有所改善，但是视觉方向的

阅读材料
孤独症孩子希望你知道的十件事

推荐书籍
《我心看世界：天宝解析孤独症谱系障碍》

---

[1] 方俊明，雷江华. 特殊儿童心理学 [M]. 2 版. 北京：北京大学出版社，2015：57.

跟随仍然较多指向目标物体，如玩具和食物，很少以目光传递内心的需求；而由其发起的共同注意多以"拉""抱"动作代替注视和指向行为。[1]

（3）记忆

大部分孤独症儿童拥有极佳的机械记忆能力，他们在短期记忆和机械记忆上的能力较强。但是在对以前的记忆材料进行编码记忆时，则显得困难重重。[2] 孤独症儿童对重复呈现的信息进行回忆和再认时，存在严重问题，而且联想记忆较弱，特别是他们很难处理多样化的语言、社会性和情感性信息，对于口语资料的记忆能力低下，对于面部表情的识别也存在一定的困难。相较于口语资料，孤独症儿童对图形的观察和记忆能力存在着一定的优势，因此在图画、视频图像等方面加以引导是有利于孤独症儿童认知发展的。

（4）语言

在语言沟通方面，孤独症儿童明显滞后。在口语发展方面，孤独症儿童常常出现用手指着某个东西，但就是发不出来正确语音的情况，也可能几乎完全不能说话；无法回应简单的指令，如站起来或坐下等；有些孤独症儿童虽然能够发展一部分口语，但是只能发出一些简单的单音，或仅仅是鹦鹉学舌，刻板重复他人语言；语言缺乏应有的音调、节奏、抑扬顿挫的变化，常常会出现怪声怪调。

在对话交流方面，孤独症儿童无法主动和同伴或成人展开对话，容易突换话题或是脱离主题。例如，与孤独症儿童交流周末旅游的开心事情，孤独症儿童会不厌其烦地询问公交站名，偏离谈话主题。另外，对有关短篇故事的问题无法正确回答，会颠倒代词。例如，"你"和"我"很难区分，或者用"他"或"她"而非"我"来称呼自己。

（5）思维

孤独症儿童形象思维占绝对优势，但形象思维所依赖的表象特征比较贫乏、零碎，内容相对单调，反映刻板，[3] 因此整体能力要低于同龄普通儿童。孤独症儿童抽象思维出现得晚，发展得慢，水平较低。孤独症儿童经过干预和教育后可以认识个别的事物，但难以理解事物之间的关系。由于过分关注事物的某些部分或细节，很难掌握事物的整体概念，因此难以进行相关事物的类比，较难同时处理多项资料。同时，由于认知缺陷导致孤独症儿童想象力较弱，在对于抽象事物的理解上存在着困难，也很难运用已有的概念和经验去解决现实问题。

2. 人格发展

具备对他人的行为做出反应的能力或许是儿童最显著的人格发展标志，孤独

---

① 方俊明，雷江华. 特殊儿童心理学［M］. 2 版. 北京：北京大学出版社，2015：56.
② 周念丽. 孤独症儿童认知发展研究的回溯与探索［J］. 中国特殊教育，2002（1）：62.
③ 方俊明，雷江华. 特殊儿童心理学［M］. 2 版. 北京：北京大学出版社，2015：144.

症儿童在这方面的发展却存在严重的异常表现。

（1）动机

孤独症儿童很少主动地开始某项活动或完成比较艰巨的学习任务。相较于同龄普通儿童来说，孤独症儿童行动显得过于缓慢和笨拙，很少对新鲜事物或新的任务具有好奇心和好胜心。另外，孤独症儿童缺乏社交动机，往往会转头或回避他人的眼神。孤独症儿童不会主动要求别人看自己正在做的或已经完成的事情，也不会主动示意别人看自己感兴趣的东西，对他人的关注与友好互动行为缺乏积极的情感反应。

（2）情感

孤独症儿童往往会出现不符合当时社会情境的哭或笑等情绪反应。例如，在完成一项任务后，孤独症儿童不会像普通儿童一样抬起头来向他人微笑寻求赞扬；受到赞美或夸奖时，面无表情，但是在没有任何有趣的事情发生时，甚至在大家感到悲伤的气氛中出现微笑或大笑，呈现出对人冷漠、孤立疏离的特征。另外，有研究者发现，孤独症儿童在情绪反应上的一个特点是微笑的同时不会注视他人。[①] 孤独症儿童很难表现出与他人共情的情感特色，难以感受到他人的情感体验。例如提到的茱莉娅的例子，当母亲在其面前受伤时，忽略母亲痛苦的叫声，甚至没有停止手中的游戏。但是普通儿童或者智力迟缓的儿童都会停下手中的活动，表现出明显的不安，甚至拥抱或者抚摸母亲以示安慰。

（3）意志

孤独症儿童的意志具有以下几个特点。首先，缺少主动性，很少关注自身以外的人和事物，缺乏主动的交流和探索。例如，在特定情境中，成年人身体前倾，大笑时，大部分孤独症儿童对成年人表现漠不关心，很少根据他人的表情来引导自己的行为。[②] 其次，孤独症儿童做事缺乏稳定性和持久性。如他们在成人的要求下选择了注意对象之后，很难维持较长时间，并且容易受到外界因素的干扰。[③]

3. 行为发展

许多孤独症儿童存在刻板、僵化的行为，这严重影响孤独症儿童及其家庭的生活，成为孤独症儿童的核心症状之一。

（1）刻板行为

孤独症儿童在某些行为上存在着独特的、浓厚的兴趣，往往表现出一定的刻板行为：兴趣范围狭窄，只关注自己感兴趣的事物；喜欢看旋转、闪烁的东西，如电扇、轮子、霓虹灯等；长时间沉迷于搜集或摆弄某些物品，如塑料

---

① 西格曼，卡普斯. 孤独症儿童 [M]. 余玲，谢志良，译. 成都：四川教育出版社，2008：49.
② 西格曼，卡普斯. 孤独症儿童 [M]. 余玲，谢志良，译. 成都：四川教育出版社，2008：46.
③ 甄岳来. 孤独症儿童社会性教育指南 [M]. 北京：中国妇女出版社，2008：108.

袋、广告宣传单、手帕等；身上或手上经常携带某件物品，不肯轻易离身或放手，对物品有过度依赖的现象，否则会烦躁不安、产生情绪波动等。

（2）重复固定行为

孤独症儿童在日常生活习惯或常规作息有所改变时，会有强烈的情绪反应。如教室里黑板擦没有放在讲台的右上角，会出现躁动不安的情绪，或者被子有一个角没有叠放整齐，也有可能使他们情绪大乱。孤独症儿童非常坚持自己处理事物的固定流程，例如到某个时间看固定的电视节目，出门坐固定的车、固定的座位，上学走固定的路线，等等。

（3）自我刺激行为

孤独症儿童常常无意中会产生一些自我刺激行为，例如转圈圈、踮脚尖走路，坐着或者站着的时候前后摇晃，尖叫或喃喃自语，摇晃手或手指，用手拍打自己的头部，打、踢、咬或抠自己身体的某个部位等。

三、孤独症儿童的学习

孤独症儿童存在着独特的认知特点，伴有语言沟通障碍、社会交往障碍和刻板行为，因此对孤独症儿童应进行有针对性的教育。教师必须充分了解和掌握孤独症儿童的学习特点，才能制订完善的教学计划，采取有效的教学方式，为孤独症儿童提供有效的辅导和支持。

（一）学习特征

孤独症儿童在学习上呈现如下特点。

1. 学习动机和专注力

孤独症儿童对事物关注范围狭窄，模仿能力弱，在学习过程中往往表现得非常被动；有些儿童会过分专注某些物品，而忽略其他有意义的相关事物，以致很难完成教学要求和学习重点。另外，孤独症儿童对于外界的声音和事物的变化非常敏感，很容易分心，无法专注学习。因此，他们往往毫无兴趣参与课堂活动。

2. 理解力和思考力

孤独症儿童认知能力不足，语言理解力较弱，很难清楚地理解他人的指示和要求。孤独症儿童对世界的理解是由许多独立的小环节所组成的，往往不能把握事情的因果关系。另外，孤独症儿童很难在同一时间处理多项信息，无法掌握工作重点，在问题解决过程中也难以进行较为复杂的思考。

3. 感知觉

相较于听觉，孤独症儿童的视觉辨别和记忆力较强，他们在抄写或按颜色和形状进行分类、配对、排列和拼图等方面表现较好，但在理解文字所表达的意义上存在困难。孤独症儿童对听觉信息的辨别和听觉信息的接收能力相对较弱，往往很难充分理解成人讲授的知识。

📖 **阅读材料**
"视觉思考"的学习方式

🖱 **推荐书籍**
《用图像思考：与孤独症共生》

（二）学习目标

由于认知缺陷和独特的行为模式，孤独症儿童在学习和生活上往往都存在不同程度的障碍。为了有效减轻这种障碍，为孤独症儿童融入社会生活奠定基础，幼儿园和小学阶段的孤独症儿童的学习目标可以围绕以下几方面展开。

1. 提升学习能力

学习能力是儿童在各种活动中表现出来的能力，如观察力、记忆力、抽象概括能力、注意力和理解能力等。孤独症儿童除了在记忆力上有突出表现外，其他方面如观察力、抽象概括能力、理解力上均落后于普通儿童。因此，在幼儿园和小学阶段的学习中，孤独症儿童应该始终以学习能力的提升为主要目标之一，通过幼儿园和小学中的各项活动，发展和提升探索事物的兴趣，理解不同的概念和社会规则，通过阅读、数字概念等学习，提升其理解力和思考力，以满足孤独症儿童日常生活的需要。

> **推荐书籍**
> 《地板时光：如何帮助孤独症及相关障碍儿童沟通与思考》

2. 加强适应能力

适应能力主要包括生活自理能力、社会交往能力及沟通交流能力等。孤独症儿童由于缺乏基本的模仿学习，在幼儿园和小学阶段可能还存在生活不能自理的情况。因此学习目标应该首先围绕生活自理能力展开，比如自己进食、如厕，自己穿脱衣服等。另外，孤独症儿童在学校中必然会遇到大量的社会性活动，需要他们习得良好的社会交往规范，正确地进行互动交流。教师可以组织各类活动帮助孤独症儿童逐渐融入集体，并通过社会故事等教学方式帮助孤独症儿童理解、互动。互动过程必然存在语言沟通，而孤独症儿童或多或少存在语言障碍，教师需要通过情境创设或自然场景来有意识地提升他们的沟通意愿和沟通质量，以提升孤独症儿童未来适应社会生活的能力。

> **推荐书籍**
> 《孤独症儿童社交游戏训练：给父母及训练师的指南》

3. 建立行为规范

由于认知和理解的缺陷，孤独症儿童在行为表现上往往会存在部分偏差。因此建立良好的行为规范是幼儿园和小学阶段的学习目标之一。在建立行为规范的过程中，教师一方面要引导孤独症儿童认识到不同环境或场合对于行为的正确要求，养成良好的行为；另一方面还要积极创设良好环境或采取预防措施减少或避免问题行为的出现。

> **推荐书籍**
> 《孤独症儿童行为管理策略及行为治疗课程》

4. 发展潜在能力

部分孤独症儿童在音乐、绘画、背诵记忆和计算方面会有一些突出的表现，教师应该积极发掘、认同和培养这些特殊天赋，帮助孤独症儿童发展潜能，发挥所长，提升生活质量。

> **推荐书籍**
> 《星期三是蓝色的，一个孤独症天才的多彩幸福人生》

（三）学习内容

每一个孤独症儿童均具有独特性，教师需要分析评估他们在社交、沟通、行为以及学习等各方面的能力表现，然后制订具体的学习内容。根据孤独症儿童的发展特征和学习特点，结合幼儿园和小学阶段的课程设置，孤独症儿童的学习内容可以包含以下几个方面。

1. 生活自理能力和社会交往能力

生活自理能力对于个体生活质量的提升具有重要作用。因此，幼儿园阶段孤独症儿童的学习内容应该始终坚持生活自理能力的培养，例如进行个人卫生的训练，提高儿童自我照顾的能力。

社会交往能力的学习内容主要包括帮助孤独症儿童掌握与同伴玩耍的技巧，建立适当的社交行为，了解他人情绪等。另外，社交行为也是幼儿园阶段的重点内容，有助于培养孤独症儿童社会认同的行为，避免问题行为的出现。如目光接触、安坐、服从指令、适应环境变化等内容。只有掌握了这些内容，才能更好地参与幼儿园活动，才会有更高层次的社会交往活动。

2. 语言学习和感知训练

孤独症儿童存在语言沟通障碍，因此在语言学习的过程中，一方面要强调语言的理解和表达能力的训练，另一方面也要重视非语言的理解和表达能力的提升，例如帮助孤独症儿童掌握图像、文字、身体姿势或动作等表达意愿和感受的方式方法，通过非语言渠道理解他人意图的能力等。

感知训练，包括肌肉训练、肢体协调能力训练、身体柔软度训练等，以促进其更好地学习和游戏。

（四）学习策略

孤独症儿童在社交、沟通、行为及学习等各方面存在困难，因此他们在学习过程中必须采取有效的方法和策略，才能够克服学习困难，取得一定的学习成效。

1. 多元辅助学习

在孤独症儿童学习活动中，给予儿童的辅助支持一定要适时适量。辅助方式可以根据儿童自身的发展特点，选择口头提示、文字提示、图片指示、身体语言等多元化方式，以提高孤独症儿童学习效果。同时，随着信息化技术的发展，越来越多的信息化辅助技术也能够帮助孤独症儿童提升学习效果。教师要善于运用相关的辅助软件给孤独症儿童提供别样的学习和沟通平台。例如，由华中师范大学国家数字化学习工程技术研究中心陈靓影教授团队开发的智能学习系统，是专门针对特殊儿童，特别是孤独症儿童的学习需求建立的新型学习系统。学习系统借助多媒体和平板电脑等，促进儿童认知理解、社交技巧、社交运用、精细动作等各领域的发展，学习方式轻松活泼，在游戏中实现交互学习。再如多媒体感觉统合训练系统等也是通过游戏互动的方式促进孤独症儿童各领域的发展，如图 8-1-1。

图8-1-1　多媒体感觉统合训练系统

2. 多级目标学习

孤独症幼儿对于学习活动注意力较难持久，也缺乏学习的动机和兴趣，因此在遇到较复杂或难理解的内容，教师可以采用工作任务分解的方法，将学习目标或学习内容分为多个项目、多个简单的步骤，让儿童能够轻松分步、分级完成目标，以提高孤独症儿童学习的兴趣和信心。孤独症儿童往往不能准确把握工作的重点，因此教师应根据儿童能力进行工作分析并采用视觉提示的方式，按照一定的序列摆放于学习桌上，孤独症儿童只需要按照一定的程序，就能够依次完成项目内容，如图8-1-2所示，教师在进行乐高积木的拼装活动中，将任务分成五步来引导儿童独立完成。

3. 视觉结构学习

孤独症儿童在学习过程中遵循视觉结构的方式，能够更好且有序地完成各项学习活动。视觉结构学习包含三个要素：视觉清晰、视觉组织和视觉指导。视觉清晰即把活动内容清楚呈现出来，对孤独症儿童来说，要完成的任务需明确、清楚，以使他们能在最少的干扰下发挥最大的能力去完成工作。视觉组织即教师事先安排好活动环境中的材料，让工作材料有规律，能吸引儿童，减少其他刺激。例如，要做分类工作时，把材料摆放在篮子中与随意放在桌子上相比，儿童更容易完成前者（图8-1-3）。视觉指导是在孤独症儿童能够理解的范围内，提供如何把工作完成的视觉信息。例如，用任务完成后的状态图片、步骤引导等来提示儿童需要完成什么。

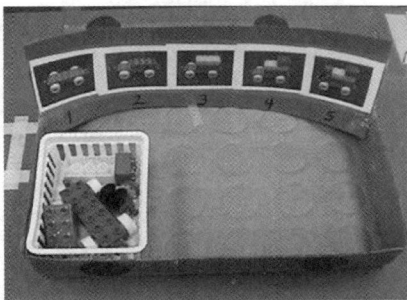

图8-1-2　多级目标学习的视觉呈现

图8-1-3　某中心视觉结构学习

4. 结果导向学习

在孤独症儿童的学习过程中，教师需要活用奖励来强化儿童的良好行为，使儿童进行结果导向的学习。在奖励时，教师应该考虑每个儿童不同的喜好，包括食物、玩具、活动和人物等，以有效激励儿童良好的行为。当儿童有好的表现时，则在其个人表现板（图8-1-4）上粘贴强化代币，然后集中时间进行代币的转化，以强化儿童的良好行为。一旦儿童能够稳定地通过增强物的激励，保持良好行为，积

☺	☺
排队整齐	有礼貌
☺	☺
听从指令	认真做作业

图8-1-4　某中心孤独症儿童强化板

极完成学习目标，教师应该考虑减少儿童对物质奖励的依赖，多使用社会强化物。例如，教师的口头夸奖、拥抱、微笑，同伴的互动、关注等。

（五）学习环境

孤独症儿童需要系统、有序的物理环境，教师可以借助结构化教学模式为孤独症儿童创造良好的物理环境。另外，良好的心理环境的营造也可以帮助孤独症儿童更好地与同伴进行互动，增进融合的效果。

📖 拓展阅读

空 间 规 划

山姆3岁时被诊断出患有孤独症和学习困难。他的父母为他选择了一个全时段的保育园，有一位助理教师帮助他学习。山姆对环境的理解很差，助理教师觉得环境对他来说太杂乱，因为他大部分时间都在跑来跑去。

保育园建立了三个学习基本区域。"红色房间"为创造性游戏区；"黄色房间"放了一些桌子，较为安静，可以做一些认知活动；"绿色房间"可以玩想象性游戏，也可以换衣服。户外有个角落可以进行大肌肉运动。山姆有时会停在创造性游戏区里用手指玩沙，拒绝在其他区域进行活动，大部分时间都在跑来跑去，助理教师不断"追着他"，试着要求他停下来或是看着他。尽管教室的空间已分区，但山姆仍需要一个较清楚的空间规划让他理解情境。

有两种策略可以凸显每个区域的目的，减少山姆跑来跑去的情形：

一是，使用家具把特定的区域隔开，让空间有界限，如活动区和学习区可以用屏风隔开，以界定不同活动区域范围，从而减少分心（图8-1-5、图8-1-6）。

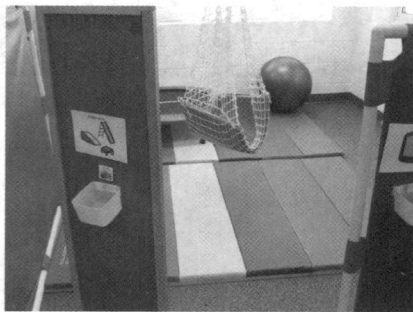

图8-1-5 活动区

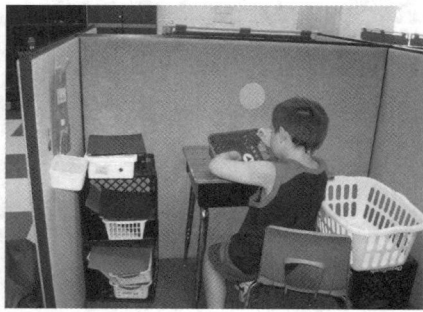

图8-1-6 个别学习区

二是，当山姆坐在桌前活动时，给他一把有颜色的椅子来表示他必须坐在这儿而不是乱跑。椅子放在小桌子前，给山姆一个小而安心的范围，书柜和屏风用来挡住他的视线，让他能够专心。当山姆在地板上活动时，给山姆提供一个小地垫，地垫放在团体地垫的外围，助理教师在旁边引导，这样山姆会觉得比较舒服。在吃点心的时间，铺上桌巾作为视觉提示物，让山姆了解要做什么。

空间结构帮助山姆预测在这个范围内将要发生什么事，这是非常重要的，能减少山姆的不安，对山姆的学习和发展有直接影响。

首先，适合孤独症儿童融合教育的物理环境，需要系统化以及结构化。孤独症儿童由于存在各项认知困难，因此提供稳定而有规律的学习环境，能够提升他们的安全感，避免产生焦虑。孤独症儿童不容易适应转变，因此学习活动在做出转变前，教师应该告诉儿童转变的性质和原因。另外，环境应尽可能清楚地呈现每项学习活动与学习环境之间的关联，例如清楚地标出个别学习区、团体学习区、游戏区、休息区、点心区等，帮助孤独症儿童理解不同活动区域的不同活动形态。一般孤独症儿童对于视觉信息有较强的反应和理解，因此我们可以运用视觉信息帮助他们建立有系统、有规律的概念，提高活动的效果。例如用图画和文字进行刷牙、洗脸指导、用文字和图像标出上课规则等（图8-1-7、图8-1-8）。

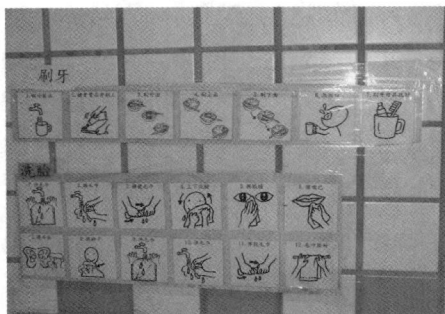

图8-1-7　园内墙壁上张贴刷牙洗脸提示

图8-1-8　国外某中心教室内规则提示

其次，部分孤独症儿童由于感觉统合方面的障碍，无法集中精神学习，容易受到外界刺激的影响，所以教师应尽可能提供一个安全、简单、有序的学习环境。部分孤独症儿童容易因为各种问题而产生强烈的情绪反应，甚至出现攻击性行为和自伤行为。因此，教室尽量采用软包墙面，尽可能减少潜在危险物品的摆放，教师也应多关注孤独症儿童，尽可能排除问题行为的诱因。教师应视儿童情况设法为他们减少环境中不利于学习和活动的因素。例如，噪声、刺眼的光线、室温过高、过多的装饰等，尽量使他们觉得舒适安全，从而减少问题行为的产生。有序的环境还能够帮助儿童预先知道自己的活动安排，帮助他们做好心理准备，顺利进行学习活动的过渡，减少焦虑情绪。例如在教室内或孤独症儿童桌上张贴其作息时间表，让其可以预知接下来的活动安排，减少等待、空闲的时间，能够让其更有序地生活和学习，如图8-1-9所示。

图8-1-9　某中心孤独症儿童一日作息提示表

良好心理环境的营造需要教师、家长、普通儿童和孤独症儿童的共同参与建设。教师要根据本班儿童的情况，有针对性地创设一些融合活动，为孤独症儿童参与班级活动创造机会，同时为其他儿童认识和了解孤独症儿童提供平台。例如，教师可以用《不一样的我》① 作为教学材料来设计班级活动，让本班儿童认识到每个人都是有差异的，要学会欣赏每个人的不同之处。教师还可以通过各种途径，如展示与孤独症儿童相关的影视剧、视频材料、故事绘本等，让儿童进一步了解和接纳孤独症儿童这个群体，并且知道如何帮助和支持孤独症儿童，如何与孤独症儿童相处和互动等。教师可以用社交故事作为素材设计教学活动，实现融合心理环境的营造。除此之外，教师应有意识地去发现、选择、培养能真正关心爱护和协助孤独症儿童的同伴，以发挥同伴支持的作用，帮助孤独症儿童更好地融合。

技 能 实 训

项目一　孤独症儿童情绪教学的活动设计

一、实训目标

1. 根据孤独症儿童特点设计教学活动。

2. 能按一定格式编写教案。

二、内容与要求

1. 以自己创编的表达生气情绪的教学活动为核心内容，设计一次班级教学

---

① 摩尔－迈丽斯. 不一样的我［M］. 法夫雷加，绘. 武汉：湖北少年儿童出版社，2013.

活动。

2. 按照以下范例的格式，写出教学过程。

三、范例：开心情绪的表达训练

1. 活动目标

（1）能模仿拍手叫好的动作。

（2）能依照指示做拍手叫好的动作。

（3）能自己做出拍手叫好的动作。

（4）能类化开心的情绪于不同的情境中。

2. 活动准备

视觉刺激物（如食物、玩具、游戏……）。

高兴表情图卡。

增强物（如食物、玩具、游戏……）。

3. 活动策略

示范：教师示范看到好吃冰激凌的夸大表情。

提示：用夸大语气说"冰激凌真好吃"。

模仿：儿童模仿老师拍手的动作。

时间延迟：依儿童能力给予适当的时间，静待儿童表情或动作的出现。

增强：适当给予儿童增强物，以强化儿童正确行为的产生。

类化：儿童看见其他喜欢的东西时，能以相似表情和动作表达其喜爱的情绪。

4. 活动步骤

步骤 1，教师拿出冰激凌给一名儿童，并兴奋地说："哇！这是什么东西啊"，以吸引儿童注意力。

步骤 2，儿童用力拍手叫好并说出："好棒！这是我最喜欢的冰激凌！"

步骤 3，教师将冰激凌给孤独症儿童，并兴奋地说："哇！这是什么东西啊"，以吸引儿童注意力。

步骤 4，教师握住孤独症儿童的双手做拍手的动作并以口语提示："好棒！这是冰激凌！"

步骤 5，教师再次拿冰激凌给儿童，不再使用肢体协助，由儿童自己拍手，教师口头提示说："好棒！这是冰激凌！"儿童做出正确的目标行为，就给儿童奖励。

步骤 6，最后不加提示，延长时间，看看儿童会不会做出拍手的动作。

步骤 7，拿出儿童其他喜欢的东西放在冰激凌旁边，教师示范做相同的动作和手势，提示儿童看到这些东西一样可以做相同的情绪表达。

项目二　创编社交故事

社交故事是针对社会生活的某一情境展开，撰写者通常会描述情境，并说明遇到该情况人们一般如何做，有什么想法或感觉，并指出重要的社会线索，进而帮助孤独症儿童建立与此情境相适应的行为方式。

一、实训目标

1. 能根据孤独症儿童社交问题创编社交故事。

2. 能运用社交故事改善孤独症儿童社交问题。

二、内容与要求

1. 根据中班孤独症儿童的特点，创编一则社交故事以提醒儿童玩游戏需要排队的规则。

2. 根据创编的社交故事，进行教学活动设计。

三、社交故事介绍

1. 社交故事的目的

（1）提供客观及正确的社交资料（何事、何时、何地、为何、如何）；利用孤独症儿童较强的视觉信息处理能力，进而增强孤独症儿童的社交理解能力。

（2）引导正确的社交行为和态度，增强孤独症儿童与人交往的能力。

（3）解释大部分人应有的社交表现，令孤独症儿童直接"阅读"并理解社交要求；增强孤独症儿童"心智解读"的能力。

（4）描述社交情境的特点、社交要点或可能产生误解的细节，目的是提升孤独症儿童的社交能力。

2. 社交故事的编写原则

编写社交故事应遵循以下原则和标准：

（1）社交故事内容是有针对性地提供有关儿童目标行为的资料，能够回答"是什么""为什么""怎样做"等问题，例如，怎样请老师帮我？哪里有厕所？

（2）社交故事要有目的地向孤独症儿童呈现可靠的信息，鼓励孤独症儿童与他人交流得进步。

（3）尽量用第一（或第三）人称写作，使孤独症儿童从自己的角度出发去思考或行动。

（4）少描述消极行为，以突出积极行为。例如（对比）：我害怕吹风机/有时吹风机会发出噪声。

（5）恰当使用描述句等备用句型，描述应多于指导。

（6）编排形式、内容要适合孤独症儿童的能力和兴趣。

（7）提供适合孤独症儿童阅读的图解，如图画、实物、相片、视频等，以增强儿童对文本的理解。

3. 社交故事的几种句型[①]

（1）前导句：故事开头，通常有一个前导句用于儿童的自我介绍。例如，我叫……，今年……岁，我在……幼儿园／小学上学。

（2）描述句：用于指出情境中最重要的因素，如发生什么事、为什么会发生、有哪些人参与等。例如，睡觉时爸爸读故事我听；放学了，爷爷接我回家。

（3）观点句：也称透视句，用于描述在情境中当事人（包括孤独症儿童）的情绪、想法、意见、动机或健康状况等。例如，老师今天很高兴、我喜欢吃薯片……

（4）引导句：主要用来向孤独症儿童提供行为反应的建议或选择。例如，我会……，我喜欢……

（5）肯定句：主要用来强调背景知识，如特定社会文化中的价值观念、重要原则、规定等，以便孤独症儿童了解社会对某行为的看法。例如，这样做别人才喜欢，这样做才安全。

（6）控制句：从孤独症儿童的角度指出在特定情境中，可以用哪些方法帮助自己记得所要表现的行为。例如，教孤独症儿童在公共场合不能乱跑就像在课堂上不能大声说话一样。

（7）合作句：情境中的其他人如何帮助孤独症儿童。例如，老师可以制止欺负我的同学，哥哥可以帮助我提重物。

（8）部分句：可以了解孤独症儿童是否理解社交故事的内容，我这样做别人可能会觉得_____；老师夸奖我是因为_____。

以上这些句型在一篇社会故事中并不要求同时出现，但基本句型的使用有一定要求，要多用描述句、观点句、肯定句与合作句（这四种句型统称为描述性句子），少用引导句或控制句（这两种句型统称为指导性句子），以免说教味道太浓，引起儿童的反感。

四、范例：晓峰的社交故事

幼儿园开学了，晓峰高兴地去上学。在幼儿园里，同伴邀请晓峰一起玩，可是他总是不回应就溜走了。后来，同学们觉得他行为怪异，就喜欢捉弄他，拦住他不让他走。最后，晓峰只好大力推开他们，在幼儿园里狂奔来逃避别人的邀请和捉弄。后来，晓峰在休息时间，也会溜出教室，在隐蔽的角落里奔跑。

孤独症儿童由于缺乏社交技巧，不知道如何回应别人的社交行为。教师可以通过编写社交故事帮助晓峰恰当掌握"受到同学邀请时，如何接受或拒绝"。

---

① 李晓，尤娜，丁月增，等. 孤独症儿童干预中社会故事法的应用 [J]. 现代特殊教育，2009（11）：38-40.

在创编社交故事时，教师需要根据儿童的能力来安排内容，对于幼儿园的小朋友，可以通过图片或照片以及绘本的形式展现社交故事的内容（图8-1-10），以帮助儿童更好地理解具体情境并表现出适当行为。

图8-1-10 晓峰的社交故事

第二节　多动症儿童的发展与学习

扫描二维码
查看本节文
本资源

随着融合教育的发展，越来越多的多动症儿童进入普通幼儿园、普通小学，教师的工作也因此面临新的挑战。掌握多动症儿童发展与学习的规律，能够为教师开展教学提供理论依据，使之能够设计适合多动症儿童的教学内容和教学形式。

一、多动症儿童概述

微课：多动症
概念

注意缺陷多动障碍（attention deficit hyper-activity disorder，ADHD）也称"多动综合征"，是指发生在儿童期内，行为表现与其年龄极不相称的一种综合病症。它的主要特征为注意力明显不能集中、活动过多、任性冲动和学习困难

等。[①] 在我国，注意缺陷多动障碍又称多动症，[②] 主要分为注意力分散型、多动－冲动型和综合型三类。多动症的病因往往由遗传、生理和环境等多因素构成。由于诊断标准不统一，多动症出现率的调查结果在各个国家存在着一定的差异。

多动症一般在 7 岁以前就表现出来，典型年龄是 3 岁左右，8—10 岁为发病的高峰期。[③] 在我国，调查结果显示，学龄儿童中多动症患病率占 4.31% ~ 5.38%，估计全国共有多动症儿童 1 461 万 ~ 1 979 万人。[④] 多动症儿童的出现会因性别不同而有所差异，男女比例约为 4 : 1 ~ 9 : 1。[⑤] 但是要注意，女孩天性相对安静，但是安静不代表一定没有注意力缺陷障碍，有时"安静"儿童的注意力缺陷更隐蔽；男孩天性好动，但是好动并不代表"多动"。成人不要随意给儿童贴上"多动"的标签，应该在充分诊断的基础上得出相应的结论。多动症的诊断工作通常由教育系统之外的心理学家、精神病医生或儿科医生来进行。

📖 阅读材料
多动症的病因；
注意缺陷多动障
碍观察要点；多
动症的预防

📖 拓展阅读

对多动症儿童的误解 [⑥]

■ 误解：多动症主要是轻微脑损伤的结果。

事实：在大多数多动症的个案中都没有关于脑部损伤的证据。多数专家认为多动症是与遗传因素有关的神经机能障碍的结果。

■ 误解：多动症儿童的社会交往问题源于他们不知道如何进行社交互动。

事实：大多数多动症患者都知道如何进行互动，但是在行为抑制方面存在的问题使得他们难以表现出适合社会交往的行为。

■ 误解：治疗多动症的精神兴奋剂使儿童变得平静而非活跃好动，这是一种"自相矛盾的效果"。而且，精神兴奋剂只有用于多动症儿童时才会产生这种效果。

事实：事实上，并不是精神兴奋剂直接使儿童镇静下来，而是精神兴奋剂激活了大脑中负责行为抑制和执行功能的部分。此外，这种效果也同样会在非多动症者身上表现出来。

■ 误解：由于多动症儿童对刺激的反应很强烈，他们的学习环境应该是高度非结构化的，以便利用其本来的学习风格。

事实：多数专家建议为多动症儿童提供高度结构化的课堂，尤其是在教学刚开始的阶段。

① 雷江华. 学前特殊儿童教育 [M]. 2 版. 武汉：华中师范大学出版社，2019：161–162.
② 钱志亮. 特殊需要儿童咨询与教育 [M]. 北京：北京师范大学出版社，2006：85.
③ 雷江华. 学前特殊儿童教育 [M]. 2 版. 武汉：华中师范大学出版社，2019：162.
④ 刘翔平. 学习障碍儿童的心理与教育 [M]. 北京：中国轻工业出版社，2010：152.
⑤ 雷江华. 学前特殊儿童教育 [M]. 2 版. 武汉：华中师范大学出版社，2019：162.
⑥ 哈拉汗，考夫曼，普伦. 特殊教育导论 [M]. 肖非，等，译. 北京：中国人民大学出版社，2010：225.

推荐书籍
《多动症你应该知道的 140 个问题》

二、多动症儿童的发展

多动症儿童的生理和心理发展存在着一定的发展障碍。如在生理发展方面，他们往往动作协调性差，神经发育迟缓；在心理发展方面，他们的认知和人格都存在一定的问题，如注意的选择性差，工作记忆存在缺陷，内部言语延迟，易焦虑，自制力差等。

（一）生理发展

阅读材料
多动症的治疗方法

多动症儿童的注意以被动注意为主，与普通儿童相比，他们的大脑皮层发育速度较慢。虽然大部分多动症儿童神经系统无明显异常，却仍可能存在着一定的问题，如左右辨别不清、经常反穿鞋子、听觉综合困难及视听转换困难等，且大约有半数的多动症儿童脑电图存在异常。[1]

（二）心理发展

1. 认知发展

多动症儿童的认知发展主要有以下表现。

图8-2-1   注意力不集中

首先，注意力难以集中（图 8-2-1），不能专心做事。但这并不意味着多动症儿童没有注意力，相反，环境中的细微刺激总是能够吸引他们的注意力。然而当他们注意到新事物时，对原来的事物就完全不关注了。他们总是被不断出现的新事物吸引，从而逐渐遗失对先前事物的记忆，导致健忘。这极大地影响了多动症儿童的学业水平。

其次，常出现内部言语延迟的情况，[2] 往往很难不出声地思考自己的看法。除了注意、记忆和语言方面的不足之外，部分多动症儿童存在认知功能缺陷：一种表现形式是综合分析能力下降，不能分析图形的组合，不能将图形中的各个部分综合为一个整体；另一种表现形式是空间定向障碍，不能分辨左右，时常会把笔画顺序颠倒、反写、漏写，文字错位移行，如常把 "d" 读或写成 "b"，把 "6" 读或写成 "9"，把符号 "+" 写成 "-" 等。[3]

2. 人格发展

多动症儿童的人格发展主要有以下表现。

首先，焦虑、易冲动、情绪调控不力。有研究显示，大约 25% 的多动症儿童体

---

① 钱志亮. 特殊需要儿童咨询与教育 [M]. 北京：北京师范大学出版社，2006：96.
② 路德·特恩布尔，安·特恩布尔，尚克，等. 今日学校中的特殊教育：第 3 版 [M]. 方俊明，汪海萍，等译. 上海：华东师范大学出版社，2004：273.
③ 肖征. 儿童多动症的心理诊断与防治 [J]. 丹东师专学报，2003，25（4）：72.

验到过度焦虑，这些儿童害怕离开父母、参加考试、进行社会接触或是看医生。[①] 除了焦虑外，多动症儿童极易冲动，对自己欲望的克制力很弱，情绪波动大，一兴奋就手舞足蹈，忘乎所以，稍受挫折就发脾气、哭闹。轻微的刺激就能引起他们强烈的反应，且行为冲动而不顾及后果。[②] 这也会使他们的意志薄弱，难以坚持做某件事情。

其次，自制力较差，社会交往不良。在社会交往过程中，多动症儿童往往自制力差，容易因为一些小事情就变得情绪不稳定，具有攻击性。他们在与同伴的交往过程中，往往以自我为中心，喜欢干扰他人，却不愿意受到他人的约束，固执、偏强，难以与他人友好相处。此外，多动症儿童即使是好心帮助他人，其行为也常会给同伴带来诸多干扰。因此，多动症儿童在社会交往方面往往存在着问题。

最后，行为问题多，社会适应不足。例如，某多动症儿童顽皮多动，课堂上注意力不集中，易冲动，难以控制自己，经常与同伴发生冲突，随心所欲地进行捣乱。虽经教师、家长教育却不听劝告，依旧我行我素。

📖 **拓展阅读**

多动症儿童在不同年龄阶段的表现 [③]

新生儿期：有神经不稳定的表现，易兴奋、惊醒、惊跳、夜哭，要抱着睡或嗜睡。

婴儿期：抱在怀里也动个不停，不安宁、爱哭、易发怒、易发脾气，常会使家长感到很难带。

幼儿期：这一时期多动症状特别明显，走路不稳，乱奔乱跑，易摔跤，注意障碍开始变得明显，不听教师的话，难管教，注意力难以集中，睡眠不安，喂食困难，吃饭时东追西赶，易受伤害，乱丢玩具，虐待小动物，遗尿，有的孩子性格怪僻。在幼儿园表现为不遵守规则，不能静坐，不听课，学习困难，不服管，和其他小朋友不和，不肯午睡，常被教师惩罚。

儿童期：这是一生中多动症表现最明显、最突出的时期。多动症儿童自制力薄弱，对学校的要求难以适应，从而出现多动症的各种表现，如上课坐不住、小动作多，甚至起立走动、话多，注意力不集中、不能专心听课，扰乱邻近同学，有些儿童难以完成作业，学习困难，成绩日趋下降。

少年及青少年期：12岁后多动症状有所好转，但学习不好，与同学相处欠佳，厌学，容易被坏人利用，染上恶习，甚至出现犯罪；有的学生性格压抑，加上家长、教师给予的压力过大而出现自卑，与父母冲突时容易发生出走、自戕等极端行为。

---

① 马施，等. 儿童异常心理学 [M]. 孟宪璋，等译. 广州：暨南大学出版社，2004：160-162.
② 钱志亮. 特殊需要儿童咨询与教育 [M]. 北京：北京师范大学出版社，2006：96.
③ 冯江平. 儿童心理问题咨询与矫治 [M]. 杭州：浙江教育出版社，2000：75-76.

成年期：多动症状因生理、心理的成熟而自然好转，轻症者几乎痊愈。但较重者的注意力不集中依然存在，情绪不稳定，易冲动，易与人争执或打斗，性格倔强，与人相处不够协调，自制力差。

讨 论 ....

多动症儿童被认为是天生难以管束的儿童，他们不听话、不守规矩、不受拘束，具有破坏力。对此，你有什么看法？

三、多动症儿童的学习

多动症儿童多以被动注意为主，不能专心做一件事情。此外自制力较差，情绪上还易冲动，这些都可能对多动症儿童的学习产生影响。下面就多动症儿童的学习特征、学习目标、学习内容、学习方法和学习环境进行简单介绍，教师需要充分把握特征对其进行教育。

（一）学习特征

阅读材料
泰勒的故事

尽管多动症儿童智力大多正常，但学习成绩却普遍较差。这主要是由于他们注意障碍的本质——自我控制能力的缺陷导致的。例如，他们在课堂上容易受外界刺激的影响，难以集中注意力，学习效果不佳。多动症儿童主要以被动学习为主，主动学习较少，他们很少会花时间来安排自己的学习情况，因此学习的目的性、计划性差，学习组织能力差。例如，多动症儿童活动过多，且这些活动没有明确的目的性，难以自我控制，他们总是表现出过度兴奋的状态，很难安静地完成一项任务。他在课堂上经常做小动作，无法专心听讲，总是游离于教学内容之外，因此常受到教师的批评。

（二）学习目标

多动症儿童的问题包括活动过多、注意缺陷和冲动性，因此要密切关注多动症儿童这三个方面的情况，为他们制订学习目标时也要充分考虑他们的特性。因此，多动症儿童的学习目标除了普通儿童的一些常规学习目标之外，还包括培养自控能力和改善社会交往这两个目标，这样才能更好地帮助多动症儿童发展能力，适应学校和日常生活。

1. 培养自控能力

多动症儿童与普通儿童最大的不同之处在于他们常常不能自控，如询问他们在公众场所应该怎样表现时，他们可以说出许多规范行为，但是身处其中时，他们常会出现鲁莽行为。因此，培养多动症儿童的自控能力是他们的首要学习目标，既包括对于自己注意力的调节，也包括对自己多动行为的控制。这方面的学习对他们的社会交往具有重要的意义，也将会给他们的日常生活带来便利。

2. 改善社会交往

多动症儿童的社会交往能力存在着明显的问题。多动症儿童渴望友谊，却又缺乏控制冲动的能力，这可能给他们想要交到的朋友造成困扰。[①] 这也意味着多动症儿童的社会交往现状令人担忧，因此解决这种困境是他们学习的重要目标之一。

此外，多动症儿童的学习计划要充分考虑他们多动的特点，教师可以先确定短期和长期的学习目标，使他们的行为控制在一定的范围内，而不苛求他们变成非常安静的孩子。针对多动症儿童的学习目标应该是具体可行的，由简单到复杂，逐步加深难度。

（三）学习内容

结合多动症儿童的特点以及学习目标，他们的学习内容主要体现在社交能力、情绪和行为管理能力、动作技能三个方面。

1. 社交能力

多动症儿童要逐渐学会如何与他人交往，尤其是与同龄伙伴之间的相处。因而社会交往技能及在特定的场所应该如何规范自己的言行举止，是多动症儿童急需学习的内容。如怎样与同伴交往，如何正确对待他人，怎样处理挫折与烦恼等。

推荐书籍
《分心不是我的错》

2. 情绪和行为管理能力

针对多动症儿童的情绪和行为问题，可以运用心理治疗、行为治疗等多种方式，逐步减少或消除易怒的负面情绪以及冲动任性的行为，并且通过行为训练、及时教育等，培养多动症儿童的行为管理能力。例如，"不冷静"是多动症儿童的一个典型特点，他们往往会在一些小事面前变得难以自控，也很少使用冷静的语言来控制自己的情绪。因此，教师应该让儿童学会一些让自己冷静下来的词语和思维方式，比如，"事情并没有那么可怕，我不必如此激动""这有什么大不了的""慢着，我得保持头脑清醒"。

推荐书籍
绘本《妈妈，我真的很生气》

3. 动作技能

多动症儿童往往存在着运动功能异常，尤其是精细动作发展迟缓方面。因此，成人要注意培养他们肢体动作的协调能力，以及对于精细动作的掌控能力，如穿衣服、扣扣子和系鞋带等。例如，某幼儿园设计的趣味运动会，在 20 米跑中，设计了 1 次穿积木活动，将大肌肉运动与精细动作发展很好地结合起来。

阅读材料
多动症儿童动作技能的训练

（四）学习策略

行为问题是多动症儿童的突出特点，为了能使他们顺利地学习，必须针对他们的行为问题提出相应的学习方法。下面着重介绍三种用于行为矫正的学习

[①] 哈拉汗，考夫曼，普伦. 特殊教育导论：第 11 版 [M]. 肖非，等，译. 北京：中国人民大学出版社，2010：215.

策略。

1. 自我管理

阅读材料
如何对多动症儿
童进行自制力的
训练

自我管理就是自我监控。多动症儿童的自我管理方法需要社会的支持。例如，多动症儿童不能坚持长时间做一件事情，但选择与同伴一起做就为完成任务营造良好的氛围。这就是社会支持的情形。此外，多动症儿童自我管理方法的实现也离不开父母、教师等的鼓励与支持。

2. 代币治疗

代币治疗是指使以代币作强化物来进行的行为矫正计划，代币是能够累计并用来交换其他强化物的条件性强化物。[①] 使用代币治疗系统的关键是明确目标行为与代币的关系，以及代币与后援强化物的关系。其中，目标行为必须具体，且是我们希望增加的良好行为，如遵守幼儿园活动规则。代币应该吸引人、重量轻、便于携带、耐用、容易摆弄、不容易伪造，[②] 如笑脸贴纸、积分卡、小珠子等。例如，某一多动症儿童上课时经常插嘴扰乱课堂秩序甚至随意走动。教师设置了 5 分钟时间段，并对该儿童说："如果你 5 分钟之内能安静地坐在椅子上不扰乱其他小朋友，我就给你贴一个笑脸。集齐 10 个笑脸你就可以多玩 10 分钟你喜欢的玩具，集齐 20 个笑脸就可以到户外活动 1 小时。如果做不到，我就会拿走一个笑脸贴纸。"

3. 行为契约

推荐书籍
《如何帮助多动
的孩子》《儿童
注意力训练手
册》

行为契约，是连同当事人在内的两位或三位以上的有关人员签署的彼此都同意的条款，这些条款规定了当事人应有的行为表现，及当事人具有这样的表现或没有这样的表现将会得到的具体结果。其实质是建立一套以文字条款为形式的、对目标行为的奖励和惩罚机制。[③] 具体来说，就是多动症儿童与相关人员签订一份协议，约定当多动症儿童达到某一行为表现或没有这样的表现时将会得到的具体结果。此外，行为契约往往与代币治疗结合使用。

（五）学习环境

学习是一个交互的过程，与周围的环境密切相关。多动症儿童的学习环境也是一个整合的系统，既包括显性的环境，如学校物理环境的设置，也包括隐性环境，如社会环境的支持。

就物理环境而言，合理的环境布置对改变多动症儿童的注意缺陷是很有效的。教室物理环境的设置主要包括座位的安排、儿童周围物品及同伴的影响等。教师可以将多动症儿童安排在教师能随时注意的位置（如教室的前排），加强教师对儿童的监督和指导；远离干扰物，如窗、门以及有装饰效果的墙裙等；多动

---

① 伍新春，胡佩诚. 行为矫正 [M]. 北京：高等教育出版社，2005：188–189.
② 伍新春，胡佩诚. 行为矫正 [M]. 北京：高等教育出版社，2005：193.
③ 伍新春，胡佩诚. 行为矫正 [M]. 北京：高等教育出版社，2005：191.

症儿童身边应该尽量安排一些守纪律、喜欢帮助他人的儿童等。[①]

就心理环境而言，要给多动症儿童订立合理的作息制度和明确的规则（图8-2-2、图8-2-3），使多动症儿童生活规律化，有充足的睡眠时间，并在生活细节上培养专心做事的习惯。加强日常生活习惯的培养，有助于多动症儿童适应集体生活。

图8-2-2　规则的制订

图8-2-3　排好队

技 能 实 训

项目三　多动症儿童社交能力的训练

一、实训目标

1. 了解并掌握多动症儿童的学习目标和学习内容。

2. 能根据多动症儿童学习内容设计活动。

二、内容与要求

1. 以培养多动症儿童社交能力为主题设计一个活动。

2. 按照范例写出活动过程。

三、范例：学做小客人（幼儿园小班社会活动）[②]

1. 活动目标

（1）学会有礼貌地做客，练习使用礼貌用语。

（2）懂得一些做客的简单礼节。

2. 活动准备

（1）与本班幼儿家长联系有关做客事宜。

---

① 钱志亮. 特殊需要儿童咨询与教育［M］. 北京：北京师范大学出版社，2006：106.

② 汪华明，刘志宏. 幼儿社会教育活动设计与指导［M］. 长沙：湖南大学出版社，2008：16.

（2）操作卡片"学做小客人"。

3. 活动过程

（1）小朋友介绍活动内容及简单要求。

老师要带小朋友去××小朋友家做客，比一比看谁是最有礼貌的小客人。

（2）幼儿到××小朋友家做客，在做客过程中学习使用礼貌用语和简单礼节。

首先，学习有礼貌地问候主人。

到主人家轻轻敲门，见了主人会礼貌问候，学说"您好"。见了不同的人会使用合适的称谓。

其次，学习有礼貌地与人交往。

① 当主人招待时，如请客人坐、请客人喝茶，客人都要有礼貌地说"谢谢"。

② 在主人家不随便翻看、拿走主人的东西。

③ 当别人谈话时，不随便插嘴。当主人提出问题时，要大方地回答。说话时，声音要轻一些，不大声喧哗。

④ 与主人友好相处。

⑤ 学习有礼貌地与主人告别。临走时，向主人说"××，再见"，还可以邀请对方到自己家做客。

最后，进行小结，安排幼儿看操作卡片，对幼儿在做客中的表现进行评价。

4. 活动延伸

建议家长利用节假日带领幼儿去亲戚家、朋友家做客，让幼儿继续练习相关礼仪，做个有礼貌的小客人。

5. 活动评析

通过上述案例我们看到，要想培养儿童的良好行为习惯，提高其社交能力，教师和家长就要为儿童创设各种实践活动的机会，经过反复认识和练习，引导儿童逐渐形成良好的社会行为习惯，不断适应社会。

项目四 多动症儿童情绪行为的控制

一、实训目标

1. 了解并熟悉多动症儿童的情绪和行为问题。

2. 能根据多动症儿童的问题提出干预策略。

二、内容与要求

讨论威威的问题，总结教师用到的干预策略。

三、范例

威威5岁，在幼儿园读中班，患有明显的多动症。相比其他孩子，他比较任性，情绪不稳定，自我控制能力很差，经常因为小事发脾气或吵闹。上课的时候威威不能安静地坐在座位上，他时常有小动作，经常插嘴，甚至随意走动，严重影响课堂纪律。在与同伴交往的过程中，威威也总是喜欢干扰别人，抢夺他人玩具，在被教师批评后也不会吸取教训。

教师先确定了威威的不恰当行为，即上课做小动作和随意在教室走动。然后把威威安排在教室的前排，该座位离教师的距离很近，可以随时得到教师的关注和指导。且威威的周围都是一些守纪律的儿童，这为威威树立了好榜样。当威威有一段时间表现很好时，教师就会当着全班同学的面表扬他并给予奖励。每当威威开始有小动作时，周围的同伴便会给予提醒，教师也会盯着他的眼睛直到他安静下来。如果行为很严重则以扣除奖励作为惩罚。一个学期下来，威威干扰课堂的行为明显减少，同伴也乐意与他一起游戏了。

第三节　学习障碍儿童的发展与学习

扫描二维码
查看本节图
文本资源

对年幼儿童进行学习障碍的诊断是不适宜的，因此，本节中的学习障碍儿童（简称学障儿童）均指"存在潜在学习障碍的学前儿童"。学障儿童有许多共性，但也存在不少差异。提及学习障碍，往往与"感知运动技能差""易分心""听觉记忆和视觉记忆差""抗挫折能力差""情绪变化无常"等特征联系起来。显然，学习障碍的表现十分广泛，与许多发展性问题紧密相关。本节将学习障碍作为一个独立的范畴加以讨论，而不讨论由于先天性障碍（如智力障碍或视障）所引起的学习障碍。

一、学习障碍儿童概述

学习障碍（learning disabilities）是一种或多种介入理解或运用语言，说或写等基本心理过程中的障碍。它表现在听、思考、说、写、拼写或进行数学计算能力上的不足等方面。它包括诸如知觉障碍、脑损伤、轻度脑机能障碍、诵读困难以及发展性失语症，但不包括由先天因素导致的学习障碍，如视觉、听觉、运动障碍、智力障碍、情绪障碍，或者在环境、文化、经济等方面处于不利状况等。[①] 因此，学习障碍与学业能力相关联。

许多儿童出现的不适应行为与学龄儿童的学习障碍紧密相关，预示其学龄期的学习障碍。他们有可能是注意力分散、易遭受挫败、过于活跃或协调能力差。这些行为以各种方式干扰着学前儿童的早期学习。但是，在判断儿童是否存在学习障碍的潜在危险时，教师需要谨记的是：儿童存在个体差异，许多方面的发展还没完成；学前儿童通常表现出的差异或滞后仍然在一个正常的发展范围内。所

阅读材料
学习障碍的案例；学习障碍儿童的定义解读

推荐视频
Famous People with Disability

阅读材料
学习障碍的诊断与评估

---

① 艾伦，施瓦兹. 特殊儿童的早期融合教育 [M]. 周念丽，等译. 上海：华东师范大学出版社，2005：205.

推荐视频
《解密学习障碍的成因》

推荐视频
《拯救聪明的"笨小孩"读写困难与天才》

推荐视频
《地球上的星星》

以，对学前儿童进行学习障碍的诊断是不适宜的。在绝大多数情况下，比起是否要给儿童贴上"学习障碍"的标签，关注存在潜在学障儿童的特征表现及需要更有价值。

教师可以在日常的活动中对儿童进行观察，并将儿童的行为表现与普通儿童各个发展领域的表现相对照，以判断儿童是否存在学习障碍的潜在危险。当教师发现某个儿童从行为来看（如注意力分散等行为）可能是学习障碍的高危儿童，或者以后会出现学业问题时，在这些行为对以后的学业成绩产生严重影响之前，减少或消除这类行为，将对儿童未来的学习、社会情感及教育产生积极影响。年龄稍大的学前儿童可能出现学习障碍的一个信号是必备或必要的前学业技能缺乏。

📖 拓展阅读

学前儿童的前学业技能[①]

前学业技能是社会性技能、认知技能、语言和运动技能以及积累的经验和获得的知识的总和。这些最初的学习技能通常被称为准备性技能，是将来获得学业成功必须具备的基础。具体内容参见表8-3-1。

表8-3-1　学前儿童前学业技能发展参照表[②]

月龄	学业技能
36—48个月	• 匹配6种颜色 • 将5块积木按照大小搭好 • 完成由7块拼图块组成的拼图 • 模仿成人 • 数到5 • 理解3以内数字的概念
48—60个月	• 指出并命名6种基本的颜色 • 指出并命名3种形状 • 匹配一般的相关物体：如鞋子、袜子、脚，苹果、香蕉、橙子 • 理解5以内的数字的概念
60—72个月	• 单维分类物体：如大小、颜色或形状 • 完成15块拼图块组成的拼图 • 模仿搭积木 • 命名一些字母 • 命名数字 • 命名小额钱币 • 机械地数到10 • 能说出下一个数字是什么

① 赵微. 学习困难儿童的发展与教育 [M]. 北京：北京大学出版社，2011：40.
② 艾伦，施瓦兹. 特殊儿童的早期融合教育 [M]. 周念丽，等译. 上海：华东师范大学出版社，2005：574—576.

二、学习障碍儿童的发展

学障儿童的发展包括生理发展和心理发展。

（一）生理发展

早期学习是建立在感觉运动基础上的，许多学障儿童常常表现出一些感觉运动问题。在粗大动作发展方面，他们达到基础运动发展里程碑的时间常常比较晚，而且表现出如下特征：身体运动能力差，平衡能力差，不稳定的双边协调与交叉运动，无法跨过身体中线（无法用右手完成位于身体中线以左的事情，反之亦然），空间定位能力差（衣服穿反、上下楼梯有困难）等。在精细动作方面，剪东西、粘贴、穿珠子、扣纽扣等方面有问题的学前儿童，在学龄期出现学习障碍的危险相对较高。这些儿童常常无法画一条笔直的直线，或模仿画一个简单的图形，如圆圈、十字形或正方形。即使试图去模仿，也难以画出封闭的图形；难以画出正方形的角、圆圈；十字形的交叉点远离中心。这些儿童在没有接受大量的训练与练习的情况下是无法完成上述任务的。因此，感觉运动技能薄弱是患有学习障碍的一个特征。

不断重复同样的活动也是儿童可能出现学习障碍的一个典型特征。他们经常难以停下手中重复的活动，例如，有的儿童可能用同一支蜡笔来回地反复擦着，或在一段时间内花上几分钟画同形状的图画，直到老师或家长阻止。有的儿童可能不断重复同样的话、做同样的手势，直到被他人成功地转移去做其他事情。但是，他们还有可能把先前的活动照搬过来（比如上面提到的儿童可能用同一支蜡笔在地上反复擦着，当被转移到积木区玩后，该儿童可能在地面上仍然继续反复擦的动作，只是用积木代替了蜡笔）。[①]

（二）心理发展

心理发展主要从认知发展、视知觉与听知觉发展、语言发展、社会技能发展四个方面展开论述。

1. 认知发展

学障儿童往往存在认知障碍。在运用逻辑组织思想和整合信息上存在困难，是许多潜在学障儿童的特征。尽管儿童尚处于具体思维阶段，但大多数较大年龄的学前儿童已经能够处理一些抽象问题（例如，四五岁的儿童一般可以向老师及同伴描述家里的宠物等一些信息）。潜在学障儿童往往只能解决此时此地的问题，几乎没有能力解决任何抽象的问题。

有认知障碍的儿童还有可能在目标定位上存在问题。他们往往记不住嘱咐他们的事，也很难从一件事情推理到另一件事情上。例如，在教室里，无法记住"不能在室内奔跑"等规则，更无法理解在同一幢大楼的其他教室、大厅等"不能奔跑"的规则。正是因为无法联想和推理，他们常常反复犯同样的错误。

---

① 艾伦，施瓦兹. 特殊儿童的早期融合教育［M］. 周念丽，等译. 上海：华东师范大学出版社，2005：209.

2. 视知觉与听知觉发展

视知觉是指对所看到的事物进行解释的能力。视知觉的问题与视觉障碍、视力损伤等没有关系，而是与儿童如何对进入大脑的视觉信息进行处理的机制有关。学障儿童在视觉辨别力、视觉定位与空间定位、视觉记忆、视觉追踪、视觉综合运动等方面可能存在障碍。以视觉定位与空间定位为例，儿童可能会认出一个三维物体，如一个杯子或一把刷子，但在二维的图片中却无法认出同样的物体。另外，儿童可以认出正常或站立着的物体，但无法辨认翻转或横放在地上的同样物体。例如，一个儿童坚持认为翻转的木背椅是一只笼子，但当椅子摆正，儿童认出它是把椅子；甚至当他亲眼看到椅子被翻转后，仍认为翻转过来的木背椅是笼子。

听知觉障碍使得许多儿童难以处理他们听到的信息。同样的，这也不是生理问题，与听力损伤没有关系。对于学障儿童而言，他们可能分不清"b""p"的发音，无法玩韵律游戏。他们区分不出音调的高低，难以辨别声音的来源，例如当听到狗叫时，他们可能会向多个方向寻找。

3. 语言发展

学障儿童经常出现语言发展问题，表现为语言理解和表达上的困难。他们在学习语法及组织句子时，落后于大多数儿童。例如，在使用表示位置的介词时，对"在……里面""在……下面"等会出现疑问。有些儿童在重复断句、韵律及指示时存在困难。另外，他们难以模仿声音、手势、身体动作、脸部表情以及其他形式的非语言交流。

4. 社会技能发展

学障儿童往往有更多的社会分享性问题。他们可能会欺凌弱小、具有攻击性，退缩，或过度依赖。他们的行为常让其他儿童困惑，难以交到朋友。当他们成功地建立友谊时，又很难保持好这份友谊。这些儿童对朋友要求很高，他们不适当的游戏行为又会让朋友失去兴趣。同时，容易冲动等特征又会让他们说出不适宜的话或做出不恰当的事情；他们不能预期一些行为可能带来的负面效果，如损坏了朋友最心爱的玩具等。当这些儿童失去朋友的时候，他们并不明白其中的原因，也无法改变自己的行为，从而产生被拒绝的感觉，进而他们会出现挫败感、较低的自尊和自我效能感。这些负面情绪又导致学障儿童容易为极小的刺激哭泣，攻击人，或者退缩。

拓展阅读

阅读困难儿童的早期表现 [1]

有潜在阅读困难的儿童，虽然智力发展正常，但在早期表现出广泛性和弥散性的发展迟缓，尤其是与语言发展有关的各种能力的迟滞。

---

[1] 赵微. 学习困难儿童的发展与教育 [M]. 北京：北京大学出版社，2011：40.

语言发展迟缓：如开口说话晚，语音不清晰。

听－说不协调：如复述与表达困难，在语言模仿中出现吞音、误音、语音模仿不完整和病句等，不能学习有节奏的动作，难以辨别语音之间的微小差别，不能把教师的指令传达给其他儿童或家长等。

感知－运动不协调：如手眼配合、手耳配合不协调，画画、书写、使用工具等方面不协调，对事物的形状不能辨识，图形－背景知觉不清晰，物体再认困难等。

记忆障碍：如记不住刚学过的内容，一边学习一边遗忘，难以对新信息进行比较、联系、储存等。

思维能力缺乏：如难以说出事物的相同或不同之处，难以正确完成匹配游戏，缺乏顺序排序能力，难以完成根据部分推断整体的拼图游戏等。

三、学习障碍儿童的学习

认知障碍、视知觉与听知觉障碍、语言问题以及社会技能的不足等特征是预示儿童存在潜在学习障碍的重要信号。当发现儿童有学习障碍的潜在风险时，我们必须重新对儿童的学习环境进行仔细的检查，与此同时，教师必须充分了解和掌握学习障碍儿童的学习特点，才能选择有效的教学策略，解决儿童的发展问题。

（一）学习特征

学习障碍儿童的生理及心理特征，使他们在学习上常会面临较大困难，呈现出如下特点。

1. 专注力与动机

学障儿童常常表现出注意力分散、过度活跃等行为特征。他们喜欢不停地说、无法较长时间做一件事，无法倾听别人说话等。因此，在学习过程中，他们往往表现出易分心、无法专注学习，缺乏坚持性、专注力。学障儿童可能在学习中受挫，自信心不足、对自己的期望也较低，进而对学习动机产生不良影响。

2. 学习效率

学障儿童的认知障碍及视知觉或听知觉问题影响了儿童的学习效率。例如，由于记忆力差、理解能力较弱，儿童可能由于无法理解游戏的规则、记不住老师的指令等，无法完成学习任务。由于视觉记忆能力差，无法记住卡片上动物的名字，无法回忆起刚刚被拿走的东西等，严重影响学习速度。由于数量概念形成困难，大小、先后概念模糊，影响基本数概念的学习。由于视觉分辨能力差，在阅读时儿童需要把大量时间花在区分文字的形状和细节上（儿童可能分不清 b 与 d，6 与 9 等），大大影响阅读速度等。

3. 学习方式

不同的潜在学障儿童可能具备不同的学习能力和方式。例如，有些儿童视觉学习的能力较强，能够很好地理解和学习视觉信息；而有些则要透过触觉或身体动作，才能充分掌握知识。

📖 **拓展阅读**

视觉型和听觉型学习者的主要能力表现

■ 视觉型学习者：

1. 在有示意图或图片指导时，不需要额外帮助。

2. 记忆或回忆事情时爱闭上眼睛。

3. 对细节有相当好的洞察力。

4. 擅长玩拼图游戏。

5. 相对于听，阅读使他们理解得更好。

6. 最好的记忆方式是用画面记忆。

7. 喜欢穿干净、颜色搭配协调的衣服。

8. 有丰富的想象力。

9. 课余时间爱看电视、电影，玩电子游戏。

■ 听觉型学习者：

1. 听一遍口头指示后就可以照着做，不需重复多次。

2. 在学习中喜欢大声朗读。

3. 喜欢交流。

4. 擅长辨别声音。

5. 口头表达好，擅长讲故事。

（二）学习目标

对于学障儿童的学习与发展问题，如若能在其踏入小学校门前消除或减轻这些问题，将对儿童的教育和发展产生积极影响。因此，学前阶段的学障儿童的学习目标主要是提高儿童的前学业技能，具体而言，可以围绕以下几方面展开。

1. 提升感觉运动能力

早期学习是建立在感觉运动的基础上的。感觉运动问题是导致儿童出现学习障碍的原因之一。因此，在学前阶段的学习中，潜在学障幼儿的主要目标之一即提升感觉运动能力。儿童通过粗大动作训练、精细动作训练以及感觉动作协调能力的训练，提升运动协调能力，也间接促进儿童其他能力的发展。

2. 提高认知能力

潜在学障幼儿的观察力、注意力、记忆力、抽象思维能力、逻辑组织和整合信息的能力等存在问题。因此，在学前阶段的学习中，潜在学障幼儿应该将认知能力的提高作为主要目标之一。各种游戏活动和前学业技能的教学，在提升儿童观察力、注意力、知觉能力等基本认知能力的同时，也促进其前学业技能的发展，为儿童以后的学习和发展奠定基础。

3. 改善社会交往

潜在学障幼儿由于社会技能不足和语言发展问题，在同伴交往中往往受挫，无法建立和维持友谊关系和同伴关系。因此，促进语言发展、掌握社会技能、提升社会交往能力是幼儿园阶段的学习目标之一。在帮助儿童学习社会技能的过程中，教师一方面需要引导儿童学习恰当的社交语言、行为和具体的策略，另一方面也需要为儿童的社会交往创设融合的班级环境。

（三）学习内容

学障儿童有许多共性，但是他们之间也存在众多相异之处，教师需要分析评估他们在感觉运动、认知能力、语言能力、社会技能方面的能力表现，评估儿童的学习环境，然后确定出具体的学习内容。根据学障儿童的发展特征和学习特点，结合学前和学龄阶段的课程设置，学障儿童的学习内容可以包含以下几个方面。

微课：学习障碍学习内容

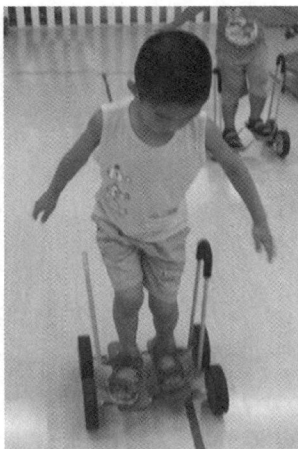

1. 感觉运动技能

感觉运动技能主要包括粗大动作（如坐、爬、走、跑、跳、翻滚、舞蹈等）、精细动作（如手指操作、手眼协调等）和感觉动作协调（如视动协调、听动协调等）技能。这三个方面的内容是互相渗透、相互关联的。这些能力的训练，不但可以提高儿童的运动协调能力，还能提高儿童自我控制能力，使其能更好地控制自己（图8-3-1）。

阅读材料
爬行能力训练；眼动训练；视觉动作协调训练

2. 认知技能

认知能力包括观察力、注意力、记忆力、思维能力（如概念形成能力）等基本能力。注意力缺陷是潜在学障幼儿的先兆表现之一，同时注意力又是最基本的认知能力，在训练过程中可将注意力训练与动作、知觉、记忆、思维等训练结合起来。此外，模仿力是学习能力的根本，模仿力的学习也是学习障碍儿童的主要学习内容之一。

阅读材料
视觉协调和追踪训练；概念形成技能训练；记忆训练；遵循指令训练

图8-3-1　动作协调能力训练实例

📖 拓展阅读

给教师的建议：帮助儿童集中注意力的做法

1. 为儿童提供有吸引力的、色彩鲜艳的、能够操作而且有内设反馈的材料，如蒙台梭利材料。

2. 让儿童感觉参与是儿童的一种特权而不是一种责任。

3. 给儿童一个直接任务："小可，拿一个检票夹给火车票打孔。"

4. 说明或推进一项任务："我帮你在这一端开始筑篱笆墙，我该把第一块放在哪里？"

5. 明确儿童喜欢的游戏材料，喜欢的材料可以吸引儿童更长时间的注意。

给教师的建议：如何教儿童学会模仿

模仿能力是学习能力的基础。然而，不能模仿通常不易被察觉，所以儿童产生持续性的学习困难。当一个儿童成为集体一员时，首先需要对他的模仿技能进行非正式评估，可以使用"跟我做"这类游戏获得有关儿童模仿技能的信息。如果儿童缺乏模仿技能，可从如下方面进行训练：

1. 模仿儿童。模仿儿童的发声和姿势通常能够刺激儿童并强化他们进一步努力。

2. 提供与儿童的发展水平相当的模仿对象。如果一个 6 岁儿童的水平更接近于 3 岁的儿童，应将 3 岁儿童的典型行为作为最初的模仿任务。

3. 儿童学习模仿的过程中随时提供帮助。例如，在儿童面前安置一面镜子，让儿童判断自己模仿的正确性。

4. 如果有必要，直接教儿童如何模仿。例如，教师可以一边对儿童说："小可，用手指这个圆圈"，一边握住小可的食指放在指定目标物上。

3. 语言技能

语言技能包括语言理解和语言表达两个方面。在语言学习的过程中，一方面要强调语言理解和表达能力的训练，另一方面要重视非语言交流能力的提升。例如，通过倾听训练、说话能力训练，提升儿童语言理解和表达能力；通过帮助儿童掌握身体姿势、表情、动作等非语言符号的含义，提升儿童非语言理解和表达能力。

4. 社会技能

社会技能包括社会认知、社会行为和社会情绪技能。在社会技能训练中，教师要帮助儿童认识自己、他人以及自己和他人之间的关系，帮助儿童学习在社会交往中如何做出恰当的行为、如何调适自己的情绪等。例如，如何加入同伴的游戏活动中、如何交到好朋友等。此外，教师应帮助儿童管理、预防问题行为。

5. 前阅读、前书写和前算术技能

阅读材料
前学业小组活动
计划

对于年龄较大的学前潜在学障儿童，前阅读、前书写和前算术技能的训练必不可少。例如，教师可以训练儿童从左到右、从上到下地"阅读"一页上的一系列图片，培养儿童的前阅读技能；通过训练儿童从左到右用手指点数一排物体，提高儿童一一对应的数数技能等。

拓展阅读

前阅读、前书写和前算术技能训练举例

• 从左到右、从上到下"阅读"一页上的一系列图片。许多图画书和拼图游戏都有促进前阅读视觉组织的作用。

> - 画大的螺旋式的圆圈。描一些记号，孩子们通常认为这样的活动是写。
> - 用剪刀自由地剪（有些儿童会自发地沿着线条剪）。
> - 从左到右用手指点数一排物体（一一对应地）。
> - 将物体按两个、三个或四个分组。
> - 明确各组的物体一样多、更少或更多。
> - 认识到相似但有差别的声音是不一样的。

（四）学习策略

1. 浸入式学习

浸入式学习是在对儿童而言有意义的活动情境中进行的，这种学习不会让儿童意识到这是"真正的学习"或者"真正的功课"。因此，自发性和非正式性是浸入式学习的本质。例如，对于存在认知技能缺陷的儿童，一边数积木一边将积木放到架子上。教师利用这一契机与儿童做游戏，将两项技能的教育融入其中。

2. 直接指导式学习

在学习障碍儿童的学习中，教师提供直接指导也是促进其学习的主要策略。教师可以采用直接教育和非直接辅助的手段，直接建议儿童做什么或说什么。例如，一个儿童指着一种不常见的动物照片问："那是什么？"教师直接将照片下注释的动物名称"考拉"念给他听（因为儿童在生活中通过"发现学习"认识这种动物的名称不现实，因此，直接指导更为有效）。教师在读了动物的名称之后立即让儿童重复一遍，儿童说对了就给予强化。如果儿童对这个动物还有兴趣，教师就可以抓住这个教育机会，打开另一本儿童熟悉的动物的图书，帮助儿童找到与"考拉"生活在同一个国家（澳大利亚）的动物（如袋鼠），再进一步介绍澳大利亚的其他动物等。

3. 同伴协助学习

同伴协助策略也是学障儿童常用的学习策略。教师可以直接教普通儿童如何用特殊的方式与学障儿童进行互动。例如，当有动作协调问题的儿童倒果汁的时候，旁边的另一个孩子告诉他该怎么用一只手稳定住容器慢慢往里倒，避免倒得过多溢出杯子等。教师也可以将学障儿童与普通儿童安排在一起学习和游戏，从而促进儿童之间的社会互动，促进学习障碍儿童的学习。例如，当教师发现学障儿童李明在剪纸课堂上走神，张莉提醒李明时，教师可以说："张莉，当你提醒李明拿剪刀时，李明就能跟着我们一起剪纸了。看到李明高兴地剪纸了吗？"当教师向李明表达同样的意思时，两个孩子之间感受到了协助学习的快乐，这样两人就有了进一步交流的可能。

同伴协助学习策略为学障儿童提供了模仿对象，学障儿童通过观察并模仿其他儿童的行为习得许多行为和技能。为学障儿童提供恰当行为的模仿对象（尤其是社会行为方面的），是促进学障儿童发展的重要方法。但是，学障儿童并非自动地学会对方的恰当游戏行为和社会技能。因此，教师必须在互动中发挥重要促进作用。教师可以创设恰当的环境（如角色扮演的情境、游戏情境等）确保学习障碍儿童和正常儿童能进行互动；教师还需强化儿童一起玩的行为。另外，当学障儿童模仿恰当的行为时及时予以强化。

（五）学习环境

从物理环境来讲，明确的活动区域划分（图8-3-2、图8-3-3）是儿童有序活动的保障。教师在学习环境设置时需要注意将杂乱减小到最低限度，以使所有儿童最大限度地集中注意于手头的任务。当儿童受到注意、行为问题困扰时，教师必须知道如何对环境做一些必要的改变。例如，教师可以使用功能性行为评估技术对问题行为进行分析，调整教学环境。有序和有组织的环境安排也是保障教学活动有序进行的前提。教师必须为每一件物体确定一个位置，在不用的时候，每件物体应放回原位。合理的安排有助于培养孩子的独立性，他们能够知晓将用完的物品放回原位是他们的责任。

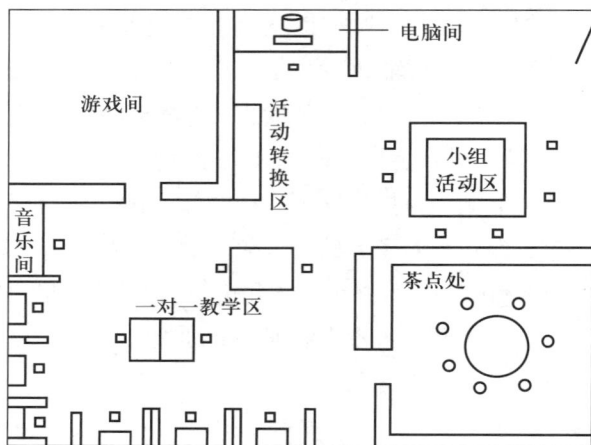

图8-3-2　教室中明确划分各种活动区域

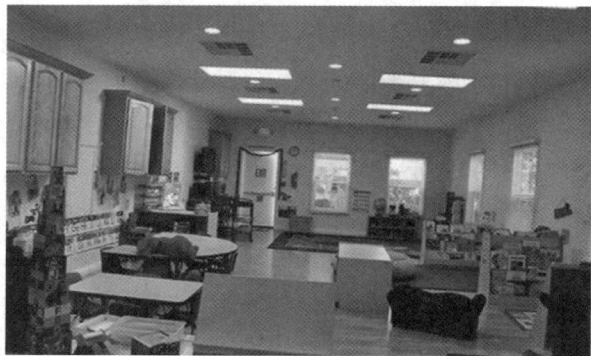

图8-3-3　某幼儿园教室中明确划分的各功能区

　　良好心理环境的营造需要教师、家长、普通儿童和学障儿童的共同参与。教师要根据本班儿童的情况，有针对性地创设一些融合活动，为学障儿童参与班级活动创造机会，同时为其他儿童认识和了解学习障碍儿童提供平台。教师可以利用多种方式，如绘本讲述、角色扮演等，让普通儿童进一步了解和接纳学习障碍儿童这个群体，并且知道如何去支持和帮助学障儿童，如何与学障儿童相处和互动等。教师可以借鉴《让爱飞扬，你可以再靠近一点——学习障碍篇》的素材设计教学活动，进一步实现融合心理环境的营造。

讨　论

如果你的班里有一位潜在学障儿童，你将采取何种措施帮助他融入班级之中？

技 能 实 训

项目五　注意力训练

　　注意是需要一定意志努力的心理过程。训练儿童的注意力时，可采用一些需要儿童高度集中注意才能完成的活动和游戏，逐渐提高儿童集中注意的能力。这些活动或者游戏必须简单短小、富有趣味，才能吸引儿童参与，从而达到训练目的。

　　一、实训目标

　　1. 能根据学障儿童听觉－动作发展特点设计教学活动。

　　2. 能运用游戏活动训练学障儿童的听觉－动作。

　　二、内容与要求

　　1. 选择适合学前儿童集体训练的听觉－动作训练游戏（如，萝卜蹲、水果色拉、反口令做动作等），设计针对学障儿童的训练方案。

　　2. 根据训练方案，开展游戏活动训练儿童的听觉－动作能力。

　　三、范例：视觉－动作训练——对旗语

　　1. 活动目标

　　（1）能集中注意力看清老师的指令。

　　（2）能按照指令快速、正确地做出动作

　　2. 活动准备

　　不同颜色的小旗子6面。

　　3. 活动策略

　　示范：教师示范每个小旗子代表的动作，如红旗为向前一步走、绿旗为拍手、黄旗为踢脚、蓝旗为跺脚、白旗为下蹲、黑旗为向上跳。

强化：适当给予儿童奖励，以强化儿童恰当的行为。

类化：听到其他指令的时候，也能快速、正确做出动作。

4. 活动步骤

本游戏适用于集体训练。

步骤1：教师向儿童讲解每面旗子代表的动作，并示范1~2次。

步骤2：教师任意举起一种颜色的旗子，让儿童做出相应的动作。要求动作迅速，举旗2秒后没做出动作或做错，就算失败。

步骤3：反复练习，最后累计失败次数最少者为第一名，给予奖励。

5. 注意事项

开始时，动作可设计简单一些，待儿童熟练后再增加动作的难度。对于年龄小一些的儿童旗子数不宜太多，4~6面比较合适；对于年龄大一些的儿童，可增加到6~8面旗子。

项目六　观察力训练

观察力的基础是视知觉能力。只要给予视知觉适当充分的训练，就能够刺激它的发展。例如，视觉联想力的丰富、视觉分辨力的提高等。观察力训练包括视觉精度和协调能力训练、视觉区分训练、视觉记忆训练、视觉动作统合训练等。

一、实训目标

参照儿童视觉追踪训练，对学障儿童进行观察力的训练（如视觉区分、视觉记忆、视觉动作统合等能力），为学障儿童确定观察力训练活动设计。

二、内容与要求

1. 选择适合学前儿童集体训练的观察力训练活动，设计针对学障儿童的训练方案。

2. 根据训练方案，开展游戏活动训练儿童的观察力。

三、范例：视觉追踪训练

1. 活动目标

提高儿童以协调的眼动跟随和追踪物体的能力。

2. 训练方法

（1）走动

让儿童坐在屋子的一头，另一个人在屋子的另一头前后走动。要求儿童头不动而只用眼睛盯着这个人。这种训练时间不宜过长，否则儿童的眼睛会有酸痛感。可适当间歇，然后再继续进行。

（2）聚焦

教师坐在儿童面前说："当我数到5时，请你立刻看墙上的小旗子（或门、你的桌子、右边同学的肩膀、灯等)。"教师数 1、2、3、4、5 的间隔速度及后面的指令速度应逐渐加快。

（3）纸飞机游戏

教师教儿童学会做各种纸飞机，做完后让他们两两配对组成小组，每个小组由一个儿童放飞，另一个儿童保持头不动而用眼睛追视飞机飞行。

（4）方向性训练

● 教师坐在儿童面前，把一支铅笔上的橡皮头放在儿童鼻子前面约 50 cm 处，慢慢水平地移向左边。这时儿童数数 1、2、3……当数到 10 时，教师将橡皮向右边移。

● 将橡皮与儿童的前额持平，重新开始上述训练。

● 将橡皮与儿童的下巴持平，重新开始上述训练。

教师也可使用上述方法，借用其他玩具（如球等）进行垂直线、斜线、旋转等各种变化方式的训练。训练中，可将儿童两两分组，每组由一名儿童手持不同的玩具进行移动，由另一名儿童进行追视。

3. 注意事项

在进行视觉追踪训练时要求儿童头保持不动，只进行目光追视。

思考与练习

1. 孤独症儿童的生理发展特点有哪些？

2. 孤独症儿童的心理发展特点有哪些？

3. 孤独症儿童的学习策略有哪些？

4. 多动症儿童的身心发展特点有哪些？

5. 多动症儿童的人格发展特点有哪些？

6. 多动症儿童的学习特征和学习策略有哪些？

7. 选择一名多动症儿童，制订一份强化干预计划，将儿童的良好行为与强化物形成联系，逐步削弱儿童注意力不良的行为。

8. 学习障碍儿童的身心发展特点有哪些？

9. 学习障碍儿童的学习策略有哪些？

10. 如何帮助班级中的孤独症、多动症及学习障碍儿童参与班级活动？

師

［1］诺波姆. 孤独症孩子希望你知道的十件事［M］. 刘敏珍，译. 北京：中国妇女出版社，2012.

［2］哈拉汗，考夫曼，普伦. 特殊教育导论：第11版［M］. 肖非，等译. 北京：中国人民大学出版社，2010.

［3］格兰丁，巴伦. 社交潜规则：以孤独症视觉解析社交奥秘［M］. 刘昊，等译. 北京：华夏出版社，2013.

［4］程黎. 特殊儿童早期干预［M］. 北京：北京师范大学出版社，2012.

［5］邓猛，孙玉梅. 视觉障碍儿童的发展与教育［M］. 北京：北京大学出版社，2011.

［6］方俊明，雷江华. 特殊儿童心理学［M］. 2版. 北京：北京大学出版社，2015.

［7］雷江华，邓猛. 天才儿童教育［M］. 武汉：华中师范大学出版社，2011.

［8］雷江华. 融合教育导论［M］. 北京：北京大学出版社，2012.

［9］刘春玲，马红英. 智力障碍儿童的发展与教育［M］. 北京：北京大学出版社，2011.

［10］田莉. 言语治疗技术［M］. 北京：人民卫生出版社，2010.

［11］陈三军，周律，陈功. 中国肢体残疾人口生存率现状分析［J］. 残疾人研究，2011（2）.

［12］邓淑红. 孤独症儿童沟通行为的体育游戏干预个案研究［J］. 中国特殊教育，2011（1）.

［13］何维佳，李胜利. 运动性构音障碍声学水平客观评价的研究进展［J］. 中国康复理论与实践，2010（2）.

［14］黄昭鸣，胡金秀，万勤，等. 发声障碍评估的原理及方法［J］. 中国听力语言康复科学杂志，2011（2）.

［15］刘晓. 儿童功能性构音障碍错误辅音临床特征分析［J］. 重庆医学，

2012，（3）.

［16］万勤，黄昭鸣，卢红云，等．口腔共鸣障碍的矫治［J］．中国听力语言康复科学杂志，2012（5）.

［17］杨娟，朱宗顺，曹淑芹．基于功能性行为评估的幼儿课堂离座行为个案研究［J］．中国特殊教育，2012（11）.

［18］ZACHARIAS S R．Middle and high school teacher's perceptions toward adolescent females with a voice disorder：a handicap in the classroom［D］．Cincinnati University，2010（11）.

郑重声明

高等教育出版社依法对本书享有专有出版权。任何未经许可的复制、销售行为均违反《中华人民共和国著作权法》，其行为人将承担相应的民事责任和行政责任；构成犯罪的，将被依法追究刑事责任。为了维护市场秩序，保护读者的合法权益，避免读者误用盗版书造成不良后果，我社将配合行政执法部门和司法机关对违法犯罪的单位和个人进行严厉打击。社会各界人士如发现上述侵权行为，希望及时举报，我社将奖励举报有功人员。

反盗版举报电话　（010）58581999　58582371

反盗版举报邮箱　dd@hep.com.cn

通信地址　北京市西城区德外大街 4 号

　　　　　高等教育出版社知识产权与法律事务部

邮政编码　100120

读者意见反馈

为收集对教材的意见建议，进一步完善教材编写并做好服务工作，读者可将对本教材的意见建议通过如下渠道反馈至我社。

咨询电话　400-810-0598

反馈邮箱　gjdzfwb@pub.hep.cn

通信地址　北京市朝阳区惠新东街 4 号富盛大厦 1 座

　　　　　高等教育出版社总编辑办公室

邮政编码　100029